Disney · PIXAR

INSIDE OUT 2

길벗 이지:톡

Disney · Pixar Best Collection – INSIDE OUT 2

초판 1쇄 발행 · 2024년 9월 30일
초판 3쇄 발행 · 2025년 1월 1일

번역 및 해설 · 라이언 박
발행인 · 이종원
발행처 · (주)도서출판 길벗
브랜드 · 길벗이지톡
출판사 등록일 · 1990년 12월 24일
주소 · 서울시 마포구 월드컵로 10길 56(서교동)
대표 전화 · 02)332-0931 | 팩스 · 02)323-0586
홈페이지 · www.gilbut.co.kr | 이메일 · eztok@gilbut.co.kr

기획 및 책임 편집 · 임명진(jinny4u@gilbut.co.kr) | **디자인** · 강은경 | **제작** · 이준호, 손일순, 이진혁
마케팅 · 차명환, 장봉석, 최소영 | **유통혁신** · 한준희 | **영업관리** · 김명자, 심선숙 | **독자지원** · 윤정아

편집 진행 및 교정교열 · 강윤혜 | **전산편집** · 조영라 | **오디오녹음** · 와이알미디어
CTP 출력 및 인쇄 · 예림인쇄 | **제본** · 경문제책

ISBN 979-11-407-0970-0 03740 (길벗 도서번호 301194)

정가 26,000원

독자의 1초까지 아껴주는 정성 길벗출판사
(주)도서출판 길벗 | IT단행본, 성인어학, 교과서, 수험서, 경제경영, 교양, 자녀교육, 취미실용 www.gilbut.co.kr
길벗스쿨 | 국어학습, 수학학습, 주니어어학, 어린이단행본, 학습단행본 www.gilbutschool.co.kr

유튜브 · @GILBUTEZTOK | **인스타그램** · gilbut_eztok | **네이버포스트** · gilbuteztok

• 머리말 •

디즈니·픽사 명작의 주인공처럼 영어를 말한다!

국내 유일 〈인사이드 아웃 2〉 전체 대본 수록! 디즈니 · 픽사 명작이 내 손 안에!

디즈니, 픽사 애니메이션 팬을 위해 국내 유일하게 전체 대본을 수록하였습니다. 〈인사이드 아웃 2〉는 아카데미 장편 애니메이션상을 수상한 〈인사이드 아웃〉의 후속작으로, 새롭게 등장한 감정들이 선사하는 흥미로운 이야기와 깊은 감동으로 관객들의 마음을 사로잡으며 '전 세계 애니메이션 흥행 1위'를 기록한 명작입니다. 영화를 보면서 느꼈던 감동을 대본을 읽으며 다시 한번 느껴보세요.

영어 학습을 위한 최적의 영화 장르, 애니메이션!

비싼 영어 학원이나 온라인 프로그램이 지루해서 건너뛰고 있다면 재미있는 애니메이션 대본으로 공부해 보세요. 디즈니 애니메이션에는 슬랭이나 욕설 등의 거친 표현들이 거의 없고, 의학이나 법정 영화같이 특정 분야의 어려운 표현들이 들어 있지도 않아요. 실생활에서 자주 쓰는 표현들로만 구성되어 있죠. 아이들도 볼 수 있게 표현도 비교적 쉬운 편이라 초보자들이 영어를 학습하기에 제격입니다.

자막 보는 것 같은 구성, 중요 표현은 표현집에서 한번 더!

영화를 볼 때 자막을 보는 것 같은 효과를 위해 오른쪽에서 번역을 바로 볼 수 있는 영한대역으로 구성을 했습니다. 단어가 궁금할 때는 하단에서 편하게 확인할 수 있고요. 만약 영어 대본만 보고 싶다면 오른쪽 페이지를 가리고 해석이 보이지 않게 학습하면 됩니다. 실생활에 자주 쓰이는 핵심 표현 100개를 스크립트북에서 뽑아 워크북으로 구성하여 학습 효과를 높였습니다.

책의 구성

스크립트북

국내 최초로 〈인사이드 아웃 2〉 대본 전체를 담았습니다. 영어 대본은 왼쪽 페이지에서, 해석은 오른쪽 페이지에서 자막처럼 바로 확인할 수 있어요. 모르는 단어는 오른쪽 하단에서 뜻을 확인해 보세요.

워크북

스크립트북에서 중요한 표현 100개를 뽑아 자세히 다룹니다. 어떤 상황에서 쓰이는지를 설명하고, 표현을 활용한 추가 예시문을 보여주어 표현이 익숙해질 수 있도록 했어요.

오디오북

전체 스크립트북을 녹음한 오디오북을 무료로 제공합니다. 길벗 홈페이지(gilbut.co.kr)에 접속하여 '인사이드 아웃 2'를 검색 후 다운로드 하거나 실시간 재생으로 들을 수 있습니다.

차례

스크립트북

캐릭터 소개

인사이드 아웃2 세계관

'현실 세계'와 '감정 세계'가 공존하는 인사이드 아웃(Inside Out)! 샌프란시스코로 이사 온 지 어느새 2년. 라일리는 새 학교에서 새 친구들과 함께 죽 아이스하키를 하며 즐거운 시간들을 보냈죠. 이제 13살이 된 라일리! 그 사이 라일리의 감정 세계 본부 지하에는 신념 저장소(Belief System)가 생겼습니다. 라일리의 자아(the Sense of Self)를 형성하는 뿌리인 셈이죠. 기쁨이는 좋은 기억들만 자양분으로 제공하며 라일리의 자아를 온실 속 화초마냥 곱게 가꿔왔습니다. 하지만! 사춘기(puberty)에 접어들면서 감정의 세계에도 변화의 물결이 불어닥칩니다. 어느 날 갑자기 사춘기 경보가 울리더니 철거반이 몰려와 대대적인 확장 공사를 합니다. 그리곤 '불안'이를 필두로 '부럽', '당황', '따분' 등 새로운 감정들이 하나둘 고개를 내밀죠. 굴러온 돌이 박힌 돌을 빼내는 것일까요? 기존 감정들의 리더 격인 '기쁨'이와 새 감정의 리더 격인 '불안'이의 의견 충돌이 발생합니다.

Riley
라일리

13살, 본격적인 사춘기를 맞이한 여자아이. 사춘기에 들어서면서 복잡한 감정 변화를 겪는다. 내년으로 다가온 고등학교 진학을 앞두고 친구들과의 이별과 우정, 미래에 대한 불안감에 휩싸이며, 속에 없는 말을 하기도 하고 잘못된 선택을 하기도 하며 자신을 몰아붙이는데…

라일리 성격의 주된 바탕을 이루는 감정. 고유색은 노랑이다. 쾌활하고 긍정적이며 라일리의 행복을 책임지고 있다. 갑작스런 사춘기 경보와 '불안'이의 등장으로 버럭, 소심, 까칠, 슬픔이와 함께 하루아침에 본부에서 강제 추방된다. 변색되어가는 라일리의 자아를 바로잡기 위해 본부로 돌아가고자 고군분투한다.

Joy
기쁨

Anxiety
불안

라일리의 사춘기와 함께 나타난 새로운 감정. 고유색은 주황이다. 라일리의 미래에 대한 두려움과 불안을 대변한다. 선택에 따른 결과가 잘못될 가능성에 대해 오만 가지 예측을 하며 대비책을 마련하고자 안달 떠는 성격. 기쁨이와의 의견 대립으로 기존 감정들을 본부에서 쫓아내고 새로운 라일리를 만드는 데 앞장선다.

기쁨이와는 정반대의 성격을 가진 감정. 슬플 때 눈물 흘리고 나약하고 어눌한 존재에 진심으로 공감할 줄 안다. 본부로 돌아가기 위한 험난한 여정에서 기쁨이로부터 중요한 임무를 부여받는다. 고유색은 파랑!

Sadness
슬픔

Grace & Bree
그레이스 & 브리

라일리의 중학교 절친들. 같은 음악밴드를 좋아하고 학교 아이스하키부 부원으로 함께 활동하며 우정을 키워왔다. 고등학교 유명 아이스하키부 코치의 3일간 캠프에 라일리와 함께 초대되는데… 이때부터 라일리와의 우정에 살며시 변화의 바람이 분다.

라일리가 동경하는 선배. 고등학교 유명 아이스하키팀인 파이어호크의 주장이다. 성실하고 노력파인 데다 성격 좋고 멋지다. 친한 사람들 사이에서는 Val(밸)이라는 애칭으로 불린다. 라일리는 3일간의 캠프에서 발렌티나와 만나며 잘 보이기 위해 노력한다.

Valentina
발렌티나

Anger
버럭

옳지 못하다고 생각되는 일을 못 본 척 넘어가지 못하는 다혈질의 감정. 고유색은 빨강이다. 이따금 긴급한 상황에서 결정적인 한 방을 보여주기도 한다.

예민하고 뚝부러진 성격의 감정. 본능적으로 역겨운 것을 거부하고, 예민하여 라일리의 신체적, 정서적인 건강을 지키는 데 중요한 역할을 한다. 고유색은 초록이다.

Disgust
까칠

Fear
소심

겁이 많은 감정. 그래서 늘 눈앞의 위험에 조심하고 대비해 라일리의 안전을 지키는 데 중요한 역할을 한다. 고유색은 보라이다.

라일리의 사춘기와 함께 새롭게 등장한 감정. 항상 남을 부러워하며 자기도 돋보이려고 애를 쓴다. 고유색은 청록!

Envy
부럽

Embarrassment
당황

새로운 감정 중 하나. 큰 덩치와 달리 부끄러움이 많고 내성적이어서 눈도 잘 못 마주치고 말수도 없다. 고유색은 전편의 빙봉과 같은 분홍! 그래서 일까? 슬픔이와는 말없이 뭔가 통하는 듯하다.

새로운 감정 중 하나. 꼭 필요할 때가 아니면 움직이지 않는다. 늘 소파에 늘어져 있고, 콘솔도 소파에 드러누워 앱으로 조종한다. 이름은 프랑스어이고, 대화 중에 프랑스어를 섞어 쓴다. 고유색은 짙은 보라!

Ennui
따분

Nostalgia 추억 할머니

라일리의 추억을 담당하는 감정. 13살의 라일리에겐 아직 한참 이른 감정이어서 거의 본부 밖에서 조용히 지낸다.

Bloofy 블루피

라일리가 아주 어렸을 적 즐겨보던 TV 유치원 프로그램의 캐릭터. 뭐든 말만 하면 튀어나오는 파우치(Pouch)를 허리에 차고 다닌다.

Lance 랜스

풀네임은 랜스 슬래시블레이드(Lance Slashblade). 한때 라일리가 즐겨하던 비디오 게임의 캐릭터. 꽃미남 영웅 캐릭터로 라일리가 남몰래 좋아했던 인물. 말투가 사극톤이다.

INSIDE OUT 2

Disney · PIXAR

스크립트북

전체 대본을 해석과 함께 담았습니다.
디즈니 추천 성우가 녹음한 오디오북도 적극 활용해 보세요.

CHAPTER 1

Meet Riley's Emotions

PUMP-UP MUSIC STARTS...

AN ICE RINK LIGHTS UP.

A SCOREBOARD LIGHTS UP WITH "DISNEY PRESENTS."

A ZAMBONI DRIVES ACROSS THE ICE TO REVEAL—"A PIXAR ANIMATION STUDIOS FILM."

CLOSE SHOT OF RILEY ANDERSEN (13) getting ready to play hockey: taping up her stick.

INTERCUT with shots of EMOTIONS getting ready. Anger and Fear straightening their ties. Disgust filing her nails. Sadness cleaning her glasses.

Joy rubs her hands together in anticipation.

WITH RILEY

Riley hits her gloves together.

IN HQ

Joy steps into frame.

경쾌한 음악이 시작된다…
아이스하키 경기장에 조명이 켜진다.
"디즈니 제공"이라는 자막과 함께 전광판에 불이 들어온다.
정빙기가 빙판 위를 지나가자 "픽사 애니매이션 스튜디오 필름"이라는 자막이 나타난다.
라일리 앤더슨(13세)이 아이스하키 경기를 준비하는 모습이 클로즈업된다. 하키 스틱에 테이프를 감고 있다.
감정들이 준비하는 모습도 교차 삽입된다. 버럭과 소심이 넥타이를 바로 맨다. 까칠은 손톱 손질을 하고, 슬픔은 안경을 닦는다.
기쁨은 기대에 찬 표정으로 양손을 비빈다.

라일리 화면
장갑을 낀 라일리가 양손을 세게 부딪힌다.

본부 안
기쁨이 화면으로 들어온다.

pump-up 흥겨운, 비트 있는 **ice rink** 아이스링크 경기장 **light up** 빛나다 **scoreboard** 전광판, 점수판 **zamboni** 정빙기 (빙판을 정비하는 차량) **reveal** 밝히다, 보여주다 **tape up** (고정시키는 용도로) 테이프를 감다 **straighten** 똑바로 매다 **file one's nails** 손톱을 (갈아서) 다듬다 **in anticipation** 기대감에, 기대감에 차서 **step into** ~로 들어오다

WITH RILEY

Riley steps into frame in her skates. Camera pans up on Riley's smiling face, and into her head--

IN HQ

JOY with the same smile -- turns to the camera.

JOY Let's play some hockey!

<u>**INT. HOCKEY RINK—DAY**</u>

Riley opens the rink door and skates out onto the ice, followed by Grace, Bree and the rest of the Foghorns.

...the INSIDE OUT 2 logo appears in the middle of the screen.

IN HQ

Joy puts on a headset.

라일리 화면

스케이트를 신은 라일리가 화면으로 들어온다. 카메라가 위로 올라가며 라일리의 웃는 얼굴을 잡더니 그녀의 머릿속으로 들어간다.

본부 안

기쁨도 웃는 얼굴로 카메라를 바라본다.

기쁨 하키 경기를 시작합시다!

실내. 아이스하키 경기장—낮

라일리가 경기장 문을 열고 빙판으로 나와 얼음을 지친다. 그 뒤로 그레이스, 브리, 나머지 포그혼 팀원들이 따라 나온다.

"인사이드 아웃 2" 로고가 화면 중앙에 나타난다.

본부 안

기쁨이 헤드셋을 쓴다.

pan up 카메라가 위로 향하다 **HQ** 본부 (headquarters의 약자) **put on** (옷, 모자 등을) 쓰다 (착용하는 동작을 나타냄) **headset** 마이크가 달린 헤드셋

JOY This is Joy, coming to you live in Riley's mind, and we're expecting a GREAT CHAMPIONSHIP today with the Foghorns!

The Foghorns WARM UP... Riley, Bree and Grace high five.

IN HQ

JOY Riley fans, get up on your feet, and make some NOISE!

Confetti cannons fire from behind her.

WITH RILEY
Mom and Dad are going crazy in the stands!

MOM Go, go, go!

DAD/MOM (chanting) Let's go, Foghorns!

They get the crowd to chant and clap along.
The HORN BLARES. Riley calls out to other teammates--

RILEY BRING IT IN!

See the girls' HANDS in a circle as they all put their gloved hands together.

기쁨 저 기쁨이 라일리의 머릿속에서 생방으로 전해드립니다. 오늘 포그혼 팀의 우승이 예상되는군요!

포그혼 팀이 몸을 풀고 있다… 라일리, 브리, 그레이스가 하이파이브를 한다.

본부 안

기쁨 라일리 팬들은 일어나 '소리' 질러!

기쁨 뒤로 꽃가루 대포가 터진다.

라일리 화면
엄마와 아빠가 관중석에서 크게 환호한다!

엄마 아자, 아자, 아자!

아빠/엄마 (구호를 외치며) 포그혼 화이팅!

아빠와 엄마는 관중들이 구호를 외치고 박수를 치도록 유도한다.
부저가 울린다. 라일리가 팀원들을 불러 모은다.

라일리 모여봐!

여자아이들이 둥글게 모여 글러브를 낀 손을 포개 모은다.

expect 기대하다 **get up on someone's feet** 일어서다 **confetti** 행사용 색종이 조각 (꽃가루) **cannon** 대포 **stand** 관중석 **chant** 응원구호를 외치다 **clap** 손뼉을 치다 **horn** 부저 **blare** 요란하게 울리다 **teammate** 팀원 **Bring it in.** 다들 모여.

RILEY (CONT'D) Foghorns on three! One, two, three!

CAMERA circles around the girls' faces -- and THEN the CAMERA HAS TO PAN UP -- to see Riley -- because she's so tall!

FOGHORNS FOGHORNS!

Riley skates out onto the ice to start the game. The ref lifts the puck over the ice... He drops the puck---

IN HQ

Joy watches on in excited anticipation--

WITH RILEY

and the game begins!

IN HQ

JOY (CONT'D) Now it's time to greet your-- TEAM RILEY! Playing in his 13th year, and fresh from the penalty box--

ANGER steps up to the console...

JOY It's Riley's ANGER!

라일리 (계속) 셋 하면 포그혼이라고 외치는 거야! 하나, 둘, 셋!

카메라가 돌면서 여자아이들의 얼굴을 비춘다. 라일리는 키가 워낙 커서 카메라가 위로 올라가며 그녀의 얼굴을 비춘다.

포그혼 팀 포그혼!

경기 시작을 위해 라일리가 빙판 중앙으로 이동한다. 심판이 얼음 위로 퍽을 들어올렸다가… 떨어뜨린다.

본부 안
기쁨이 잔뜩 기대에 찬 표정으로 바라보고…

라일리 화면
경기가 시작되었다!

본부 안

기쁨 (계속) 이제 우리 '라일리 팀'을 만나보시죠! 13년의 경기 경력에, 이제 막 페널티 박스를 나온…

버럭이 콘솔을 향해 다가온다…

기쁨 '버럭'입니다!

ref 심판 puck 퍽 (아이스하키에서 공처럼 치는 고무 원반) fresh 갓 나온 penalty box 페널티 박스 (아이스하키에서 2분간 퇴장한 선수가 머무르는 공간) console 제어판, 콘솔

ANGER Lemme at 'em!

Anger drives.

WITH RILEY

She skates forward... Riley makes a goal! The crowd goes wild!

SCOREBOARD -- FOGHORNS 1. SEA LIONS 0.

RILEY Woo!

IN HQ

A memory rolls out. Fear walks up while looking at a clipboard.

FEAR (confidence, bravado) Helmet, pads, gloves, safety checklist is complete. It should be nothing but smooth sailing from... [1]

He sees Riley is about to COLLIDE WITH SOMEONE and FREAKS OUT, lunging for the console to drive.

FEAR (CONT'D) (yelling) AHHH!! LOOK OUT!!!

버럭 내가 상대해주마!

버럭이 콘솔을 조종한다.

라일리 화면

앞으로 맹렬히 질주하는 라일리… 골을 넣는다! 관중들이 열광한다!

전광판 – 포그혼 1. 씨 라이언즈 0.

라일리 우후!

본부 안

기억 하나가 굴러 나온다. 소심이 클립보드를 보면서 등장한다.

소심 (당당하고, 허세 있는 말투로) 헬멧, 보호대, 글러브, 안전목록 점검 끝. 이제는 아무 문제없이 경기만 잘하면 되는…

라일리가 다른 선수와 충돌하려고 하자 깜짝 놀라는 소심, 얼른 콘솔로 뛰어들어 조종한다.

소심 (계속) (소리 지르며) 아아아!! 조심해!!!

Lemme at 'em. 내가 상대해주마. (= Let me at them.) **make a goal** 골을 넣다 **go wild** 광분하다 **confidence** 자신감 **bravado** 허세 **safety** 안전 **checklist** 점검표 **complete** 완성된 **nothing but** 오직, 단지 ~밖에 없는 **be about to do** 막 ~하려 하다 **collide with** ~와 충돌하다 **freak out** 깜짝 놀라다 **lunge for** ~를 향해 돌진하다

WITH RILEY

She is startled -- BARELY MISSING AN OPPOSING TEAM MEMBER.

IN HQ

JOY And that's Fear, keeping Riley on her toes! [2]

FEAR We gotta get our mouthguard, people!

WITH RILEY

Riley skates over and picks up her mouthguard and puts it in her mouth when--

IN HQ

Disgust lunges for the console.

DISGUST (gasp) No-no-no-no! That's not ours!

WITH RILEY

RILEY SPITS IT OUT -- clearly grossed out.

IN HQ

Joy leans into Disgust.

라일리 화면

화들짝 놀라는 라일리 – 간신히 상대 팀 선수를 피한다.

본부 안

기쁨 재는 소심이에요. 라일리가 항상 조심하게 하죠!

소심 마우스피스를 해야지!

라일리 화면

라일리가 옆으로 이동해서 마우스피스를 집어 들고 입에 끼우려고 하는데…

본부 안

까칠이 다급하게 콘솔로 달려든다.

까칠 (기겁하며) 안 돼, 안 돼! 우리 거 아니잖아!

라일리 화면

라일리가 마우스피스를 뱉으며… 역겨워한다.

본부 안

기쁨이 까칠에게 몸을 기댄다.

startled 놀란 **barely** 가까스로, 간신히 **opposing team** 상대편 **mouthguard** (치아를 보호하기 위한) 마우스피스 **gasp** 깜짝 놀라 헉 하는 소리를 내다 **spit out** 뱉다 **clearly** 확실히, 매우 **grossed out** 비위가 상한, 역겨워하는 **lean into** ~에 기대다

JOY And that, folks, is the infamous Disgust! Glad to have her on our team.

WITH RILEY

Riley goes after the puck and accidentally trips an opposing player -- WHISTLE. The Ref points at Riley.

REFEREE 28, Andersen, tripping!

SADNESS (O.S.) Oh no...

Riley skates over to the penalty box.

IN HQ

JOY And bringing up the rear, you know her, you love her, the ONE, the ONLY--

기쁨 여러분, 이 아이가 그 유명한 까칠이에요! 우리 팀이라 다행이죠.

라일리 화면

라일리가 퍽을 쫓아가다가 실수로 상대 선수의 발을 건다. 호루라기 소리. 심판이 라일리를 가리킨다.

심판 28번. 앤더슨. 트리핑 반칙!

슬픔 (화면 밖 목소리) 아, 안 돼…

라일리가 페널티 박스로 이동한다.

본부 안

기쁨 그리고 마지막으로, 여러분도 잘 알고 계시는, 여러분이 사랑하는, 세상 단 하나뿐인…

folks 여러분, 친구들 (격식 없이 쓰는 구어체 표현으로 everyone, guys와 같은 맥락) **infamous** 악명 높은, 유명한 **accidentally** 실수로, 우발적으로 **trip** 다리를 걸어 넘어뜨리다 **whistle** 호루라기 소리 **point at** ~를 향해 손가락으로 가리키다 **bring up the rear** 맨 마지막에 있다 (마지막으로 소개할 때 쓰는 말)

SADNESS Oh, we got a penalty... (crying)

Sadness puts her head down on the console.

JOY That's right-- Sadness is in the house! [3]

Sadness waves a tiny flag.

SADNESS Yay.

WITH RILEY

Riley enters the penalty box.

ANNOUNCER (O.S.) Andersen goes to the box. Two minutes for tripping.

WE FREEZE FRAME ON RILEY IN THE PENALTY BOX--

JOY (V.O.) Ok, looks like we have a couple of minutes while Riley takes a breather. Let me catch you up. [4]

슬픔 아, 퇴장당했어… (운다)

슬픔이 콘솔에 머리를 박는다.

기쁨 네, 맞아요. 슬픔이 등장입니다!

슬픔이 작은 깃발을 흔든다.

슬픔 만세.

라일리 화면
라일리가 페널티 박스로 들어간다.

장내 아나운서 (화면 밖 목소리) 앤더슨 선수가 페널티 박스로 들어갑니다. 트리핑 반칙으로 2분간 퇴장입니다.

페널티 박스에 앉아 있는 라일리의 모습이 일시 정지된다.

기쁨 (목소리) 자, 라일리가 쉬는 동안 시간이 좀 있을 것 같네요. 그럼 지금까지 어떤 일이 있었는지 얘기해 드릴게요.

be in the house 등장하다 **wave** 흔들다 **tiny** 작은 **freeze** (얼어붙은 듯) 정지하다 **a couple of** (두어 개 정도 수준으로) 몇몇, 약간
take a breather 휴식을 취하다 **catch someone up** ~에게 (그동안 있었던) 밀린 소식이나 정보를 빠르게 알려주다

CHAPTER 2

Teenager Riley

EXT. RILEY'S KITCHEN

Riley, wearing an apron, and with the confidence of a 5-star chef, brings a covered plate to her parents at the table, and reveals an extremely charred chicken she cooked.

JOY (V.O.) Riley is still... exceptional.

RILEY Tada!

She uncovers the food. It looks terrible. But Mom and Dad smile anyway.

MOM Oh, yum.

실외. 라일리 집 주방

라일리가 앞치마를 입고 있다. 특급 요리사처럼 자신만만한 표정으로 뚜껑을 덮은 접시를 식탁에 앉아 있는 부모님에게 가지고 온다. 뚜껑을 열자 라일리가 만든 치킨 요리가 보이는데 숯덩이처럼 타버렸다.

기쁨 (목소리) 라일리는 여전히… 특별해요.

라일리 짜잔!

라일리가 뚜껑을 열고 요리를 보여준다. 끔찍해 보인다. 하지만 엄마와 아빠는 미소를 잃지 않는다.

엄마 오, 맛있겠다.

apron 앞치마 **covered** 덮인 **plate** 접시 **extremely** 매우 **charred** 그을린, 탄 **exceptional** 아주 훌륭한, 예외적인 **Tada!** 짜잔! **uncover** 덮개를 열고 보여주다 **Yum.** 맛있겠다.

EXT. MIDDLE SCHOOL STAGE—DAY

JOY (V.O.) And not just because she's the top of her class; which by the way she is...

FEMALE TEACHER (O.S.) Riley Andersen.

Riley walks up on stage. Mr. Kelsey hands her a Middle School diploma. Dad takes pictures of Riley with a giant camera.

DAD Riley, Riley! Over here!

INT. ICE RINK—DAY

An opposing player trips and falls. Riley stops to help her up.

JOY (V.O.) She's also really kind...

EXT. RILEY'S HOUSE—DAY

Riley sets out milk for a stray cat.

JOY (V.O.) And she's nice to stray cats? I mean, come on!

실외. 중학교 단상—낮

기쁨 (목소리) 반에서 1등을 해서 특별하다는 건 아니에요. 물론 1등이긴 하죠…

여자 선생님 (화면 밖 목소리) 라일리 앤더슨.

라일리가 단상으로 올라간다. 켈시 선생님이 중학교 졸업장을 전달한다. 아빠가 커다란 카메라로 라일리의 사진을 찍는다.

아빠 라일리, 라일리! 여기 봐!

실내. 아이스하키 경기장—낮

상대 선수가 걸려 넘어진다. 라일리가 멈춰 서서 그녀를 일으켜준다.

기쁨 (목소리) 그리고 정말 친절해요…

실외. 라일리의 집—낮

라일리가 길고양이에게 우유를 챙겨준다.

기쁨 (목소리) 길고양이도 잘 챙겨줘요. 그러니까, 무슨 말인지 아시잖아요!

stage 단상, 무대 **hand** 건네주다 **diploma** 졸업장 **giant** 거대한, 큰 **trip** (어딘가에 걸려) 넘어지다 **set out** (음식을) 차려주다 **stray cat** 길고양이

INT. DINING ROOM—DAY

Mom puts a birthday cake in front of Riley. Riley blows out a "13" birthday candle. Dad films the moment with his phone while Mom and Dad sing.

JOY (V.O.) Oh, and she's officially a teenager now!

MOM/DAD (singing) Happy Birthday to you! (celebratory cheering)

INT. RILEY'S BEDROOM—MORNING

Riley finishes getting dressed, but all of it is too small for her (she's wearing the rainbow shirt outfit from IO).

JOY (V.O.) She got very tall very fast...

ANGER (O.S.) Did we grow overnight?!

실내. 다이닝 룸—낮

엄마가 라일리 앞에 생일 케익을 놓는다. 라일리가 숫자 13 모양의 촛불을 불어서 끈다. 아빠가 핸드폰으로 이 순간을 촬영하며 엄마와 함께 노래를 부른다.

기쁨 (목소리) 오, 이제 라일리는 엄연히 청소년이 됐답니다!

엄마/아빠 (노래를 부르며) 생일 축하 합니다! (축하하며 환호한다)

실내. 라일리의 방—아침

라일리가 옷을 입었다. 그런데 너무 작아 보인다. (전편에 나왔던 무지개 셔츠를 입고 있다.)

기쁨 (목소리) 키가 쑥쑥 자랐어요…

버럭 (화면 밖 목소리) 하루 밤새 이렇게 컸다고?!

blow out 숨을 불어 (불을) 끄다 **candle** 초, 촛불 **officially** 공식적으로 **celebratory** 축하하는 **cheer** 환호하다 **outfit** 옷
IO 영화 Inside Out의 줄임말 **overnight** 밤사이에

SADNESS (O.S.) Aw, that was our favorite shirt.

INT. ORTHODONTICS OFFICE—DAY

Riley getting her braces on.

JOY (V.O.) We even got braces with extra rubber bands!

MALE DENTIST (O.S.) How does it feel?

RILEY (mouth wide open in the dentist chair) Great...

One of the rubber bands shoots out of Riley's mouth, hitting the dentist in the face.

MALE DENTIST Ow.

RILEY Sorry.

IN HQ

JOY (V.O.) Riley's personality islands are still going strong.

We see THE CORE FOUR PERSONALITY ISLANDS outside HQ. The emotions walk into frame, looking out at the islands.

슬픔 (화면 밖 목소리) 어, 우리가 제일 좋아하던 옷이었는데.

실내. 치과 교정 치료실—낮

라일리가 치아 교정을 받고 있다.

기쁨 (목소리) 교정기도 붙였답니다. 고무줄이 더 많이 필요하긴 했어요!

남자 치과의사 (화면 밖 목소리) 어떠니?

라일리 (치과 의자에 앉아 입을 크게 벌리고) 좋아요…

고무줄 하나가 라일리의 입에서 튀어나와 치과의사의 얼굴을 때린다.

남자 치과의사 아야.

라일리 죄송해요.

본부 안

기쁨 (목소리) 라일리의 성격섬들도 여전히 건강하게 잘 돌아가고 있죠.

본부 밖으로 4개의 중요 성격섬들이 보인다.
섬들을 보며 감정들이 화면으로 들어온다.

orthodontics [ɔ̀:rθədɑ́ntiks] (치과) 교정 치료 **braces** 치아 교정기 **extra** 여분의 **rubber band** 고무줄 **shoot out of** ~에서 튀어나오다 **dentist** 치과의사 **personality** 성격 **go strong** 강해지다 **core** 중심의

DISGUST Glad to see Boy Band Island finally broke up.

FEAR But Goofball is still monkeyin' around. (laughs)

SADNESS But, where's Family Island?

JOY It's right there!

Joy hands Sadness some binoculars. Sadness sees the tiny island through the viewfinder.

SADNESS (looking thru binoculars) Oh, there it is. But what's that blocking it?

We PAN OVER AND SEE THE BIGGEST ISLAND OF ALL—FRIENDSHIP.

JOY Oh, that's Friendship Island. Isn't it amazing?

JOY (V.O.) But we realized her islands aren't the only things made by memories.

까칠 보이밴드섬이 해체되어서 다행이야.

소심 엉뚱섬은 여전히 엉뚱하군. (웃는다)

슬픔 그런데, 가족섬은 어디 있지?

기쁨 저기 있잖아!

기쁨이 슬픔에게 쌍안경을 건네준다. 슬픔이가 쌍안경으로 아주 작은 섬 하나를 바라본다.

슬픔 (쌍안경으로 보며) 아, 저기에 있네. 근데 저기 막고 있는 건 뭐지?

카메라가 이동하면서 가장 큰 섬을 보여주는데, 바로 우정섬이다.

기쁨 아, 우정섬이야. 굉장하지 않아?

기쁨 (목소리) 그런데 기억들이 섬 말고도 만드는 게 또 있었어요.

break up 무너지다, 해체하다 **goofball** 멍청이, 엉뚱한 행동 **monkey around** 장난스럽게 행동하다, 빈둥거리다 (monkeyin'은 monkeying에서 -g 발음을 생략하고 발음하는 경우를 표기한 것) **binoculars** 쌍안경 **viewfinder** 쌍안경의 뷰파인더 **thru** ~를 통해서 (through의 줄임말) **block** 가로막다 **friendship** 우정 **amazing** 놀라운

Camera tracks down the stem of headquarters.

JOY (V.O.) Way down at the root level these memories were also creating beliefs.

Joy strums a belief.

RILEY (V.O.) (from belief) Homework should be illegal.

INT. RILEY'S KITCHEN—DAY

Riley doing homework.

RILEY Ughhhh.

INT. BACK OF MOM AND DAD'S CAR

Riley listening to music on her headphones.

RILEY (V.O.) Get Up and Glow is the best band EVER. [5]

INT. MIDDLE SCHOOL CLASSROOM—DAY

JOY (V.O.) And my personal favorite:

카메라가 본부의 기둥을 따라 내려간다.

기쁨 (목소리) 저 아래 깊은 곳에서 기억들은 신념을 만들고 있었죠.

기쁨이 신념 하나를 기타 줄처럼 튕긴다.

라일리 (신념에서 나오는 목소리) 숙제는 법으로 금지해야 해!

실내. 라일리의 주방—낮

라일리가 숙제를 한다.

라일리 으으으악.

실내. 엄마와 아빠의 차 뒷자리

라일리가 헤드폰을 쓰고 음악을 듣는다.

라일리 (목소리) 겟업 앤 글로우는 정말 최고의 밴드야.

실내. 중학교 교실—낮

기쁨 (목소리) 개인적으로 내가 제일 좋아하는 건:

track down 내려가다 **stem** 줄기, 기둥 **root** 뿌리 **belief** 믿음, 신념 **strum** (기타 줄 등을) 튕기다 **illegal** 불법의 **personal** 개인적인 **favorite** 최고로 좋아하는

RILEY (V.O.) (from belief) I'm a really good friend.

Grace gets up in front of the class, nervous. A large jar of coins perched on the edge of the teacher's desk.

GRACE Did you know-- the change in your couch could change the wor-- oh, no! (drops coins)

Grace goes to pick up the jar by the lid but the bottom falls out and the coins spill everywhere. Grace scrambles to pick them up but knocks over a lectern which knocks over other stuff.
The class laughs as Grace makes a bad situation worse. Riley's not laughing though.

IN HQ

JOY Oh no, we should do something--

DISGUST No. That girl is a social Titanic. Do not get on that ship!

FEAR Uh... guys?

Just then something magical starts to happen behind them. The Sense of Self forming.

FEAR Wow...

라일리 (신념에서 나오는 목소리) 난 정말 좋은 친구야.

그레이스가 긴장한 모습으로 반 아이들 앞에 서 있다. 동전이 담긴 커다란 유리병이 선생님 책상 가장자리에 올려져 있다.

그레이스 그거 아세요? 소파에 버려진 동전이 세상을 바꿀… 아, 안 돼! (동전을 쏟는다)

그레이스가 뚜껑을 잡고 병을 들어올리자 밑부분이 빠지면서 동전이 사방으로 쏟아진다. 황급히 동전을 집으려고 하다가 교탁을 넘어뜨리고 급기야 다른 물건까지 쓰러진다.
반 아이들은 그레이스가 계속 실수하는 모습을 보고 박장대소한다. 그러나 라일리는 웃지 않는다.

본부 안

기쁨 아, 안 돼. 어떻게든 해야지…

까칠 안 돼. 쟤는 타이타닉 같은 애야. 침몰하는 배에 올라탈 필요는 없잖아!

소심 어… 얘들아?

이때 그들 뒤로 마법과 같은 일이 벌어진다. 자아가 형성되는 것이다.

소심 와…

get up 서 있다 **nervous** 불안한 **jar** 유리병 **perch** 자리하고 있다, 앉아 있다 **edge** 끝 **change** 동전, 거스름돈 **couch** 소파 **lid** 뚜껑 **spill** 쏟아져 나오다 **scramble to do** 황급히 ~하다 **pick up** 줍다 **lectern** 독서대, 작은 교탁 **knock over** 쓰러뜨리다 **stuff** 물건 **situation** 상황 **social** 사회적인, 사교계의 **get on** ~에 오르다 **sense of self** 자아

ANGER What is that thing?

DISGUST So pretty.

WITH RILEY

...and we see Riley's look change to one of determination. She knows what to do. Riley goes up to help Grace pick up her stuff.

RILEY It's ok. I drop things all the time.

IN HQ

The Sense of Self activates and glows...

WITH RILEY

RILEY I'm Riley.

GRACE I'm Grace.

버럭 저건 뭐지?

까칠 너무 이쁘다.

라일리 화면

… 라일리가 결의에 찬 표정을 한다. 자신이 어떻게 해야 할지 알고 있다. 자리에서 일어나는 라일리, 그레이스를 도와 함께 물건을 줍는다.

라일리 괜찮아. 나도 맨날 흘리고 다니는 걸.

본부 안

자아가 작동하면서 빛이 난다…

라일리 화면

라일리 난 라일리야.

그레이스 난 그레이스.

determination 결심 all the time 항상 activate 작동하다 glow 빛을 발하다

They're joined by Bree who hands Grace a coin.

BREE I'm Bree.

They all meet for the first time.

IN HQ

The emotions curiously approach the new Sense of Self.

JOY (V.O.) Turns out when you put all of those beliefs together, they make the most wonderful thing of all: Her Sense of Self.

Joy strums the beliefs at the base of the Sense of Self.

RILEY (V.O.) (as Sense of Self) I'm a good person.

JOY (V.O.) It's what helps Riley make good choices.

SHOTS OF RILEY, BREE AND GRACE TAKING UGLY SELFIES.

JOY (V.O.) 13 years of hard work all wrapped up in what some might call...

브리가 그레이스에게 동전을 주워 주며 이들과 함께한다.

브리 난 브리라고 해.

이들의 첫 만남이다.

본부 안

감정들은 호기심 가득한 표정으로 새로 생긴 자아를 향해 다가간다.

기쁨 (목소리) 신념들이 모이면 세상에서 가장 훌륭한 것이 탄생해요. 바로 자아예요.

기쁨이 자아를 떠받치고 있는 신념들을 튕긴다.

라일리 (자아의 목소리) 난 좋은 사람이야.

기쁨 (목소리) 자아는 라일리가 올바른 선택을 할 수 있도록 도와줘요.

라일리, 브리, 그레이스가 못생긴 표정으로 셀카를 찍는 모습이 여러 장면으로 나온다.

기쁨 (목소리) 우리가 13년 동안 열심히 일한 결과…

join 같이하다, 함께하다 **curiously** 호기심을 가지고 **approach** 다가가다 **turn out** ~임이 판명되다 **base** 맨 아래 부분 **make a good choice** 선택을 잘하다 **wrap up** ~로 마무리되다

IN HQ

All the emotions gather around the Sense of Self.

JOY (V.O.) ...our masterpiece.

They all smile.

JOY (V.O.) You know, one of the hardest challenges we found--

본부 안

감정들 모두 자아 주변에 모여 있다.

기쁨 (목소리) … 걸작품이 만들어졌어요.

이들 모두 미소를 짓는다.

기쁨 (목소리) 근데, 가장 어려웠던 순간은…

gather around 모이다 masterpiece 걸작 challenge 도전, 모험

CHAPTER 3

She Is the Champion!

020 DOING GREAT

INT. HOCKEY RINK—DAY

Riley in the penalty box.

JOY (V.O.) --OH MY GOSH WE'RE BACK IN THE GAME.

We see the score is tied 3 to 3.

SADNESS (V.O.) (gasp) We're tied...!

Riley leaves the penalty box.

IN HQ

DISGUST How are we gonna score in time?

03. mp3

020 잘하고 있어

실내. 아이스하키 경기장—낮

라일리가 페널티 박스에 앉아 있다.

기쁨 (목소리) – 어머, 다시 경기로 돌아갈게요.

점수는 3대 3 동점이다.

슬픔 (목소리) (허걱 놀라며) 동점이야…!

라일리가 페널티 박스에서 나온다.

본부 안

까칠 어떻게 시간 안에 득점을 하지?

tied 동점인 **gasp** 깜짝 놀라 헉 하는 소리를 내다 **gonna** ~할 것이다 (미국인들이 즐겨쓰는 going to의 구어체 표현. 뒤에는 동사원형을 씀) **in time** 제때, 제시간에

WITH RILEY

Contemplating.

IN HQ

FEAR We use our slap shot!

ANGER No, no no. We charge the goalie!

SADNESS But Grace hasn't scored yet!

Joy looks back at Riley's Sense of Self, which is emerging from the floor.

JOY Riley's got this.

The SENSE OF SELF glows and hums.

WITH RILEY

Riley smiles and skates to the center.

RILEY (to Grace) Thread the needle!

Riley looks at Bree and Grace -- they all nod to each other. CLOSE ON MOM AND DAD, DAD WITH HIS EYES CLOSED.

라일리 화면
작전을 구상하고 있다.

본부 안

소심 슬랩샷을 하자!

버럭 아니, 아니야. 골키퍼에게 달려드는 거야!

슬픔 하지만 그레이스가 아직 골을 못 넣었는 걸!

뒤를 돌아보는 기쁨, 바닥에서 올라오는 자아를 바라본다.

기쁨 라일리는 할 수 있어.

자아가 빛을 발한다. 활기 넘쳐 보인다.

라일리 화면
라일리가 웃으며 빙판 중앙으로 나간다.

라일리 (그레이스에게) 패스를 받아!

라일리가 브리와 그레이스를 바라본다. 모두 서로를 향해 고개를 끄덕인다. 엄마와 아빠의 모습이 클로즈업된다. 아빠는 눈을 질끈 감는다.

contemplate 생각하다 **slap shot** 슬랩샷 (먼 거리에서 퍽을 상대 골대의 빈틈을 향해 강하게 때리는 것) **charge** 달려들다, 공격하다 **goalie** 골키퍼 **emerge** 떠오르다, 나타나다 **hum** 활기가 넘치다, 윙윙거리는 소리를 내다 **thread** (실 등을) 꿰다 **needle** 바늘 **thread the needle** (하키 경기에서) 매우 작은 틈으로 정확하게 패스나 슛을 하다 **nod** 고개를 끄덕이다

IN HQ

JOY (to herself) C'mon, Riley.

WITH RILEY

The puck is dropped! Riley passes it back to Bree who ricochets it off the wall back to Riley!

SCOREBOARD TIME: 6 seconds left!

The crowd is cheering wildly.

With the time running out, Riley is on a solo breakaway heading right for the goalie!

IN HQ

The Sense of Self glowing...

WITH RILEY

In the last few seconds, Riley passes the puck between her opponent's legs to Grace who's right behind her! Grace swings back and shoots! And -- she scores!

본부 안

기쁨 (혼잣말로) 할 수 있어, 라일리.

라일리 화면

퍽이 빙판에 떨어진다! 라일리가 브리에게 다시 패스한다. 브리가 퍽을 패스하는데 벽에 맞고 다시 라일리에게 전달된다!

전광판 시계: 6초가 남았다!

관중들은 열광한다.

시간이 다 된 가운데 라일리가 단독으로 상대 선수들을 제치고 골키퍼를 향해 돌진한다!

본부 안

자아가 빛난다…

라일리 화면

몇 초 남지 않은 상황. 라일리가 상대 선수의 다리 사이로 뒤에 있는 그레이스에게 패스를 한다! 그레이스, 크게 백스윙을 하며 슛을 날린다! 골인이다!

to oneself 혼잣말로 **ricochet** [rìkəʃéi] **~ off the wall** ~를 벽에 맞고 튀어나오게 하다 **wildly** 격렬하게 **run out** (시간이) 다 되다 **breakaway** 빠져나옴, 탈피 **head right for** ~를 향해 곧장 가다 **goalie** 골키퍼 **opponent** 상대편 **swing** 휘두르다 **swing back** 백스윙하다 **shoot** 슛을 날리다 **score** 득점을 하다

RILEY Woo!

BUZZER -- game over -- The crowd goes CRAZY.

SCOREBOARD -- FOGHORNS 4. SEA LIONS 3.

Riley, Bree and Grace do their celly dance together.

RILEY/BREE/GRACE (laughing) Awwwooogaaa!

IN HQ

THE EMOTIONS ALL DANCE TOGETHER -- excited!

EMOTIONS/JOY Awwwooogaaa!

IN THE STANDS -- MOM and DAD going crazy!

Dad grabs a guy in the stands and starts shaking him with excitement!

DAD Yeah! That's what I'm talkin' about! [6] Look at that! That's my girl!

MOM You did it!

ANNOUNCER And the Foghorns win the Championship!

Riley and Grace hug. Bree flies in and dogpiles Riley and Grace. They fall together laughing. The rest of Riley's teammates join the pile!

라일리 우후!

버저가 울리고 게임이 종료된다. 관중들은 열광한다.

전광판 - 포그혼 4. 씨 라이언즈 3.

라일리, 브리, 그레이스가 함께 댄스 세리머니를 한다.

라일리/브리/그레이스 (웃으며) 아우우가아!

본부 안

감정들도 함께 댄스 세리머니를 한다 - 매우 기뻐한다!

감정들/기쁨 아우우가아!

관중석 - 엄마와 아빠도 매우 흥분했다!

아빠가 너무 흥분한 나머지 관중석에 있던 남자를 붙잡고 흔들어댄다.

아빠 그래! 바로 그거야! 보라고! 우리 딸 장하다!

엄마 해냈구나!

장내 아나운서 포그혼 팀이 우승을 차지합니다!

라일리와 그레이스가 포옹을 한다. 브리가 이들에게 달려들어 함께 넘어진다. 넘어지면서도 웃음을 멈추지 않는다. 다른 팀원들도 쓰러진 이들을 향해 달려든다!

go crazy 미친 듯이 날뛰다 **celly (dance)** 골을 넣고 하는 세리머니 (celly = celebration) **excited** 흥분한 **grab** 붙들다, 쥐다 **stands** 관중석 **shake** 흔들다 **dogpile** (흥분해서 사람들에게) 뛰어들어 서로 포개지다 **pile** 더미, 쌓여 있음

FOGHORNS Champions! / Go Riley! / Woo!

IN HQ

A memory of the championship rolls in.

INT. HOCKEY RINK—EVENING

Riley, Bree and Grace hang out rinkside after the game, celebrating with their team, hoisting the trophy in the air.

FOGHORNS Go Foghorns! / Woohoo! / Oh, yeah!

As they walk past, they reveal Bree, Grace, and Riley.

RILEY GRACE! Woo!

BREE We're the best! Champions, baby!

Riley high fives Grace in celebration.

RILEY (CONT'D) She SHOOTS! And she scores!

COACH ROBERTS Hey girls! Congratulations on your win! [7]

They turn to see Coach Roberts.

포그혼 팀 우승이다! / 가즈아, 라일리! / 우후!

본부 안
우승 기억이 굴러 나온다.

실내. 아이스하키 경기장—저녁

경기가 끝나고 라일리, 브리, 그레이스가 빙판 옆에서 트로피를 높이 들어올리며 팀원들과 우승을 축하한다.

포그혼 팀 포그혼, 화이팅! / 우후! / 좋았어!

팀원들이 지나가고 브리, 그레이스, 라일리의 모습이 보인다.

라일리 그레이스! 우후!

브리 우린 최고야! 챔피언이라고!

라일리가 승리를 축하하며 그레이스에게 하이파이브한다.

라일리 (계속) 그레이스 선수, 슛을 날리고! 득점을 합니다!

로버츠 코치 얘들아! 우승 축하해!

뒤를 돌아보는 아이들, 로버츠 코치가 보인다.

roll 굴러가다 **rinkside** 링크 옆 **hoist** 들어올리다 **in the air** 공중으로 **reveal** 드러내다, 보여주다 **in celebration** 축하하며, 흥에 겨워 **Congratulations on ~!** ~를 축하해!

IN HQ

JOY (gasp) That's the high school coach!

WITH RILEY

COACH ROBERTS What a game! [8] That last play. Woo! The three of you were impressive.

Riley beams.

RILEY Thanks, Coach Roberts.

COACH ROBERTS Look, it's last minute. [9] But every year I do a three-day skills camp. I invite all the best players in the area. I'd love for you girls to come.

본부 안

기쁨 (화들짝 놀라며) 고등학교 코치님이야!

라일리 화면

로버츠 코치 멋진 경기였어! 특히 마지막 플레이는 굉장했지. 우! 너희 세 명 정말 잘하더라.

라일리가 활짝 웃는다.

라일리 감사합니다, 로버츠 코치님.

로버츠 코치 저기, 너무 촉박하긴 한데, 매년 3일 동안 하키 캠프를 하거든. 이 지역에서 최고로 잘하는 애들을 초청하고 있어. 너희들도 왔으면 좋겠구나.

impressive 감동적인, 훌륭한 **beam** 활짝 웃다 **invite** 초대하다 **in the area** 이 지역에서

IN HQ

FEAR Are we in a dream right now? Please, can somebody pinch me?

Anger walks over and punches him. Fear falls over.

FEAR Ow! Definitely awake.

JOY If we impress Coach, she'll put the three of us on the team next year!

Anger puts on a "FIRE HAWKS" FOAM PUCK HAT (LOGO & TEXT IN RED).

ANGER Oooh, the Fire Hawks! Finally, a team I can get behind! [10]

WITH RILEY

COACH ROBERTS What do you say? [11]

RILEY/BREE/GRACE (giddy) Yes!

BREE Thank you! We're there!

GRACE Yes! Absolutely yes!

본부 안

소심 지금 꿈꾸고 있는 기야? 제발 누가 나 좀 꼬집어봐.

버럭이 그에게 다가가 펀치를 날린다. 소심이 쓰러진다.

소심 아얏! 정말 꿈이 아니네.

기쁨 코칭님 눈에 들면 내년에 우리 셋 다 뽑아주실 거야!

버럭은 "파이어호크"라고 적힌 하키 퍽 모양의 모자를 뒤집어쓴다(로고 글씨가 붉은색이다).

버럭 오오, 파이어호크라! 드디어 내가 응원할 팀이 생겼군!

라일리 화면

로버츠 코치 어떠니?

라일리/브리/그레이스 (매우 기뻐하며) 좋아요!

브리 감사합니다! 갈게요!

그레이스 네! 물론이죠!

pinch 꼬집다 punch 주먹을 날리다 definitely 확실히 awake 깨어 있는 impress 좋은 인상을 남기다 get behind 응원하다 What do you say? 어떠니? giddy 아찔할 정도로 좋은[기쁜] absolutely 매우, 완전히

RILEY Yes! Thank you, thank you, thank you!

COACH ROBERTS Great. We'll see ya tomorrow!

RILEY Oh my gosh!

BREE This is crazy! That was cool!

INT. RILEY'S BEDROOM—EVENING

Riley is taping her hockey stick on her bed. Mom and Dad come into her bedroom.

MOM What a big day!

DAD Ha Ha! You are such an All Star! Oh, you're gonna knock the coach's skates off! [12] Hockey scholarship, here we come!

He hugs Riley and starts rocking her back and forth.

RILEY (laughing) Dad, stop! It's just hockey camp. I mean, who knows what'll happen.

라일리 네! 감사, 감사, 감사해요!

로버츠 코치 좋아. 내일 보자!

라일리 세상에!

브리 말도 안 돼! 정말 끝내준다!

실내. 라일리의 방—저녁

라일리가 침대에 앉아 하키 스틱에 테이프를 감는다. 엄마와 아빠가 방으로 들어온다.

엄마 오늘 정말 끝내줬어!

아빠 하하! 완전 스타 탄생이지! 오, 코치님도 너한테 홀딱 빠질 거야! 그러면 하키 장학금은 따논 당상이지!

아빠가 라일리를 와락 끌어안고 이리저리 흔든다.

라일리 (웃으며) 아빠, 그만해요! 그냥 하키 캠프일 뿐이에요. 거기서 어떻게 될지 모르잖아요.

crazy 멋진 **knock someone's socks off** 좋은 인상을 주다, 반하게 하다 (여기서는 '하이스하키'라는 배경에 맞춰 socks(양말) 대신 유머러스하게 skates로 변주해 쓴 것) **scholarship** 장학금 **rock** 흔들다 **back and forth** 앞뒤로, 이리저리

IN HQ

A BLUE AND RED MEMORY IS RECALLED!!

-- and plays on the screen... OF RILEY TRIPPING THE PLAYER AND GETTING A PENALTY - THE SCORE TIED - ANGRY WITH HERSELF...

REFEREE (O.S.) (from memory) 28, Andersen, tripping!

SADNESS Oh...

WITH RILEY

RILEY My penalty almost lost us the game today. What if I get to camp and I screw it up?

DAD Hey, don't talk like that.

본부 안

푸른색과 붉은색이 섞인 기억이 소환된다!!

라일리가 상대 선수의 발을 걸어 퇴장당하는 장면이 화면에 나타난다. 동점이 되자 라일리는 자신에게 화가 난다…

심판 (화면 밖 기억의 목소리) 28번, 앤더슨, 트리핑 반칙!

슬픔 아…

라일리 화면

라일리 내가 퇴장당해서 오늘 우리 팀이 거의 질 뻔했잖아요. 캠프에서 정말 못하면 어떡하죠?

아빠 얘야, 그런 말 하지 마.

recall 소환하다 **trip** 다리를 걸어 넘어뜨리다 **penalty** 퇴장 **What if ~?** ~하면 어떡해? **screw up** 망치다

MOM Yeah, you did great today, honey!

IN HQ

JOY Exactly! Mom gets it.

Joy grabs THE MEMORY out of recall.

WITH RILEY

She smiles.

RILEY Yeah, I guess.

MOM We are so proud of you.

DAD Night, Monkey.

Riley and Dad act like monkeys.

MOM (O.S.) Alright, alright. Sleep tight, honey.

Mom and Dad leave. Riley turns the light off, smiles and goes to sleep.

엄마 그래, 오늘 너 정말 잘했잖아!

본부 안

기쁨 내 말이! 엄마 말이 맞아.

기쁨은 기억을 소환해 보여주는 장치에서 그 기억을 빼낸다.

라일리 화면
라일리가 미소를 짓는다.

라일리 그래요, 잘한 거죠.

엄마 우린 네가 너무 자랑스러워.

아빠 잘 자라, 우리 원숭이.

라일리와 아빠가 원숭이처럼 행동한다.

엄마 (화면 밖 목소리) 이제 그만. 잘 자.

엄마와 아빠가 방을 나간다. 라일리가 불을 끄고 웃으면서 잠자리에 든다.

Exactly! 맞아! 내 말이! **be proud of** ~를 자랑스러워하다 **Night.** Good night.과 같은 의미 **act** 행동하다 **Sleep tight.** 잘 자.
turn off (전원을) 끄다

CHAPTER 4

Belief System

IN HQ

The emotions are upset about what happened, looking at Joy.

SADNESS Oh, Riley's so hard on herself. [13]

JOY But! (taking the memory) We can make everything easier.

Joy pulls down a JERRY-RIGGED TUBE.

JOY (efforts) Behold: My super high tech, Riley protection system.

본부 안

방금 있었던 일에 대해 마음이 편치 않은 감정들, 기쁨을 바라본다.

슬픔　　아, 라일리가 너무 자책을 하고 있네.

기쁨　　하지만 괜찮아! (기억을 집어 들고) 이제 일을 쉽게 처리할 수 있으니까.

기쁨은 허술하게 생긴 튜브 관을 끌어내린다.

기쁨　　(힘들게 끌어내리며) 소개하지. 나의 역작, 최첨단 라일리 보호 장치.

upset 속상한 **hard on oneself** 자책하는 **jerry-rigged** 허술하게 만든, 임시 방편으로 만든 **tube** 관, 통 **Behold!** 보라! (사람들의 관심을 끌면서 하는 옛날 말투) **high tech** 최첨단 **protection** 보호

A piece falls off and Joy struggles to pop it back into place.

JOY (awkward chuckle) Don't look. It's fine. This is for all those memories that belong in the Back of the Mind. Like, this penalty one. It's weighing on her, so let's lighten the load!

Joy places the PENALTY MEMORY she's holding into the tube.

JOY (CONT'D) A one-way expressway to 'We're not gonna think about that right now'! Woo!

SHE SHOOTS THE MEMORY TO THE BACK OF THE MIND. The other emotions nod. They like this.

ANGER Not bad, Joy.

FEAR Wow! Joy, you worked hard!

DISGUST That's pretty impressive.

SADNESS You take such good care of Riley.

JOY Thanks, I try. Okay, let's do a sweep!

부속품이 떨어지자 기쁨이 억지로 다시 끼워 넣는다.

기쁨 (어색하게 웃으면서) 이건 안 본 걸로 해줘. 괜찮아. 이건 나쁜 기억을 기억의 저편으로 보내는 장치야. 이 퇴장당한 기억은 라일리의 마음을 무겁게 하니까 짐을 덜어주도록 하자!

기쁨은 손에 들고 있는 퇴장당한 기억을 관 속에 넣는다.

기쁨 (계속) "고민은 이제 그만"이라는 종착지로 가는 일방통행 고속도로 같은 거야! 우후!

기쁨은 기억을 기억의 저편으로 날린다. 다른 감정들이 고개를 끄덕인다. 이 장치가 마음에 든다.

버럭 나쁘지 않네, 기쁨아.

소심 와! 기쁨아, 너 애 많이 썼구나!

까칠 정말 괜찮은데.

슬픔 넌 라일리를 참 잘 돌봐주는 거 같아.

기쁨 고마워. 열심히 하고 있다고. 자, 이제 싹 정리를 해볼까?

piece 조각, 부속품 **fall off** 떨어지다 **struggle to do** 간신히 ~하다 **pop ~ back into place** ~를 제자리에 다시 끼워 넣다 **chuckle** 웃음소리 **belong** 속하다 **weigh on** 억압하다, 짓누르다 **lighten** 가볍게 하다 **load** 짐, 부담 **place** 두다 **expressway** 고속도로, 빠른 길 **shoot** 쏘다, 날리다 **take care of** 돌보다 **do a sweep** (바닥을 쓸며) 청소하다, 정리하다

All the emotions (except for Sadness) go to the memory wall and look at the memories—
DISGUST pulls a memory from the shelf.

DISGUST Oh, here's one where she waved at a guy who was actually waving at a girl behind her.

JOY Ohhh, that was so bad. Good choice.

ANGER Oh, here's when she forgot that girl's name.

JOY Oh yeah, that was super awkward.

DISGUST What WAS her name?

JOY I don't know, Janet or something? [14] Whatever, let's just get rid of it.

슬픔을 제외한 모든 감정들이 기억들을 모아 놓은 벽으로 이동한다. 감정들이 기억들을 살펴본다.
까칠이 선반에서 기억 하나를 꺼낸다.

까칠 아, 이건 남자애가 라일리 뒤에 있는 여자애한테 손 흔들었는데 착각해서 라일리가 같이 손 흔든 기억이네.

기쁨 오우, 정말 끔찍했지. 잘 선택했어.

버럭 여기, 라일리가 친구 이름을 까먹었던 기억이야.

기쁨 그래. 진짜로 어색했지.

까칠 그 애 이름이 뭐였더라?

기쁨 몰라, 자넷이었던가? 어쨌든, 그것도 버리자.

wave at ~에게 손을 흔들다 **actually** 사실상 **super** 매우 **awkward** 어색한 **whatever** 무엇이든 간에 **get rid of** 없애다

Joy's arms are getting full with memories. So full she struggles to hold them all. Joy (AND ALL THE EMOTIONS) PUT THE MEMORIES THEY COLLECTED IN THE TUBE -- Joy closes the tube and pulls back on the plunger...

JOY (CONT'D) We keep the best and toss the rest!

And fires! The memories fly out of HQ to the Back of the Mind. She grabs one yellow memory off the wall.

JOY (CONT'D) Woo, nice work, everyone. Alright Anger, the rest of these babies can go to Long Term!

Anger pushes the floor button - making the gears turn and the memories roll out and get disbursed THROUGH THE TUBE.

JOY Ok. Let's get some shut-eye. [15] Big day tomorrow.

They head off to bed. Joy falls behind a bit admiring the Sense of Self. But Sadness watches her.

SADNESS Joy, are you taking that where I think you're taking that?

JOY Wanna come this time?

SADNESS Yes. I-I mean no. I – oh no. I-I really shouldn't.

기쁨은 양팔 가득 기억들을 안고 있다. 간신히 들고 있을 정도로 많은 양이다. 기쁨과 다른 감정들은 기억들을 모아 튜브 관 속에 넣는다. 기쁨이 관을 닫고 아래에 있는 손잡이를 당긴다…

기쁨 (계속) 좋은 기억만 남기고 나머지는 버리는 거야!

발사! 기억들이 본부에서 기억의 저편으로 날아간다. 기쁨은 벽에서 노란색 기억 하나를 집어 든다.

기쁨 (계속) 우후, 다들 수고했어. 버럭아, 이 아이들은 장기 기억 저장소로 보내도록 해!

버럭이 바닥에 있는 버튼을 누른다 - 기어가 돌아가고 기억들이 굴러가 관을 타고 사라진다.

기쁨 좋아. 이제 우리도 눈 좀 붙이자. 내일은 중요한 날이잖아.

다들 자러 간다. 기쁨은 잠시 남아 감탄하며 자아를 쳐다본다. 슬픔이 기쁨을 바라본다.

슬픔 기쁨아, 그거 내가 생각하는 곳으로 가지고 갈 거니?

기쁨 너도 이번에는 같이 갈래?

슬픔 응. 아, 아니. 아니야. 난 진짜 안 가는 게 좋아.

plunger 플런저 (피스톤 등을 밀어넣는 손잡이 부분) **toss** 버리다 **fire** 발사하다 **Long Term** 장기 기억 저장소 (Long Term Memory의 줄임말로, Inside Out의 세계에서 쓰이는 용어. 원래 long-term은 '장기의'란 의미) **get disbursed** (모아둔 것이) 흩어져 없어지다, 지출되다 **get some shut-eye** 눈을 붙이다, 자다 **head off to bed** 자러 가다 **fall behind** 남아 있다 **admire** 감탄하다

JOY You know, you're the only one who hasn't been to the Belief System.

SADNESS Yeah, it's just that it's new and I know how important it is and I don't want to mess it up or break it or burn it to the ground or anything.

JOY Sadness, you won't hurt it. I promise. Have I ever steered you wrong before?

SADNESS Yeah, many times.

JOY Come on.

Joy hits some buttons and an elevator rises from the floor.

JOY Where I go, you go...

They get in. Joy holds the memory. Sadness takes Joy's hand. She looks to Joy, smiles. She's excited.
The doors close and the elevator disappears into the floor...
We take an epic elevator ride down the stem of headquarters, down, down, down to the depths of Riley. When the doors open, a gold hue lights up their faces.

기쁨 신념 저장소에 안 가본 건 너밖에 없어.

슬픔 그냥… 새로 생긴 곳이잖아. 중요한 곳이니까 내가 엉망으로 만들면 안 되지. 뭘 부수고 태워버리면 어떡해?

기쁨 슬픔아, 절대 그럴 일은 없어. 내가 장담해. 언제 내가 허투루 말한 적 있어?

슬픔 응, 많이 있지.

기쁨 에이, 그러지 말고.

기쁨이 버튼 몇 개를 누르자 바닥에서 엘리베이터가 올라온다.

기쁨 내가 가면 너도 가는 거야…

이들은 엘리베이터 안으로 들어간다. 기쁨은 기억을 들고 있고, 슬픔은 기쁨의 손을 잡는다. 슬픔이 기쁨을 바라보며 미소 짓는다. 기대에 찬 표정이다.
문이 닫히고 엘리베이터가 바닥 아래로 내려간다…
엘리베이터는 본부 기둥을 타고 라일리의 신념 저장소까지 끝없이 내려간다. 문이 열리자 황금 빛이 이들의 얼굴에 비친다.

mess up 망치다 **steer someone wrong** ~에게 그릇된 조언을 하다 **take someone's hand** ~의 손을 잡다 **disappear** 사라지다 **epic** 장대한, 멋진 **stem** 줄기, 떠받치고 있는 기둥 **depth** 깊은 곳, 깊이 **hue** 빛깔, 색깔 **light up** 밝게 비추다

INT. BELIEF SYSTEM

They step out to reveal a subterranean root system fed by a flowing stream of memories.

SADNESS Oh my goodness.

They begin to explore. Joy plucks at a gold string. Riley's voice says her belief.

SADNESS Whoa.

YOUNG RILEY (V.O.) (in belief) Mom and Dad are proud of me.

JOY An oldie but a goodie. [16]

Sadness plucks one.

실내. 신념 저장소

엘리베이터에서 나온 이들 앞에 기억의 강물을 마시고 자라는 지하 뿌리 저장소의 모습이 펼쳐진다.

슬픔 와, 멋지다.

그들이 주변을 살펴본다. 기쁨이 황금색 줄을 튕긴다. 신념을 말하는 라일리의 목소리가 들린다.

슬픔 와.

어린 라일리 (신념의 목소리) 엄마와 아빠는 날 자랑스러워해.

기쁨 옛날 거지만 참 좋아.

슬픔도 줄 하나를 건드린다.

belief 신념, 믿음 **subterranean** 지하의 **feed** 먹이다, 양분을 주다 (feed – fed – fed) **flowing** 흐르는 **stream** 강, 물줄기 **explore** 주변을 살펴보다, 탐험하다 **pluck (at)** (악기의 현을) 튕기다 **string** 줄, (악기의) 현

RILEY/YOUNG RILEY (V.O.) (in belief) I'm kind.

SADNESS Awwww. That's nice.

Joy runs through a forest of beliefs strumming a row of them as she passes.

RILEY (V.O.) (in belief) I'm strong.

RILEY (V.O.) (in belief) I'm brave.

RILEY (V.O.) (in belief) I'm a really good friend.

Joy and Sadness walk down to the water. They look at the memory Joy is holding: Riley, Bree and Grace celebrating their championship win.
Joy puts the championship memory in the stream. It glows, spreading light everywhere, feeding a belief that grows from it and attaches to the root system. Joy plucks it.

RILEY (V.O.) (in belief, echo) I'm a winner.

And as light from the belief rises to HQ:

라일리/
어린 라일리 (신념의 목소리) 난 친절해.

슬픔 아~. 이것도 좋아.

기쁨이 신념의 숲 사이를 달리며 여러 개의 신념을 튕긴다.

라일리 (신념의 목소리) 난 강해.

라일리 (신념의 목소리) 난 용감해.

라일리 (신념의 목소리) 난 정말 좋은 친구야.

기쁨과 슬픔은 강가로 내려간다. 이들은 기쁨이 들고 있는 기억을 바라본다. 라일리, 브리, 그레이스가 우승을 축하하는 기억이다.
기쁨은 우승 기억을 강에 띄워 보낸다. 기억의 밝은 빛이 사방으로 퍼진다. 기억을 먹은 신념이 자라나 뿌리 저장소까지 연결된다. 기쁨이 신념을 튕긴다.

라일리 (신념의 목소리가 울려 퍼지며) 난 챔피언이야.

신념에서 나온 빛이 본부까지 올라간다.

run through ~ 사이를 달리다 strum (현악기를) 튕기다 a row of 일렬의 stream 강, 물줄기 spread 퍼트리다 attach to ~에 붙어 있다 echo 메아리

JOY (V.O.) And all those beliefs come together to make... our Riley.

IN HQ: The Sense of Self glows.

RILEY (V.O.) (in Sense of Self) I'm a good person.

WITH RILEY

Riley smiles a little in her sleep.

기쁨 (목소리) 이 신념들이 모두 모여서… 우리의 라일리가 되는 거예요.

본부 안: 자아가 빛난다.

라일리 (자아의 목소리) 나는 좋은 사람이야.

라일리 화면

라일리가 살짝 미소를 지으며 자고 있다.

come together 모이다 **sense of self** 자아 **in one's sleep** 자면서, 잠결에

CHAPTER 5

Demo Day

INT. EMOTIONS BEDROOM—NIGHT

Joy, Sadness, Anger, and Disgust are all asleep in their beds.

BEEP. BEEP.

Joy rouses, her hair all messed up. She rests her head back down and immediately rouses again.

BEEP.

JOY (CONT'D) (groggy) Huh? Uh?

She gets out of bed. Sadness leans over the top bunk.

SADNESS What the heck is that?

INT. HEADQUARTERS—NIGHT

Joy, Sadness, Disgust, Anger (HOLDING A BAT), and Fear all in a line -- come down the stairs.

실내. 감정들의 침실—밤

기쁨, 슬픔, 버럭, 까칠이 각자의 침대에서 잠을 자고 있다.

삐. 삐.

머리가 산발이 되어 일어나는 기쁨, 다시 눕더니 곧장 또 일어난다.

삐.

기쁨 (계속) (잠에 취해서) 허? 엉?

기쁨이 침대에서 나온다. 슬픔이 위층 침대에서 아래로 고개를 내민다.

슬픔 저게 무슨 소리야?

실내. 본부—밤

기쁨, 슬픔, 까칠, 방망이를 들고 있는 버럭, 소심까지 일렬로 계단을 내려온다.

demo 철거 (demolition의 약자) **asleep** 자고 있는 **beep** (기계의) 경보 소리 **rouse** 깨다 **messed up** 헝클어진 **rest** 놓다, 눕히다 **immediately** 즉시 **groggy** 잠에 취해 정신을 못 차리는 **top bunk** 위층 침대 **the heck** 도대체 **in a line** 한 줄로

BEEP. Joy hunts for the noise, going down the console. Until she comes to a tiny, red flashing light...

JOY Hmmm.

The emotions all huddled around the console.

BEEP...

BEEEEEPPPPPPP!!!!!

All the emotions freak out!

Anger goes ON FIRE, Joy frantically hitting buttons. Disgust looking disgusted! Sadness is starting to cry! Fear screaming!

FEAR (freaking out) This is the end, people! It's the apocalypse!

JOY (voc: freaking out, hitting buttons)

DISGUST Turn that off, Joy!

SADNESS (voc: crying)

Joy tries to smother the alarm with her hands. Anger tries to smash it with his bat.

ANGER Ahhhhh!

But Disgust stops him.

삐. 소음이 들리는 곳을 찾는 기쁨, 콘솔로 내려간다. 그녀가 다가가자 작고 붉은 불빛이 번쩍이는데…

기쁨 음…

감정들이 콘솔 주변으로 몰려든다.

삐…

삐삐삐삐삐!!!!!

감정들 모두 기겁을 한다!

버럭은 불타오르고, 기쁨은 미친 듯 버튼을 누른다. 까칠은 더 까칠해지고 슬픔은 울음을 터트린다! 소심은 비명을 지른다!

소심 (기겁하며) 이제 끝이야! 세상의 종말이라고!

기쁨 (기겁하며 버튼을 누른다)

까칠 기쁨아, 얼른 꺼!

슬픔 (울음을 터트린다)

기쁨은 손으로 알람을 덮어 소리를 죽이려 한다. 버럭은 방망이로 내려치려고 한다.

버럭 아아아아!

까칠이 그를 막는다.

hunt for 찾다 **tiny** 아주 작은 **flashing** 번쩍이는 **huddle** 모이다 **freak out** 놀라다, 기겁하다 **frantically** 미친 듯이 **disgusted** 역겨워하는, 혐오감을 느끼는 **scream** 비명을 지르다 **apocalypse** 세상의 종말 **turn off** (전원을) 끄다 **smother** [smʌ́ðər] ~을 덮어서 소리를 죽이다[가라앉히다] **smash** 세게 때리다

DISGUST No! What are you doing?!

Joy is able to get the alarm off the console and gets an idea; she activates her jerry-rigged tube...
...and sends the alarm to the Back of the Mind.

JOY Whew! Problem solved.

BEAT. A GIANT WRECKING BALL HEADS TOWARDS HEADQUARTERS --

SADNESS Joy!

BAM! -- SMASH... A WRECKING BALL COMES THROUGH THE BACK WINDOW!

EMOTIONS/JOY AHHHH!

A construction lift, carrying CONSTRUCTION WORKERS, slowly raises outside the broken window. It comes to a stop.

까칠　　안 돼! 뭐 하는 거야?!

콘솔에서 알람을 뽑아내는 기쁨, 좋은 생각이 떠올랐다. 허술하게 보이는 튜브 관을 작동시켜서…
… 알람을 기억의 저편으로 날려버린다.

기쁨　　휴! 문제 해결 끝.

정적이 흐른다. 잠시 후 거대한 철거용 쇳덩이가 본부를 향해 날아온다.

슬픔　　기쁨아!

쾅! - 와장창… 철거용 쇳덩이가 뒤에 있던 창문을 깨고 들어온다!

감정들/기쁨　　아아아!

인부들이 탄 건설 현장 리프트가 깨진 창문 밖에서 천천히 올라와 멈춰 선다.

activate 작동시키다 **jerry-rigged** 허술해 보이는, 임시 방편으로 만든 **wrecking ball** 레킹 볼 (건물 철거를 위해 크레인에 매달아 사용하는 공모양의 쇳덩이) **smash** 와장창 깨지다 **construction lift** 건설 현장에서 쓰는 엘리베이터 리프트 **raise** 올라오다

FOREMAN Okay, let's clear it all out! IT'S DEMO DAY!

The workers pour into HQ, carrying supplies.
The emotions watch horrified as construction workers take sledgehammers to the wall and jackhammers to the floor!

JOY DEMO?! Wait, wait. What's happening?

ANGER What's going on?! Ahhhh!!!

Anger lights on fire next to a box of dynamite, lighting one of the dynamite sticks. Joy pulls him away, and then quickly zips back to extinguish the flame.

JOY Woah woah woah woah woah, stop!

A construction worker starts smashing near Disgust and Sadness.

DISGUST Ah! Who are you people?!

A Construction worker slices the couch in half with a chainsaw as FEAR barely saves his teddy bear from being cut.

현장 감독 좋아, 싹 다 갈아엎어! 오늘은 철거 날이다!

인부들이 장비를 들고 본부로 마구 들어온다.
이들은 큰 망치로 벽을 부수고 드릴로 바닥을 갈아엎는다. 이 모습을 보고 감정들이 기겁을 한다.

기쁨 철거라니?! 잠깐, 잠깐만요. 무슨 일이에요?

버럭 무슨 일이야?! 아아아아!!!

버럭이 다이너마이트 상자 옆에서 불타오르자 다이너마이트 하나에 불이 붙었다. 기쁨이 그를 끌어내고 황급히 돌아가 불을 끈다.

기쁨 워, 워, 그만해요!

인부 한 명이 까칠과 슬픔 주변을 깨부순다.

까칠 아! 당신들 누구예요?!

한 인부가 전기 톱으로 소파를 반으로 자르자 소심이 곰인형을 가까스로 구해낸다.

foreman 건설 현장 감독 **demo day** 철거하는 날 **pour into** ~로 물밀듯 밀려들다 **supplies** 장비 **horrified** 겁에 질린 **sledgehammer** 대형 해머, 큰 망치 **jackhammer** 착암기, 대형 드릴 **dynamite** 다이너마이트 폭탄 **light** 불을 붙이다 **pull away** 떼어놓다 **zip back** 재빨리 돌아오다 **extinguish** (불을) 끄다, 진화하다 **flame** 불꽃 **chainsaw** 전기 톱 **barely** 간신히

Joy sees a MIND WORKER carrying a stack of papers and runs over to him.

JOY Hey! Uh, are you the one in charge here?

Something crashes behind her.

JOY Ah! (back to the Mind Worker) Could you do me a favor and stop tearing Headquarters apart?

Anger and a Mind Worker play tug-of-war over equipment.

FOREMAN No can do, didn't ya hear? Permits just came through.

The foreman drops a stack of permits in Joy's hands.

JOY Permits? For what?!

기쁨은 서류 뭉치를 들고 있는 기억 처리반을 발견하고 그에게 달려간다.

기쁨 이봐요! 당신이 여기 책임자예요?

그녀 뒤로 무언가 박살이 난다.

기쁨 아! (다시 기억 처리반에게) 부탁인데 본부를 때려부수는 거 중단해 주시겠어요?

버럭과 한 기억 처리반이 장비를 잡아당기며 실랑이를 벌인다.

현장 감독 그건 안 돼요. 못 들었어요? 막 허가가 났어요.

현장 감독이 기쁨에게 허가서 뭉치를 건넨다.

기쁨 허가요? 뭘 허가하는 거죠?!

a stack of ~ 다발, 뭉치 **in charge** 담당의, 책임이 있는 **crash** 부서지다 **tear apart** 산산조각내다, 부수다 (이때 tear의 발음은 [tɛər]) **tug-of-war** 줄다리기 **equipment** 장비 **permit** 허가, 허가증 **come through** (비자, 허가증 등이) 나오다

FOREMAN For expanding the place! You know, for the others!

BOOM! Something explodes off screen and Joy gets a face full of dust.

JOY (CONT'D) (coughing) What others?

FOREMAN They're not here yet? Aye aye aye. (calling out) Hey Margie, you got that console?

CUT TO a construction worker key into the console and open it up like the hood of a car. Exposing all the inner wires, fans, and circuit boards.

MARGIE Yeah, yeah, yeah, gimmie a sec!

She starts reaching in and messing with all of it.

JOY Hey! Hey! What are you doing?!

Margie slams the lid shut and locks it.

MARGIE Alright. She's all set! [17]

JOY Set with what?

현장 감독 확장 공사요! 다른 감정들이 들어온다고요!

쾅! 화면 밖에서 무언가 폭발해서 기쁨의 얼굴에 먼지가 잔뜩 묻는다.

기쁨 (계속) (기침을 하며) 다른 감정들이요?

현장 감독 아직 안 왔어요? 네, 네. (큰 소리로) 이봐 마지, 콘솔 다 됐어?

인부 한 명이 콘솔에 키를 꽂고 자동차 보닛처럼 뚜껑을 열어젖힌다. 내부의 전선과 냉각 팬, 전기 회로판이 그대로 노출된다.

마지 네, 네, 잠깐이면 돼요!

그녀가 손을 집어넣고 콘솔 내부를 헤집어 놓는다.

기쁨 이봐요! 이봐! 뭐 하는 거예요?!

마지가 뚜껑을 쾅 닫고 잠근다.

마지 좋아. 다 됐어요!

기쁨 뭐가 다 됐다는 거예요?

expand 확장하다, 넓히다 **explode** 폭발하다 **dust** 먼지 **console** 제어판, 계기판 **expose** 노출하다, 보여주다 **inner** 내부의 **circuit board** 회로판 **gimmie** give me를 발음 나는 대로 표기한 구어체 표현 **reach in** 안으로 손을 뻗치다 **mess with** ~를 아무렇게나 만지작거리다, 헤집어 놓다 **slam shut** 쾅 하고 닫다 **lock** 잠그다 **all set** 준비된

ALL THE LIGHTS GO ON!

DAD (O.S.) Come on Riley, get up! Camp time!

WITH RILEY

Riley slowly opens her eyes.

A WHISTLE BLOWS!

FOREMAN (calling out) Lunch break!

All the workers drop their tools and head out.

JOY Whoah whoah, wait wait! You can't leave it like this!

FOREMAN Don't worry. We'll be back.

They all exit. The emotions look around HQ. It's a TOTAL MESS.

DAD (O.S.) Come on! We're gonna be late! Grace is waiting.

JOY No no no!

The emotions, with urgency, rush to the console!

조명이 환하게 켜진다!

아빠 (화면 밖 목소리) 자, 라일리, 일어나! 캠프 가야지!

라일리 화면
라일리가 천천히 눈을 뜬다.

호루라기 소리가 들린다!

현장 감독 (큰 소리로) 점심 시간!

인부들이 연장을 내려놓고 밖으로 나간다.

기쁨 아니, 잠깐, 잠깐만요! 이래놓고 가면 안 되죠!

현장 감독 걱정 마쇼. 다시 오니까.

모두 퇴장한다. 감정들이 본부를 둘러본다. 완전 난장판이다.

아빠 (화면 밖 목소리) 빨리! 늦겠어! 그레이스가 기다린다고.

기쁨 이런, 안 돼!

감정들이 다급하게 콘솔을 향해 뛰어간다!

whistle 호루라기 **call out** 큰 소리로 외치다 **lunch break** 점심 시간 **tool** 연장 **head out** 밖으로 나가다 **exit** 퇴장하다 **look around** 둘러보다 **mess** 엉망인 상태 **with urgency** 다급하게 **rush** 황급히 달려가다

WITH RILEY

Riley sits up, barely awake. A glaring pimple sits on her chin.

Mom looks down at an incomplete suitcase.

MOM Riley, you aren't packed yet?

IN HQ

The emotions come forward -- Anger barely pushes a button --

WITH RILEY

RILEY UGH! YOU'RE ALWAYS ON ME. [18] CAN'T YOU JUST LAY OFF FOR LIKE ONE SECOND??!

Mom goes wide-eyed.

IN HQ

DISGUST (to Anger) Uh, overreact much?!

ANGER I barely touched it! [19] Those morons broke the console!

WITH RILEY

MOM Riley. What's wrong?

라일리 화면

라일리가 잠이 덜 깬 채로 앉아 있다. 턱에 난 여드름이 도드라져 보인다.

엄마가 짐을 다 안 싼 가방을 바라본다.

엄마 라일리, 아직 짐 안 쌌니?

본부 안

감정들이 앞으로 다가간다. 버럭이 버튼을 아주 살짝 누른다.

라일리 화면

라일리 으윽! 항상 그놈의 잔소리. 잠시만이라도 그냥 좀 내버려두면 안 돼요??!

엄마, 눈이 휘둥그레진다.

본부 안

까칠 (버럭에게) 어, 너무 오버한 것 같지 않아?!

버럭 거의 건드리지 않았다고! 바보들이 콘솔을 망쳐놨네!

라일리 화면

엄마 라일리. 왜 그러니?

barely 거의 ~하지 않은 **glaring** 확연한, 너무 밝은 **pimple** 여드름 **chin** 턱 **incomplete** 완성되지 않은 **suitcase** 짐 가방 **packed** 짐을 다 싼 **be on someone** ~를 성가시게 굴다, 괴롭히다 **lay off** (남을) 그냥 두다 **wide-eyed** 눈이 휘둥그레진 **overreact** 과하게 반응하다 **moron** 멍청이

IN HQ

Sadness reaches forward...

SADNESS Oh, Mom looks sad.

WITH RILEY

RILEY (crying) I'm the worst!

MOM Oh no, honey...

IN HQ

SADNESS I barely touched it!

ANGER That's what I said!

WITH RILEY

Riley totally crying. Then she stops suddenly, smells her armpit--

IN HQ

DISGUST Let the professional handle this.

She cracks her knuckles and touches the console.

본부 안

슬픔이가 앞으로 나간다…

슬픔 아, 엄마가 슬퍼 보여.

라일리 화면

라일리 (울면서) 난 최악이야!

엄마 아니야, 애야…

본부 안

슬픔 나도 살짝만 건드렸는데!

버럭 내 말이!

라일리 화면

라일리가 엉엉 운다. 그러다 갑자기 울음을 멈추고 겨드랑이 냄새를 맡는데…

본부 안

까칠 전문가가 해결해주지.

까칠이 깍지를 끼고 손가락을 풀고는 콘솔을 건드린다.

forward 앞으로 **barely** 거의 ~하지 않은, 아주 살짝 **totally** 완전히 **armpit** 겨드랑이 **professional** 전문가 **handle** 다루다, 해결하다 **crack one's knuckles** (우두둑 소리를 내며) 손을 풀다

WITH RILEY

RILEY I'M TOO GROSS TO GO TO CAMP OR ANYWHERE EVER AGAIN.

IN HQ

Disgust takes her finger off the console.

DISGUST Oh yeah, this is totally broken.

WITH RILEY dramatically crying into her blanket.

ON MOM'S STUNNED LOOK - WE ZOOM INSIDE MOM'S HEAD.

MOM'S ANGER Well, we all knew this day would come.

MOM'S SADNESS Remember: We agreed not to make a big deal about this. [20]

MOM'S DISGUST (matter-of-fact) But she really does stink.

MOM'S EMOTIONS Yep. / Mmm hmm. / Oh it's bad.

MOM'S SADNESS Remain calm. Stick to the prepared script. [21]

라일리 화면

라일리 냄새가 너무 구려서 캠프는커녕 평생 아무 데도 못 가.

본부 안

까칠이 콘솔에서 손가락을 뗀다.

까칠 맞아. 이거 완전 맛이 갔네.

라일리 화면. 담요에 얼굴을 묻고 격하게 엉엉 운다.

엄마의 놀란 표정이 화면에 크게 잡힌다. 카메라가 엄마의 머릿속으로 들어간다.

엄마의 버럭 이런 날이 올 줄 다들 예상했잖아.

엄마의 슬픔 호들갑 떨지 않기로 했던 거 다들 명심하라고.

엄마의 까칠 (무미건조하게) 그래도 냄새가 심하긴 해.

엄마의 감정들 그래. / 맞아. / 심하지.

엄마의 슬픔 다들 침착해. 준비했던 대본대로 하는 거야.

gross 역겨운 (여기서는 라일리가 자신의 겨드랑이 냄새를 맡은 후에 한 말로, 자신에게서 나는 냄새가 역겹다는 것) **take off** 손을 떼다 **broken** 망가진 **dramatically** 극적으로, 격하게 **stunned** 놀란 **make a big deal** 호들갑을 떨다 **matter-of-fact** 무미건조한, 사무적인 **stink** 악취가 나다 **calm** 침착한 **stick to** ~를 고수하다 **script** 대본, 원고

All Mom's emotions nod in agreement. Mom's Sadness drives. MOM BREATHS OUT. She sits next to Riley on the bed like she's sitting next to a bomb.

MOM You are not gross, honey. You're just changing. Remember that beautiful butterfly we saw in the park last week?

Riley looks up at her, perplexed.

IN HQ
The emotions stand away from the console with a long stick, trying to BARELY TOUCH THE CONSOLE...

MOM (O.S.) Well, that butterfly began as a caterpillar, and just like that caterpillar you're about to get your wings. Not literal wings.

JOY Easy... easy....

The stick barely touches a button.

WITH RILEY

MOM But if you have questions--

엄마의 감정들이 모두 동의하며 고개를 끄덕인다. 엄마의 슬픔이 콘솔을 조종한다. 엄마가 숨을 크게 내쉰다. 라일리 옆에 앉는데 마치 폭탄 옆에 앉는 듯한 모습이다.

엄마　　넌 역겹지 않아. 그냥 변하고 있는 거야. 지난 주에 공원에서 봤던 예쁜 나비 기억하지?

라일리가 황당한 표정으로 엄마를 바라본다.

본부 안
감정들이 콘솔에서 멀리 떨어져 긴 막대를 들고 조심스럽게 콘솔을 건드리려고 한다…

엄마　　(화면 밖 목소리) 그 나비는 애벌레에서 나온 거야. 그 애벌레처럼 너도 조만간 날개가 생길 거란다. 진짜로 날개가 달린다는 건 아니고.

기쁨　　조심… 조심…

막대기가 버튼을 살짝 건드린다.

라일리 화면

엄마　　하지만 궁금한 게 있으면…

in agreement 동의하며 **bomb** 폭탄 **butterfly** 나비 **perplexed** 당황한, 황당해하는 **stick** 막대기 **caterpillar** [kǽtərpìlər] 애벌레 **literal** 실제로, 문자 그대로의 **easy** 침착한

RILEY OH MY GOSH MOM! JUST GO AWAY! UGH!

She jumps out of bed and leaves.

INSIDE MOM'S HEAD

MOM'S ANGER Welp, that's a preview of the next 10 years.

라일리 아 진짜 돌겠네, 엄마! 그냥 나가요! 으악!

엄마가 황급히 침대에서 일어나 밖으로 나간다.

엄마의 머릿속

엄마의 버럭 그래, 다가올 10년의 예고편이네.

go away 가다, 떠나가다 **welp** 참 (well과 유사하게 쓰는 표현) **preview** 예고편, 미리 보는 것

CHAPTER 6

Devastating News

INT. FAMILY CAR

Riley, Bree and Grace sit in the back of Mom and Dad's car. Mom drives with Dad in the passenger seat.

BREE Riley!

GRACE Oh my gosh!

BREE We're gonna have so much fun!

DAD Alright. Who's ready for hockey camp?! [22]

RILEY/BREE/GRACE Woo! Yeah!

IN HQ

The emotions huddled around the console.

JOY Ok, until we can figure this out, nobody touch the console unless you really need to!

06. mp3

실내. 가족의 차 안

라일리, 브리, 그레이스가 부모님의 차 뒷자리에 앉는다. 엄마가 운전을 하고 아빠는 조수석에 탔다.

브리 라일리!

그레이스 어머!

브리 정말 재미있을 거야!

아빠 자, 캠프 갈 준비됐어?!

라일리/브리/그레이스 우후! 네!

본부 안

감정들이 콘솔 주변에 모여 있다.

기쁨 왜 이런지 파악할 때까지 꼭 필요할 때 빼고는 콘솔을 건드리지 마!

devastating (하늘이 무너질 것처럼) 충격적인 **passenger seat** 조수석 **huddle** 모이다 **figure out** 알아내다

INT. FAMILY CAR

Mom and Dad continue their conversation in background as the girls excitedly discuss their plans...

DAD So big weekend for us, what do you want to do?

MOM Well, we could finally clean out the garage. Or actually the upstairs closet is really bad. We should probably start there.

WITH RILEY

GRACE You guys, I'm so psyched!

BREE Me too!

RILEY I know! [23] How great is next year gonna be?! Coach Roberts' team has been state champs like every year!

She holds up her phone with a picture of the varsity team. Zooms in on the captain.

실내. 가족의 차 안

아이들이 신나게 계획을 짜는 가운데 엄마와 아빠가 작은 소리로 대화를 이어간다.

아빠 오랜만에 둘만의 주말이네. 뭐 하고 싶어?

엄마 글쎄, 차고를 치워도 되고, 사실 위층 옷장도 진짜 지저분하니까 그거부터 해도 되지.

라일리 화면

그레이스 얘들아, 나 너무 신나!

브리 나도!

라일리 나도 그래! 내년은 얼마나 좋을까?! 로버츠 코치님이 이끄는 팀은 해마다 주에서 우승을 차지했잖아!

라일리가 핸드폰으로 고등학교 팀 사진을 보여준다. 그리고는 주장의 얼굴을 확대한다.

in background 작게, 배경으로 **excitedly** 흥분해서 **clean out** 치우다 **garage** 차고 **upstairs** 위층 **closet** 옷장 **probably** 아마도 **psyched** 흥분한, 아주 신난 **state** 주 (미국의 주) **champs** 우승팀 (= champions) **varsity** (고등학교, 대학교의 스포츠) 대표팀 **zoom in** 확대하다 **captain** 팀 주장

RILEY (CONT'D) AND, Val Ortiz is the captain now!

IN HQ

ANGER This Valentina Ortiz obsession is outta control.

DISGUST Uh, she made the Fire Hawks when she was only a freshman.

SADNESS That's really hard...

WITH RILEY

RILEY All we have to do is be super awesome at camp. [24] Coach will put us on the team, and we'll all be Fire Hawks!

Bree and Grace share a quick look at each other.

IN HQ

DISGUST Wait. What was that?

JOY What was what?

DISGUST We got a look. I don't like this.

JOY What? You're paranoid.

라일리 (계속) 게다가 밸 오티즈가 지금 주장을 맡고 있어!

본부 안

버럭 발렌티나 오티즈를 좋아하는 건 못 말린다니까.

까칠 신입생 때 파이어호크 팀에 들어갔다잖아.

슬픔 그거 정말 힘든 건데…

라일리 화면

라일리 캠프에서 잘하기만 하면 돼. 그럼 코치님이 우릴 뽑을 거고 다 같이 파이어호크 팀이 되는 거지!

브리와 그레이스가 재빨리 시선을 교환한다.

본부 안

까칠 잠깐. 저건 뭐야?

기쁨 뭐가?

까칠 표정 말이야. 맘에 안 들어.

기쁨 뭐라고? 너무 예민한 거 아냐?

outta control 통제가 불가능한 (outta는 out of를 발음 나는 대로 표기한 구어체) **make** (성공적으로) ~가 되다 **freshman** 신입생 **super** 매우 **awesome** 멋진, 잘하는 **share** 공유하다 **look** 표정 **paranoid** (다른 사람을 믿지 못해) 극도로 예민한, 피해망상적인

DISGUST I never miss a look.

Disgust hits a button we don't see with her foot. An additional mini-workstation rises from the floor. CSI-like synth music plays. Disgust recalls a memory of the look they just got. Disgust freezes the image.

DISGUST Enhance 224-176. Track right. Zoom in.

The screen zooms in on Bree's eyebrow.

DISGUST Riiighhhhht... There!

Disgust shows Bree moving her eyebrow a tenth of an inch.
Cut back to the emotions: who don't get it.

ANGER So?

까칠 난 표정을 절대 놓치지 않아.

까칠이 화면에는 보이지 않는 버튼을 발로 밟자 소형 콘솔이 바닥에서 올라온다. 드라마 CSI 인트로 같은 신시사이저 음악이 들린다. 까칠이 방금 본 표정을 담은 기억을 소환하더니 화면을 일시 정지시킨다.

까칠 224-176 확대. 오른쪽으로 이동. 줌인.

화면에 브리의 눈썹이 확대된다.

까칠 바로… 저기!

까칠은 브리의 눈썹이 아주 미세하게 움직이는 모습을 보여준다.
다시 감정들 화면: 무슨 의미인지 이해를 못하고 있다.

버럭 그래서?

additional 추가적인 **workstation** 작업 장치 **synth** 신시사이저 (= synthesizer) **recall** 소환하다 **freeze** 일시 정지시키다 **enhance** 확대하다 **track** 따라가다 **eyebrow** 눈썹 **a tenth of an inch** 아주 미세하게 **get it** 이해하다

DISGUST She's hiding something! But what?!

ON RILEY

Riley makes the tiniest facial change.

ZOOM INTO BREE'S HEAD

BREE'S SADNESS What is she doing?

On screen: Riley looking at her.

BREE'S ANGER She's looking at our look!

BREE'S DISGUST No, it's much more than that.

Bree's Disgust hits a button with HER foot and pulls up HER workstation. The frame of Riley freezes.

BREE'S JOY She looks the same to me. [25]

BREE'S DISGUST Overlay and compare!

Bree recalls a nearly identical freeze frame of Riley on top of the current one and uses a slider to slide between the two overlaid images.

까칠 뭔가를 숨기고 있다고! 뭐지?!

라일리 화면

라일리의 표정이 아주 미세하게 바뀐다.

화면이 브리의 머릿속으로 들어간다.

브리의 슬픔 쟤 뭐하는 거야?

화면: 라일리가 브리를 바라본다.

브리의 버럭 우리 표정을 보고 있잖아!

브리의 까칠 아니, 그렇게 단순한 게 아니야.

브리의 까칠이 발로 버튼을 누르자 작은 콘솔이 올라온다. 라일리의 화면이 일시 정지된다.

브리의 기쁨 똑같아 보이는데.

브리의 까칠 중첩 화면. 비교!

브리의 까칠이 거의 똑같아 보이는 라일리의 정지 화면을 소환해 현재 화면과 중첩시킨다. 핸들을 조정하며 두 중첩 화면 사이를 왔다갔다한다.

tiniest 아주 조금 **facial** 얼굴의 **much more than that** 그 이상인 **pull up** 꺼내다, 끌어올리다 **overlay** 겹치다, 덮어씌우다 **compare** 비교하다 **nearly** 거의 **identical** 똑같은 **current** 현재의 **slider** 슬라이더 (상하, 좌우로 이동시킬 수 있는 조절 핸들) **slide** 옆으로 이동하다

BREE'S DISGUST (re: screen) See? Riley then, Riley now, Riley then, Riley now.

There's clearly a marked difference the other emotions didn't see before.

BREE'S FEAR/ BREE'S JOY/ BREE'S SADNESS/ BREE'S ANGER Whoa! / Ooooh! / You're Right! / How did I miss it? It's so obvious!

BREE'S SADNESS But, what does it mean?

BREE'S DISGUST She knows we're hiding something.

ON GRACE

Grace's eyes ping pong back and forth between Riley and Bree intently staring at each other.

ZOOM INTO GRACE'S HEAD

Grace's Disgust stands by the console and workstation.

GRACE'S DISGUST What is happening right now?

Grace's Fear holding a saucer and a cup of tea, rattling with nerves.

GRACE'S FEAR I don't know! I don't know!

브리의 까칠 (화면을 보면서) 봐! 아까의 라일리, 지금의 라일리, 아까, 지금.

다른 감정들이 놓치고 있었던 차이가 이제 확연하게 보인다.

브리의 소심/ 브리의 기쁨/ 브리의 슬픔/ 브리의 버럭 와! / 오! / 맞아! / 저걸 어떻게 놓친 거지? 확 눈에 띄는데!

브리의 슬픔 그런데, 왜 저러는 거지?

브리의 까칠 우리가 숨기는 게 있다는 걸 아는 거지.

그레이스 화면

라일리와 브리가 서로를 빤히 바라보는 가운데 그레이스는 고개를 왔다갔다하며 두 사람의 표정을 살핀다.

화면이 그레이스의 머릿속으로 들어간다.

그레이스의 까칠이 콘솔 옆에 서 있다. 역시 미니 콘솔이 보인다.

그레이스의 까칠 지금 어떻게 돌아가고 있는 거야?

그레이스의 소심이 찻잔을 접시에 받쳐서 들고 있다. 너무 긴장해서 찻잔이 달그락거린다.

그레이스의 소심 난 몰라! 모른다고!

clearly 확실히, 명확하게 **marked** 뚜렷한, 눈에 띄는 **obvious** 명확한, 눈에 띄는 **ping pong** 왔다갔다 움직이다 **back and forth** 왔다갔다 **intently** 열중해서, 빤히 **saucer** 컵을 받치는 접시 **rattle** 달그락거리다 **with nerves** 긴장해서

GRACE'S ANGER I can't take this anymore! [26]

Grace's Anger moves to the console, while bumping Grace's Fear which causes him to spill his tea on the console.

GRACE'S FEAR Ah!

GRACE'S DISGUST You spilled the tea!

WITH RILEY

GRACE Coach Roberts isn't gonna be our coach next year!

BREE Grace!

Bree hits Grace on the shoulder and gives her a look.

BREE We--we got assigned to a different high school.

IN HQ

DISGUST Aha! (then, realizing) Oh. Oh no.

WITH RILEY

Riley seems almost ok with this.

그레이스의 버럭 더 이상 못 참겠다!

그레이스의 버럭이 콘솔로 이동하다가 소심과 부딪힌다. 소심이 콘솔에 차를 쏟는다.

그레이스의 소심 아!

그레이스의 까칠 차를 쏟았잖아!

라일리 화면

그레이스 로버츠 코치님은 내년에 우리 코치님이 될 수 없어!

브리 그레이스!

브리가 어깨를 치며 그레이스에게 눈치를 준다.

브리 우리… 우리는 다른 고등학교를 배정받았거든.

본부 안

까칠 아! (목소리 톤이 바뀐다. 이제야 상황을 파악하고) 아, 안 돼.

라일리 화면
라일리는 괜찮다는 표정이다.

bump 부딪히다 **cause** 야기시키다 **spill** 쏟다 **shoulder** 어깨 **give a look** 쳐다보다 **assigned to** ~에 배정된 **then** 목소리 톤을 바꾸고

RILEY Oh ok. Um, yeah. No big deal.

IN HQ

ANGER OUR LIFE IS OVER!

FEAR This is a HUGE deal!

DISGUST IS SHE SERIOUS RIGHT NOW?!

FEAR (hyperventilating) I can't breathe, I can't breathe!

DISGUST How long have they known this?!

SADNESS WHAT ARE WE GONNA DO?!

ANGER We can't go to high school without Bree and Grace!

SADNESS We won't know anybody...

WITH RILEY

BREE We'll still get to hang out...

GRACE And we'll have this weekend? Which means we'll get one last time playing on the same team?

라일리　알았어. 어, 그래. 별일 아니네.

본부 안

버럭　우린 이제 끝이야!

소심　정말 큰 일이야!

까칠　쟤 지금 제정신이야?!

소심　(과호흡이 와서) 숨을 못 쉬겠어, 못 쉬겠다고!

까칠　쟤들은 이 사실을 언제 알았던 거지?!

슬픔　우린 이제 어쩌지?

버럭　브리와 그레이스가 없는 고등학교는 갈 수 없어!

슬픔　아는 애들이 하나도 없을 텐데…

라일리 화면

브리　그래도 계속 함께 놀 거잖아…

그레이스　이번 주말도 있고 안 그래? 마지막으로 같은 팀에서 경기를 해야지?

No big deal. 별거 아니야. 괜찮아. over 끝난 huge deal 큰 문제 breathe [briːð] 숨을 쉬다 hang out 어울려서 놀다

BREE Friends are forever. Right?

Bree and Grace offer a fist bump. Riley forces a smile.

RILEY Yeah. Of course.

Riley returns the fist bump.

BREE/GRACE Woo!

Bree and Grace excitedly go back to talking in the background.

GRACE I can't wait to get on the rink! [27]

BREE When do we get our schedules?

GRACE (trailing off) I heard...

Riley, clearly upset, looks out the window.

브리 한번 친구는 영원한 친구잖아. 그치?

브리와 그레이스가 라일리와 함께 주먹을 부딪히는 세리머니를 하려고 한다. 라일리는 억지로 웃어 보인다.

라일리 그래. 물론이지.

라일리가 주먹을 부딪힌다.

브리/그레이스 우후!

브리와 그레이스는 즐겁게 대화를 이어 나간다. 대화 소리가 점점 작아진다.

그레이스 경기장에 빨리 들어가고 싶어!

브리 우리 스케줄은 언제 나오지?

그레이스 (소리가 작아지며) 내가 듣기로는…

라일리는 언짢은 표정으로 창밖을 바라본다.

offer 제공하다, 주다 **fist bump** 주먹을 부딪히며 하는 세리머니 **force a smile** 억지로 미소 짓다 **return** 답례로 ~를 해주다 **excitedly** 흥분해서 **in the background** 작은 소리로, 배경으로 **trail off** 소리가 작아져 속삭이듯 들리다 **clearly** 확실히 **upset** 속상한, 화 난

IN HQ

Sadness reaching for the console...

SADNESS Oh, this is so sad!

Sadness can't help herself. She lunges for the console. Everybody jumps in to hold her back.

JOY No wait! Sadness!

ANGER Don't do it!

DISGUST No, no, no, no, no!

FEAR I don't have a good grip!

SADNESS (voc: efforts)

DISGUST Just keep it together until we're out of the car! [28]

본부 안

슬픔이 콘솔을 조종하려고 한다.

슬픔 아, 이건 너무 슬퍼!

슬픔이 자신을 주체하지 못하고 콘솔을 향해 달려든다. 모두들 그녀를 뜯어 말린다.

기쁨 잠깐! 슬픔아!

버럭 그러지 마!

까칠 안 돼! 그럼 안 돼!

소심 난 못 잡겠어!

슬픔 (벗어나려고 끙끙댄다)

까칠 차에서 내릴 때까지만 정신 차리라고!

can't help oneself 어쩔 수 없다 **lunge for** ~로 달려들다 **hold back** 막다, 멈추다 **have a good grip** 잘 잡다 (여기서 grip은 '쥠, 움켜쥠'이란 뜻의 명사로 쓰임) **efforts** 힘들게 끙끙거리는 소리 **keep it together** 정신 차리다 **out of** ~에서 나오는

CHAPTER 7

Riley Encounters Valentina

EXT. HOCKEY RINK—DAY

CLOSE ON SIGN: "WELCOME! HOCKEY CAMP".

We PAN OVER to see Riley's parents CAR pulling into the drop-off area. Riley sits in the back seat with Bree and Grace.

DAD (O.S.) Here we are! This looks really cool! You sure you don't need an assistant coach? 'Cause I am available!

MOM Bill!

실외. 아이스하키 경기장—낮

"하키 캠프에 오신 것을 환영합니다!"라고 적힌 현수막이 클로즈업된다.

카메라가 위로 올라가면서 라일리 부모님 차가 하차하는 곳으로 들어서는 모습을 보여준다. 라일리는 브리, 그레이스와 함께 뒷자리에 앉아 있다.

아빠 (화면 밖 목소리) 다 왔다! 여기 멋지네! 부코치는 필요 없다니? 나 한가하거든!

엄마 빌!

encounter 우연히 만나다 pan over 카메라가 상승하며 전체 장면을 잡다 pull into ~로 서서히 들어가 멈추다 drop-off area 내려주는 곳 assistant coach 부코치 available 이용 가능한, 시간이 있는

DAD No? Alright. We'll see you in a few days!

MOM Have fun!

As Bree and Grace start to exit, Riley hesitates.

BREE Thanks so much! Bye!

GRACE Bye! Thanks for the ride!

Riley watches them laugh and leave.

DAD Don't miss us too much!

RILEY Ok bye!

MOM Wait! Riley, are you sure you have everything? Stick?

RILEY Yes.

MOM Gloves?

RILEY (annoyed) Yes.

아빠 아니라고? 알았어. 며칠 뒤에 보자!

엄마 재미있게 지내렴!

브리와 그레이스가 먼저 내리고 라일리는 잠시 주저한다.

브리 감사합니다! 안녕히 가세요!

그레이스 안녕히 가세요! 태워주셔서 감사해요!

라일리는 친구들이 웃으며 차에서 내리는 모습을 바라본다.

아빠 우리 보고 싶다고 울지 마!

라일리 알았어요, 가세요!

엄마 잠깐! 라일리, 챙길 건 다 챙겼니? 하키 스틱은?

라일리 네.

엄마 글러브는?

라일리 (짜증내며) 네.

hesitate 주춤하다, 망설이다 annoyed 짜증난

DAD You have your phone?

RILEY Yes, of course.

DAD Fully charged?

RILEY Yeah, it's like 50...

DAD What?!

RILEY Dad, it's fine.

DAD Ok. Call us if you need us. I love you. Go get 'em.

RILEY Ok. Love you guys.

MOM Don't forget the deodorant!

Riley gets out of the car.

RILEY MOM!

DAD Bye monkey!

Mom and Dad drive away, leaving Riley alone...

아빠 핸드폰은?

라일리 네, 물론이죠.

아빠 완전히 충전한 거지?

라일리 네, 50프로 정도…

아빠 뭐라고?!

라일리 아빠, 괜찮아요.

아빠 알았어. 필요한 게 있으면 연락하렴. 사랑해. 가서 네 실력을 보여줘.

라일리 알았어요. 저도 사랑해요.

엄마 데오도란트 꼭 써야 해!

라일리가 차 밖으로 나간다.

라일리 엄마!

아빠 안녕 우리 원숭이!

엄마와 아빠가 떠나고 라일리는 혼자 남는다.

fully 완전히 **charged** 충전된 **Go get 'em.** (응원의 말) 가서 실력을 보여줘. (= Go get them.) **get out of** (택시나 자동차에서) 내리다

IN HQ

JOY (releasing Sadness) Okay, now.

WITH RILEY

Riley starts to cry.

IN HQ

Joy tenderly hugs Sadness.

JOY It's ok. We need this.

WITH RILEY

Riley turns around, still crying. Realizing that there's a bunch of kids there. Riley pulls herself together.

DISGUST (O.S.) GUYS, these are high schoolers!

IN HQ

SADNESS Oh...

Sadness steps away from the console.

본부 안

기쁨 (슬픔을 풀어주며) 자, 지금이야.

라일리 화면

라일리가 울기 시작한다.

본부 안

기쁨이 다정하게 슬픔을 껴안는다.

기쁨 괜찮아. 우는 것도 필요해.

라일리 화면

울면서 뒤를 돌아보는 라일리, 아이들이 많이 모여 있는 것을 보고 정신을 차린다.

까칠 (화면 밖 목소리) 얘들아, 고등학생들이야!

본부 안

슬픔 오…

슬픔이 콘솔에서 물러난다.

release 놓아주다 **tenderly** 부드럽게 **hug** 끌어안다 **realize** 깨닫다 **a bunch of** 여럿 **pull oneself together** 정신을 가다듬다 **step away** 물러서다

DISGUST (CONT'D) We do not want to be red and puffy, do we?

SADNESS No...

JOY Don't worry. We'll have plenty of time to think about this after camp.

Joy drives on the console.

WITH RILEY

She turns to find her friends...

JOY (O.S.) Now where did Bree and Grace go...

She spots them in the distance.

JOY (O.S.) Oh! There they are.

Riley hustles off.

ANGER Wait, aren't those traitors dead to us?!

JOY Our best friends? No.

까칠 (계속) 눈이 빨개져서 통통 부어 있으면 안 되겠지?

슬픔 그래…

기쁨 걱정하지 마. 캠프가 끝나고 생각할 시간은 많으니까.

기쁨이 콘솔을 조종한다.

라일리 화면

라일리가 친구들을 찾으려고 돌아본다…

기쁨 (화면 밖 목소리) 브리와 그레이스는 어디로 갔나…

멀리서 친구들을 발견한다.

기쁨 (화면 밖 목소리) 아! 저기 있다.

라일리가 황급히 움직인다.

버럭 잠깐, 저 배신자들하고 절교하는 거 아니었어?!

기쁨 우리 절친들하고 말이야? 아니지.

puffy 통통 부어오른 **plenty of** 많은 **spot** 발견하다 **in the distance** 저 멀리, 멀리서 **hustle off** 급히 떠나다 **traitor** 배신자

BANG! She runs into someone and lands on her butt...

VALENTINA (startled) Woah! Hey--

RILEY LOOKS UP AND SEES -- Valentina Ortiz reaching down to help her up.
RILEY ON THE GROUND LOOKING UP AT --

VALENTINA Are you okay?

Riley stares at her, mouth open.

IN HQ

JOY (gasp) Everybody act regular! It's Valentina Ortiz!

FEAR Ah!

DISGUST We gotta say something!

퍽! 라일리가 누군가와 부딪혀 엉덩방아를 찧는다…

발렌티나 (놀라서) 어! 이봐--

라일리가 위를 올려다 보는데… 발렌티나 오티즈가 라일리를 일으켜 주려고 손을 뻗고 있다.
바닥에 주저앉은 라일리는 위를 쳐다볼 뿐이다…

발렌티나 괜찮니?

라일리는 입을 헤 벌리고 멍하니 그녀를 바라본다.

본부 안

기쁨 (화들짝 놀라며) 대수롭지 않게 행동해! 발렌티나 오티즈야!

소심 끼악!

까칠 무슨 말이라도 해야지!

run into 부딪히다 land 쓰러지다, 착륙하다 butt 엉덩이 startled 놀란 reach 손을 내밀다 stare at ~를 빤히 쳐다보다 gasp 깜짝 놀라 헉 하는 소리를 내다 regular 평소같은, 정상적인

WITH RILEY

Riley is on the ground, so overwhelmed she can't speak.

RILEY Ahhh...

Val helps Riley off the ground.

VALENTINA Hey, hi. I'm Val.

RILEY I know! You're the Varsity Captain. You set the all-time goal record as a junior, your favorite color is red, and your skate size is nine and a half...

IN HQ

DISGUST What are we saying?!

SADNESS We are so uncool.

FEAR WHY ARE WE STILL HOLDING HER HAND?!

Fear rushes to the console.

WITH RILEY

She awkwardly lets go of Val's hand.

라일리 화면
바닥에 주저앉아 있는 라일리, 너무 놀라 아무 말도 할 수 없다.

라일리 어…

밸이 라일리를 일으켜 세워준다.

발렌티나 안녕. 난 밸이라고 해.

라일리 알고 있어요! 고등학교 팀 주장이잖아요. 2학년 때 역대 최다 득점 기록을 세웠고 제일 좋아하는 색은 빨간색이죠. 스케이트 사이즈는 9.5이고…

본부 안

까칠 지금 우리 무슨 말 하는 거야?

슬픔 우리 너무 촌스럽다.

소심 손은 왜 아직도 잡고 있는 거지?!

소심이가 콘솔로 황급히 달려간다.

라일리 화면
어색하게 밸의 손을 놓는다.

ground 바닥 **overwhelmed** 놀란, 압도된 **varsity** (고등학교, 대학교의 스포츠) 대표팀 **captain** 팀 주장 **junior** 2학년 **uncool** 멋지지 않은 **rush to** ~로 급히 달려가다 **awkwardly** 어색하게 **let go of** 놓아주다

RILEY	... just like me! (awkward chuckle)
VALENTINA	Oh! You're the one Coach told us about. Riley, from Michigan, right?
	IN HQ
ANGER	It's Minnesota, sweetie!
DISGUST	No, no, no, no! We cannot correct VAL ORTIZ!
	Suddenly the console lights up a NEW COLOR -- ORANGE.
	WITH RILEY
RILEY	(nervous laugh) Yeah, that's me. Riley from good ol' Michigan.

라일리 … 나하고 똑같아요! (어색하게 웃는다)

발렌티나 아! 네가 코치님이 말씀하신 애구나. 미시간에서 온 라일리, 맞지?

본부 안

버럭 미네소타야, 아가씨!

까칠 안 돼, 안 된다고! 밸 오티즈의 잘못을 고쳐선 안 돼!

갑자기 콘솔에 새로운 색깔의 불이 들어온다 - 주황색이다.

라일리 화면

라일리 (긴장한 듯 웃으면서) 네, 맞아요. 정겨운 미시간 출신 라일리.

chuckle 웃다 **sweetie** 여자아이를 부르는 말 **correct** 수정하다, 바로잡다 **light up** 빛나다 **good ol'** (옛날 것을 다정하게 지칭하는 말) 정겨운 (ol' = old)

CHAPTER 8

New Emotions

IN HQ

Joy looks down at the console lit all orange.

JOY Orange? Who made the console orange?

ANGER Do I look orange?!

FEAR I didn't touch it!

DISGUST Orange is not my color.

SADNESS Not me.

The camera pans over TO SEE -- A NEW EMOTION.

ANXIETY Hello everybody!

08. mp3

본부 안

기쁨이 콘솔을 내려다보니 주황색으로 빛나고 있다.

기쁨 주황색? 누가 콘솔을 주황색으로 한 거야?

버럭 내가 주황색으로 보이냐?!

소심 난 안 건드렸어!

까칠 주황은 내 색깔이 아니야.

슬픔 나도 아니야.

카메라가 옆으로 돌아간다… 새로운 감정이 보인다.

불안 모두들 안녕!

lit 빛이 나는 **pan over** 카메라가 빠지면서 전체 화면을 보여주다 **emotion** 감정

The other emotions run and hide behind Joy.

ANXIETY Oh my gosh, I am just such a HUGE fan of yours. [29] And now here I am meeting you face to face. [30] (squeal) Ok, how can I help?

JOY Um...

Anxiety starts popping all around the room.

ANXIETY I can take notes, get coffee, manage your calendar, walk your dog, carry your things, watch you sleep?

Joy stops her from moving around.

JOY WOW, you have a lot of energy! Maybe you could just stay in one place?

ANXIETY Anything. Just call my name and I am here for you.

JOY Ok, love that. And what was your name again?

감정들이 황급히 기쁨이 뒤에 숨는다.

불안 어머, 완전 팬이야! 널 이렇게 직접 만나게 될 줄이야. (기뻐서 꺄악 소리를 지른다) 자 이제, 나 뭐 하면 될까?

기쁨 어…

불안이 이곳저곳에서 불쑥 튀어나온다.

불안 메모, 커피 심부름, 스케줄 관리, 강아지 산책, 물건 옮기기, 잠자는 거 지켜보기?

기쁨은 불안이 정신없이 돌아다니지 않도록 한다.

기쁨 와, 에너지가 넘치는 애구나! 한 곳에 가만히 있기는 어때?

불안 뭐든지. 내 이름만 부르면 한걸음에 달려갈게.

기쁨 그래 좋아. 네 이름이 뭐라고?

hide 숨다 **huge** 엄청난 **meet someone face to face** ~를 직접 만나다 **squeal** 꺄악 소리를 지르다 **pop** 불쑥 나타나다 **take notes** 메모하다, 기록하다 **manage** 관리하다 **carry** (물건을) 나르다, 들고 가다

ANXIETY Oh, I'm sorry, I can get ahead of myself. [31] I'm Anxiety. I'm one of Riley's new emotions! And we are just super jazzed to be here. [32] Where can I put my stuff?

Anxiety displays a large collection of suitcases.

DISGUST Ah-ah-ah, what do you mean WE?

Suddenly a tiny hand comes up and tries to reach the console, but can't.

ENVY (grunt) I wish I was as tall as all of you.

ANGER Who the heck are YOU?

ENVY (CONT'D) I'm Envy. (noticing Disgust's hair) Ooo! Look at your hair.

불안 아, 미안, 내가 너무 앞서가네. 난 불안이야. 라일리의 새로운 감정 중에 하나지! 여기에 합류하게 돼서 우린 너무 기뻐. 내 물건은 어디에 두면 되니?

불안이 많은 짐가방들을 보여준다.

까칠 아, 아, 아, '우리'라니?

이때 작은 손 하나가 올라와 콘솔을 건드리려고 하는데 역부족이다.

부럽 (끙끙거리며) 너희들처럼 나도 키가 크면 좋을 텐데.

버럭 넌 도대체 누구냐?

부럽 (계속) 난 부럽이야. (까칠의 머리를 보고) 우와! 머리 좀 봐.

get ahead of oneself 너무 앞서가다 **super** 매우 **jazzed** 흥분한 **stuff** 물건 **display** 보여주다 **a large collection of** 다량의 **suitcase** 여행용 가방 **tiny** 작은 **grunt** 끙 하는 소리를 내다 **the heck** 도대체 **notice** 알아보다, 알아채다

Envy reaches out to touch Disgust's hair.

DISGUST (stopping Envy) Oh yeah, not happening.[33]

Envy immediately goes to the next thing-- sees Valentina on the screen--

ENVY (gasp) Look at HER hair! We need hair like that!

Envy presses a button.

WITH RILEY
Noticing a RED STREAK in Val's hair.

RILEY Oh my gosh, I love the red in your hair.

Riley reaches out to touch it.

VALENTINA (awkwardly pulls away) Oh, I--

부럽이 손을 뻗어 까칠의 머리를 건드리려고 한다.

까칠 (부럽을 막으면서) 아, 절대 안 돼.

곧바로 다음 타켓을 노리는 부럽, 화면에 발렌티나가 보인다.

부럽 (허걱 놀라며) 재 머리 좀 봐! 저런 머리를 해야 된다고!

부럽이 버튼을 누른다.

라일리 화면
발렌티나 머리의 빨간색 브릿지가 눈에 들어온다.

라일리 어머, 빨간색 머리 너무 마음에 들어요.

라일리가 손을 뻗어 만지려고 한다.

발렌티나 (어색하게 뒤로 물러서며) 오, 저기…

reach out 손을 뻗다 **Not happening.** 안 돼. (= That's not happening.) **immediately** 즉시 **press** 누르다 **streak** (헤어) 브릿지 **awkwardly** 어색하게 **pull away** 뒤로 빠지다

IN HQ

Disgust snatches Envy off the console.

DISGUST (gasp) WHAT ARE YOU DOING?!

WITH RILEY

RILEY Hey, maybe when I make the team, I can join team "Red Head" too! Yeah yeah!

IN HQ

We see a HAND on the console. Suddenly the console lights up PINK.

We pan up to see a HUGE NEW EMOTION, EMBARRASSMENT.

EMBARRASSMENT (voc: embarrassed)

WITH RILEY

Riley FLUSHES PINK.

IN HQ

ANGER OK, WHO'S THIS GUY?!

본부 안

까칠이 다급하게 부럽을 콘솔에서 떼어낸다.

까칠 (화들짝 놀라며) 뭐 하는 거니?!

라일리 화면

라일리 저기, 제가 팀에 들어가면 저도 "빨간 머리" 팀원이 되는 거죠! 좋다, 좋아!

본부 안

콘솔 위에 손 하나가 나타난다. 갑자기 콘솔이 핑크빛으로 물든다.

위를 향하는 카메라, 덩치 큰 새로운 감정, 당황을 보여준다.

당황 (당혹스러워한다)

라일리 화면

라일리의 얼굴이 발개진다.

본부 안

버럭 얘는 또 누구야?!

snatch 낚아채다 **make the team** 팀에 들어가다 **embarrassment** 당황, 황당 **embarrassed** 당황한 **flush** 얼굴이 붉어지다

SADNESS What's your name, big fella?

Anxiety pops up over Joy's shoulder. Surprise!

ANXIETY That's Embarrassment!

ANXIETY He's not big on eye contact or uh, like talking, [34] but he's a really sweet guy.

JOY Well, welcome to Headquarters, Embarrassment!

Joy goes to shake his hand but he does a fist bump.

EMBARRASS-MENT (voc: uncomfortable)

Joys tries again but it just doesn't quite work.

슬픔 덩치 큰 친구, 이름이 뭐야?

불안이 기쁨의 어깨너머로 툭 튀어나온다. 짜잔!

불안 쟤는 당황이야!

불안 눈 마주치는 거나 말하는 걸 좋아하지 않지만 정말 다정한 친구야.

기쁨 그래, 당황아, 본부에 온 걸 환영해!

기쁨은 악수를 하려는데 당황은 주먹 부딪히는 인사를 하려고 한다.

당황 (불편해한다)

기쁨이 다시 인사를 하려 하지만 이번에도 맞지 않는다.

fella 남자, 친구 (상대를 친근하게 부르는 호칭) **pop up** 갑자기 나타나다 **be big on** ~를 좋아하다 **shake one's hand** 악수하다 **uncomfortable** 불편해하는

JOY — Oh, we're doing a fi-? No-- oop-- nope, goin high-- (shakes his hand) Oh, you got a real sweaty palm there buddy.

Embarrassment blushes and pulls his sweatshirt around his face.

EMBARRASSMENT — (voc: hiding)

WITH RILEY

VALENTINA — Hey, you wanna come with me actually? You can meet some of the other Fire Hawks.

IN HQ

ANXIETY — Ooo! This is exciting! (then) But we can't let her know we're excited.

WITH RILEY

Riley acts like she doesn't care.

RILEY — Yeah, sounds good.

IN HQ

Anger looks down at the console all lit up, but no one is touching it.

기쁨 아, 주먹 인사? 아니… 아니군… 하이파이브… (손을 잡고 악수하며) 오, 손에 땀이 정말 많은 친구네.

얼굴이 홍당무가 된 당황이 머리까지 올려입은 스웨트셔츠의 끈을 잡아당겨 얼굴을 가린다.

당황 (숨는다)

라일리 화면

발렌티나 저기, 나랑 같이 갈래? 파이어호크 팀원들을 만나게 해줄게.

본부 안

불안 오~! 정말 좋아! (목소리 톤을 바꾸고) 하지만 티를 내면 안 돼.

라일리 화면
라일리는 무심한 듯 행동한다.

라일리 네, 그러죠.

본부 안
버럭이 아래를 내려다 보는데 콘솔에서 빛이 난다. 그런데 아무도 조종을 하고 있지 않다.

sweaty 땀이 많이 나는 **palm** 손바닥 **buddy** 친구 **blush** 얼굴이 붉어지다 **actually** 실제로, 진짜로 **then** 목소리 톤을 바꾸며 **care** 신경쓰다

ANGER What emotion was that?

ANXIETY That's Ennui.

JOY Enn-what?

PAN TO A LONG DROOPY EMOTION LYING ON THE COUCH, LOOKING AT HER PHONE.

ENNUI (annoyed sigh) Enn-UI. It's what you would call the 'boredom.'

JOY Well, come on up here, Ennn-wurrr. Am I saying it right? En-waa. No. (gives up) Oh, nicknames! I'm gonna call you wee wee.

ENNUI Non.

Fear notices the console continuing to light up in Ennui's color.

FEAR How are you driving?

버럭 이건 무슨 감정이지?

불안 따분이야.

기쁨 따… 뭐라고?

카메라는 핸드폰을 보면서 소파에 널부러져 있는 키 큰 감정을 보여준다.

따분 (짜증난다는 듯 한숨을 쉬며) 따-분. '권태'라고 하기도 하지.

기쁨 이리 와봐, 따번아. 내 발음이 맞니? 따-빈이. 아닌 것 같네. (포기하고) 아, 별명이 좋겠다! 따봉이라고 부를게.

따분 싫어.

소심은 따분의 색깔로 빛나는 콘솔을 바라본다.

소심 어떻게 조종하는 거야?

ennui (프랑스어) 따분함, 권태감 **droopy** 늘어져 있는 **couch** 소파 **annoyed** 짜증나는, 화를 내는 **boredom** 따분함, 권태 **nickname** 별명 **Non.** (프랑스어) 안 돼. (= No.) **notice** 알아차리다, 알아보다

Ennui lifts her phone with an image of the console on it.

ENNUI Console app.

Anger's had enough.

ANGER Hey! Stop it! That's enough!

Joy comes to their defense.

JOY Now now, I know new emotions can sometimes feel unhelpful at first, and you just wanna-- (puts arm around Sadness a little too tightly; efforts) Say to them, why are you so annoying. (releases Sadness) But, I've learned, that every emotion is good for Riley. (squeezes her again) Even this turkey.

ANGER Ok fine.

Ennui side eyes them and drives.

WITH RILEY

RILEY Cool. Lead the way.

따분이 핸드폰을 들어 보여주는데 화면에 콘솔이 보인다.

따분 콘솔 앱으로.

버럭은 더 이상 참지 못한다.

버럭 이봐! 멈춰! 그만하라고!

기쁨이 이들을 변호한다.

기쁨 자, 자. 새로운 감정들이 처음에는 별 도움이 안 된다는 생각이 들 때도 있을 거야. (슬픔을 꽉 끌어안으며 짜증을 억지로 참는 듯한 소리를 낸다) 대놓고 짜증난다고 말하고 싶겠지. (슬픔을 놓아준다) 근데 내가 배운 교훈은 모든 감정이 라일리에게 꼭 필요하다는 거야. (슬픔을 다시 꽉 껴안는다) 심지어 이 친구도 말이지.

버럭 그래, 알았어.

따분이 그들을 흘겨보더니 다시 조종을 한다.

라일리 화면

라일리 좋아요. 안내하세요.

lift 들어올리다 **have enough** 더 이상 참을 수 없다 **come to someone's defense** 변호하다 **unhelpful** 도움이 되지 않은 **tightly** 단단히, 꽉 **annoying** 짜증나게 하는 **release** 풀어주다 **squeeze** 단단히 조이다 **turkey** 쓸모없는 존재, 실패작 **lead** 이끌다, 안내하다

VALENTINA Alright. Grab your stuff and follow me.

Riley grabs her bag and starts to follow... but stops.

SADNESS (O.S.) Oh but what about our friends?

We see Bree and Grace NEAR BY, but they don't see Riley. Valentina is walking away.

ENVY (O.S.) Val is our future.

IN HQ

ANXIETY Yes, I agree completely. We need new friends or else we'll be totally alone in high school.

Anxiety appears on the other side of Joy.

ANXIETY (CONT'D) Right, Joy?

JOY Well, I mean maybe, um--

Anxiety starts driving.

ANXIETY Here we go!

발렌티나 알았어. 짐 들고 따라와.

라일리가 가방을 들고 따라가다가… 이내 멈춰 선다.

슬픔 (화면 밖 목소리) 그런데 우리 친구들은 어쩌지?

근처에 브리와 그레이스의 모습이 보인다. 그러나 이들은 라일리를 보지 않는다. 발렌티나가 멀어진다.

부럽 (화면 밖 목소리) 밸이 우리의 미래라고.

본부 안

불안 그래, 나도 완전 같은 생각이야. 우린 새 친구가 필요해. 안 그럼 고등학교에서 완전히 외톨이가 될 거라고.

불안이 기쁨 옆으로 다가온다.

불안 (계속) 안 그래, 기쁨아?

기쁨 글쎄, 난 아마…

불안이 콘솔 조종을 시작한다.

불안 자, 가 볼까!

grab 붙잡다, 잡다 **What about ~?** ~는 어떻게 하지? **near by** 근처에 있는 **completely** 완전히 **or else** 그렇지 않으면 **totally** 완전히

WITH RILEY

RILEY Wait up! Thanks for showing me around!

Riley runs up to Valentina who smiles as they walk inside.

IN HQ

JOY Wait, why did you do that?

ANXIETY Sorry, what did I do?!

JOY We just left our best friends behind.

Joy confronts Anxiety, wants to stop the new kid from getting ahead of herself...

ANXIETY But what about the new ones that we're about to meet?!

Joy looks at them like they're nuts.

JOY No. Ok. These next three days need to be about Bree and Grace.

Anxiety approaches cautiously.

라일리 화면

라일리 기다려 주세요! 구경시켜줘서 고마워요!

라일리가 발렌티나에게 달려간다. 발렌티나는 웃는다. 두 사람, 안으로 들어간다.

본부 안

기쁨 잠깐, 왜 그랬던 거야?

불안 미안, 뭐가?!

기쁨 방금 친구들을 내버려두고 왔잖아.

기쁨이 불안에게 따지듯 말을 한다. 그녀는 새로 온 감정이 너무 급하게 나서지 않았으면 한다.

불안 새 친구를 만나면 되잖아?!

기쁨이 제정신인가 하고 새 감정들을 바라본다.

기쁨 아니야. 자, 이번 3일간은 브리랑 그레이스와 보낼 거야.

불안이 조심스럽게 다가간다.

Wait up! 기다려요! **show around** 안내하다, 보여주다 **confront** 맞서다, 대립하다 **get ahead of oneself** 너무 앞서가다 **What about ~?** ~는 어떡하고? **nuts** 미친, 이상한, 바보 같은 **approach** 접근하다 **cautiously** 조심스럽게

ANXIETY Joy, the next three days could determine the next FOUR YEARS OF OURS LIVES.

JOY (laughs) Now I think that's overstating things a bit.

ENNUI Ooh la la. Joy is so old school. [35]

JOY What?

ANXIETY Look, we all have a job to do. You make Riley happy, Sadness makes her sad, Fear protects her from the scary stuff she can see. And my job is to protect her from the scary stuff she can't see. I plan for the future. Oh! I can show you! You're gonna love this. [36]

Anxiety pushes a hole in the console and suddenly raises up and swivels into a SCREEN that Anxiety can tap.

JOY Hm, I was using that as a cup holder.

ANXIETY Ok so, my team has run all the data and we're looking at the following likely scenarios...

PROJECTION: Riley goofing off with Bree and Grace in front of Val.

불안 기쁨아, 이 3일이 앞으로 우리 인생의 4년을 결정한다고.

기쁨 (웃으며) 너무 과장해서 말하는 것 같은데.

따분 울랄라. 기쁨이는 너무 고리타분해.

기쁨 뭐라고?

불안 이봐, 우리 모두 각자의 역할이 있어. 넌 라일리를 행복하게 하고, 슬픔이는 슬프게 해. 소심이는 눈앞에 보이는 위험으로부터 라일리를 보호하지. 내 역할은 보이지 않는 위험으로부터 라일리를 보호하는 거야. 나는 미래를 계획해. 아! 보여줄게! 너도 정말 좋아할 거야.

불안이 콘솔에 있는 구멍을 누르자 무언가 올라오고 그것을 돌리니 작은 컴퓨터 화면이 나타난다. 불안이 그 화면을 터치한다.

기쁨 흠. 난 저걸 컵 홀더로 쓰고 있었는데.

불안 자, 우리 팀이 모든 데이터를 분석해서 가상의 시나리오를 만든 거야…

예측 화면: 라일리가 밸 앞에서 브리, 그레이스와 함께 웃긴 행동을 한다.

determine 결정하다 **overstate** 과장되게 말을 하다 **Ooh la la** (프랑스어) 어머, 참 **old school** 구식의, 구닥다리의 **scary** 무서운 **swivel** 회전시키다, 돌리다 **tap** 터치하다, 두드리다 **run the data** 데이터를 확인하다 **following** 다음과 같은 **likely** 일어날 가능성이 있는 **projection** 예측, 예상 **goof off** 빈둥거리다, 장난치다 **in front of ~** 앞에서

ANXIETY First, we don't take this camp seriously and we goof off with Bree and Grace...

The emotions watch, concerned.

ANXIETY (CONT'D) Riley looks really uncool in front of Val.

PROJECTION: Coach kicks Riley out of camp, all the older girls are laughing.

ANXIETY (CONT'D) She fails to impress the Coach, does not become a Fire Hawk...

PROJECTION: Riley alone in the halls of high school. Everyone staring at her.

ANXIETY (CONT'D) ...and finally arrives at high school:

PROJECTION: Riley alone at a lunch table.

ANXIETY (CONT'D) She has no one. She eats alone and only the teachers know her name.

DISGUST Ew.

FEAR Ok, you and I are gonna be friends.

불안　　우선, 이 캠프를 진지하게 생각하지 않고 브리와 그레이스하고 이상한 짓만 하는 거야.

감정들이 걱정스러운 표정으로 화면을 바라본다.

불안　　(계속) 그럼 라일리는 밸한테 밉상으로 보이겠지.

예측 화면: 코치가 라일리를 캠프에서 쫓아내고 선배들이 키득거리며 웃는다.

불안　　(계속) 코치님 눈에 들지 못해서 파이어호크가 되지 못해…

예측 화면: 고등학교 복도에 혼자 있는 라일리. 모두가 그녀를 쳐다본다.

불안　　(계속) … 결국 고등학교에 입학을 하지만,

예측 화면: 라일리가 학교 식당에서 혼자 앉아 있다.

불안　　(계속) 친구가 단 한 명도 없어. 혼자 밥을 먹고 라일리의 이름을 아는 사람은 선생님들밖에 없는 거야.

까칠　　으-.

소심　　너, 마음에 들어. 나랑 친구하자.

concerned 걱정스러운 **kick someone out of** ~에서 내쫓다, 몰아내다 **impress** 좋은 인상을 심어주다 **hall** 복도 **stare at** ~을 바라보다, 응시하다

SADNESS Oh, this is a sad story.

JOY It's a ridiculous story! Look, again, love the energy. But you're being silly. None of this will actually happen.

ANXIETY Right. Whatever you say. You're the boss. [37]

AN OLD LADY EMOTION enters HQ. She's teary, looking around.

NOSTALGIA Oh, remember when we all finally came up to Headquarters?

ENNUI That was like thirty seconds ago, Nostalgia.

NOSTALGIA Yeah. (sigh) Those were the days. [38]

Anxiety comes up, guides Nostalgia back to A DOOR IN HQ.

슬픔 아, 정말 슬픈 이야기야.

기쁨 말도 안 되는 이야기잖아! 이봐, 다시 한번 네 열정은 칭찬해. 하지만 터무니없어. 이런 일은 실제 일어나지 않는다고.

불안 알았어. 네 말이 다 맞아. 네가 대장이잖아.

이때 할머니처럼 보이는 감정이 본부로 들어온다. 눈물이 어리는 듯 주위를 둘러본다.

추억 할머니 다 같이 본부에 올라왔던 날 기억나니?

따분 추억 할머니, 30초 전에 왔거든요.

추억 할머니 그래. (한숨을 쉬며) 그때 참 좋았지.

불안이 추억에게 다가가 본부 출입문으로 안내한다.

ridiculous 말도 안 되는, (터무니없어서) 웃기는 **silly** 말도 안 되는, 멍청한 **teary** 눈물어린, 눈물이 맺힌 **nostalgia** 향수, 과거의 추억 **sigh** [sai] 한숨쉬다 **come up** 다가가다 **guide** 안내하다

ANXIETY Nostalgia, you aren't supposed to be here yet. [39] (checks clipboard) You still have about, ten years, two graduations and a best friend's wedding before you're invited. But I will keep you in the loop. [40] I promise.

She slams the door on Nostalgia. Envy points up to the console to refocus everyone.

VALENTINA Alright, you ready Riley?

ENVY Hey! Hey! Everybody focus! Val's leading us into their holy inner sanctum.

불안 추억 할머니, 아직 오시면 안 돼요. (클립보드를 보며) 오시려면 졸업을 두 번 하고 친구 결혼식에도 가야 하니까 10년은 있어야 해요. 하지만 계속 소식을 전해 드릴게요. 약속드려요.

불안이 추억을 밖으로 보내고 문을 쾅 닫는다. 부럽이 콘솔을 가리키며 모든 감정들을 다시 집중시킨다.

발렌티나 자, 라일리 준비됐어?

부럽 이봐! 다들 보라고! 밸이 우릴 파이어호크의 신성한 아지트로 데려가려고 하잖아.

clipboard 클립보드 graduation 졸업 keep someone in the loop ~에게 (정보를) 알려주다 slam 쾅하고 닫다 focus 집중하다 lead 안내하다 holy 신성한 inner sanctum (다른 사람의 간섭을 받지 않는) 사적인 공간, 아지트

CHAPTER 9

A Rough Start

INT. LOCKER ROOM—SAME

Val and Riley enter the locker room.

VALENTINA And here we are...

Val walks off towards her friends as Riley stops to take it in.

ENVY These girls are so cool!

DISGUST And older. We are NOT changing in front of them.

실내. 라커룸—같은 시각

밸과 라일리가 라커룸으로 들어간다.

발렌티나 여기야…

밸이 친구들에게 다가간다. 라일리는 걸음을 멈추고 주변을 둘러본다.

부럽 얘네 너무 멋지다!

까칠 나이도 더 많고. 절대 얘들 앞에서 옷을 갈아입지 않을 거야.

rough 거친, 힘든 **locker room** 탈의실, 라커룸 **take in** 주변을 둘러보며 상황을 파악하다 **change** 옷을 갈아입다

IN HQ

JOY It's fine! Locker rooms are places of mutual respect.

WITH RILEY

VALENTINA (to Riley) Hey come on! I want you to meet the other Fire Hawks!

Val walks over to Riley with the other Fire Hawks.

FIRE HAWKS Hey girl! / Hi! / What's up?

RILEY Hey.

VALENTINA Riley is from Michigan.

IN HQ

FEAR Ok, we're stuck with that.

WITH RILEY

DANI Oh, cool. Where in Michigan are you from?

RILEY Uh...

본부 안

기쁨 괜찮아! 라커룸은 서로를 존중해주는 곳이라고.

라일리 화면

발렌티나 (라일리에게) 여기야! 파이어호크 팀원들을 소개할게!

밸이 파이어호크 팀원들과 함께 라일리에게 다가온다.

파이어호크 팀 안녕 친구! / 안녕. / 반가워.

라일리 안녕하세요.

발렌티나 라일리는 미시간에서 왔대.

본부 안

소심 계속 이렇게 가겠군.

라일리 화면

대니 오, 멋지네. 미시간 어디?

라일리 어…

mutual 상호간의 **respect** 존경, 존중 **stuck** 갇힌, 벗어나지 못하는

IN HQ

FEAR Oh no. What now?

JOY Ok, looks like we're committing to this. Uh, cities in Michigan...

ANXIETY We need to make something up! [41]

WITH RILEY

RILEY I'm from... all over.

DANI Nice! See ya out there.

VALENTINA (to Riley; laughing) Hey, you wanna sit with us?

ANXIETY (O.S.) Oh, she wants to sit with us. Everything is beautiful.

IN HQ

Anxiety pushes Joy towards the console. Joy shoots her a disapproving head tilt.

JOY There's not enough room for Bree and Grace. Oh! Let's go sit over there.

본부 안

소심 이런. 이제 뭐라고 하지?

기쁨 괜찮아, 당분간은 그렇다고 해야겠네. 어, 미시간에 있는 도시라…

불안 대충이라도 지어내야 돼!

라일리 화면

라일리 그냥 여기저기…

대니 좋아! 경기장에서 보자.

발렌티나 (라일리에게 웃으며) 우리랑 같이 앉을래?

불안 (화면 밖 목소리) 우리한테 같이 앉재. 모든 게 완벽해.

본부 안

불안이 기쁨을 콘솔 쪽으로 민다. 기쁨은 동의하지 않는다는 듯 고개를 젓는다.

기쁨 브리와 그레이스가 앉을 곳은 없잖아. 오! 저쪽에 가서 앉자.

commit to ~에 전념하다 **make up** (이야기 등을) 지어내다, 꾸며내다 **disapprove** 동의하지 않다 **head tilt** 고개를 까딱하는 동작 **room** 공간, 자리

WITH RILEY

RILEY I was gonna go save seats for my friends. But, thanks anyway.

VALENTINA Oh. Uh, yeah, okay. No worries.

Valentina walks away.

IN HQ

JOY See? Was that so hard?

ANXIETY (eye twitching) No, you're totally right, that decision's not gonna haunt us for the rest of our lives at all.

WITH RILEY

Bree and Grace walk in.

BREE No way!

RILEY Bree and Grace!

BREE Riley!

GRACE There you are!

라일리 화면

라일리 친구들 자리를 맡아야 해서요. 어쨌든 고마워요.

발렌티나 아, 그래. 알았어. 그렇게 해.

발렌티나가 다른 곳으로 간다.

본부 안

기쁨 봤지? 뭐가 힘들어?

불안 (눈을 파르르 떨며) 그래, 네가 맞아. 그 결정이 우리 인생의 발목을 잡지 않기를 바라야지.

라일리 화면
브리와 그레이스가 들어온다.

브리 헐!

라일리 브리, 그레이스!

브리 라일리!

그레이스 여기 있었구나!

be gonna be going to(~할 것이다)의 구어체 표현 **go + 동사원형** ~하러 가다 **save seats** 자리를 맡다 **No worries.** 괜찮아. 천만에. **hard** 힘든 **eye twitch** 눈을 파르르 떨다 **haunt** 계속 문제가 되어 괴롭히다 **the rest of one's life** 남은 평생 **No way!** 말도 안 돼!

Riley hugs her friends, laughing and being silly.

IN HQ

JOY

Time to celebrate!

WITH RILEY

Riley pulls her phone out.

RILEY

Say Ahhhwooga!

They do their little Ahhwoooga dance and take selfies.

RILEY/BREE/
GRACE

Ahhwoooooga!

Coach enters.

라일리가 친구들을 껴안는다. 크게 웃으며 우스꽝스런 행동을 한다.

본부 안

기쁨 즐겨보자고!

라일리 화면

라일리가 핸드폰을 꺼낸다.

라일리 "아우가!"

이들은 작게 '아우가' 춤 동작을 하며 셀카를 찍는다.

라일리/브리/그레이스 아우가!

코치가 들어온다.

silly 멍청한, 우스꽝스러운 **celebrate** 축하하다 **pull out** 꺼내다 **take a selfie** [sélfi] 셀카를 찍다

COACH ROBERTS Okay ladies, let's all settle in.

Riley, Bree, and Grace haven't noticed the Coach and are still having fun and taking silly selfies.

ON JOY driving the console, doing the same move.

Anxiety looks at the screen-- SHE IS NOT SURE ABOUT THIS.

ANXIETY (warning) Uh, Joy--

WITH RILEY

Coach sees Riley with her phone out.

COACH ROBERTS (CONT'D) Ladies, settle in means settle down. I need your focus. Which means now I'm gonna need your cell phones. All of 'em.

All the girls groan.

CAMP GIRLS What?! / Thanks, new girl. / No phones?! / Are you serious?

Coach heads over to grab a basket.

COACH ROBERTS You're here to work. Not goof around. Got that, Andersen?

로버츠 코치　자, 다들 주목.

라일리, 브리, 그레이스는 코치를 보지 못하고 계속해서 웃긴 표정으로 재미있게 셀카를 찍는다.
기쁨도 콘솔을 조종하며 이들과 같은 동작을 한다.
화면을 바라보는 불안은 지금 벌어지는 상황이 만족스럽지 않다.

불안　(경고하며) 어, 기쁨아--

라일리 화면
코치는 핸드폰으로 사진을 찍는 라일리를 바라본다.

로버츠 코치　(계속) 얘들아, 주목은 조용히 하고 앉으라는 말이야. 다들 집중하라고. 자, 이제 핸드폰을 수거하겠어. 한 명도 예외 없어.

아이들이 볼멘소리를 한다.

캠프 참가 아이들　뭐라고?! / 고마워, 신참. / 핸드폰을 못 쓴다고?! / 정말이야?

코치가 옆으로 가더니 바구니 하나를 집는다.

로버츠 코치　여기에 훈련하러 왔지 놀러 온 게 아니잖아. 알겠어, 앤더슨?

–settle in 정리하다, 잡다한 행동을 그만하다 **notice** 알아차리다 **warn** 경고하다 **settle down** 진정하다, 조용히 하다 **focus** 집중, 주의 **groan** 낮게 탄성을 지르다, 볼멘소리를 하다 **grab** 붙잡다 **basket** 바구니 **goof around** 장난치다 **Got that?** 알겠어?

IN HQ

See Joy's reaction. EMBARRASSMENT drives.

RILEY Yes, Coach.

WITH RILEY

She turns BEAT RED.

Coach holds out a basket. Everyone tosses their phone in as Coach passes with the basket.

COACH ROBERTS Please put all your phones in the basket. You'll get them back at the end of camp.

Riley tosses her phone in the basket. One by one the girls drop their phones in and shoot Riley a death stare. Grace whispers to Riley.

GRACE Wow. Coach is so serious.

본부 안

기쁨이 놀란 반응을 보인다. 당황이 콘솔을 조종한다.

라일리 네, 코치님.

라일리 화면

라일리의 얼굴이 새빨개진다.

코치가 바구니를 내민다. 모두들 코치가 들고 지나가는 바구니에 핸드폰을 집어넣는다.

로버츠 코치 핸드폰을 바구니에 넣도록 해. 캠프가 끝날 때 다시 받을 거야.

라일리가 핸드폰을 바구니에 넣는다. 아이들 각자 핸드폰을 넣으면서 라일리를 죽일 듯 째려본다. 그레이스가 라일리에게 속삭인다.

그레이스 와. 코치님 너무 진지하시네.

reaction 반응 **hold out** 내밀다 **toss in** 던져 넣다 **one by one** 한 명씩 **shoot someone a death stare** ~를 (죽일 듯이) 쏘아보다 **whisper** 속삭이다

IN HQ

Anxiety interrupts as Joy is frantically driving the console.

ANXIETY Joy, I'm just curious, maybe um, I could help--?

JOY Thank you, not now.

WITH RILEY

RILEY (small laugh) I know, right?

Coach clocks the laugh.

COACH ROBERTS Oh, you think this is funny? Uh, huh, well, you know what else is funny: Skating lines. Now hit the ice, ladies!

CAMP GIRLS Ugh! / Great. / Come on! / Thanks a lot, new girl. / What? / Seriously?

IN HQ

ENNUI Bravo Joy, she's totally fitting in now.

JOY (sarcastic) Oh, thanks so much, Wee Wee.

본부 안

기쁨이 정신없이 콘솔을 조종하고 있는데 갑자기 불안이 끼어든다.

불안 기쁨아, 혹시라도 내가 도울 게 있을까…?

기쁨 고맙지만 나중에.

라일리 화면

라일리 (작은 소리로 웃으며) 내 말이, 그치?

코치가 웃음소리를 듣는다.

로버츠 코치 오, 넌 이게 웃기니? 진짜 웃긴 게 뭔지 보여주지. 스케이팅 라인 훈련을 실시한다. 다들 링크로 집합!

캠프 참가 아이들 윽! / 좋기도 하겠다. / 아이고! / 고맙다, 신참. / 뭐라고? / 진짜야?

본부 안

따분 잘~했어, 기쁨아. 라일리가 적응을 아주 잘하고 있네.

기쁨 (비아냥거리는 투로) 그래, 아주 고맙다, 따봉아.

interrupt 막다, 끼어들다 **frantically** 정신없이, 미친 듯이 **curious** 궁금한 **clock** 주시하다, 알아보다 **skating lines** 왕복 스케이팅 훈련 **hit the ice** 빙판에 들어가다 **fit in** 어울리다, 잘 들어맞다 **sarcastic** 비아냥거리는

CHAPTER 10

Anxiety Is in Charge

INT. HOCKEY RINK—SAME

COACH ROBERTS (O.S.) You're laggin' behind, Andersen. Skate harder!

The girls are all skating lines. Riley is exhausted. She skates by some of the Fire Hawks.

CAMP GIRLS (groaning) Ugh! This is the worst.

The Coach BLOWS HER WHISTLE.

COACH ROBERTS Alright ladies! Take a breather! Then we'll divide into teams.

Riley starts to head for the locker room but overhears the Fire Hawks talking-- they don't see her below...

실내. 아이스하키 경기장—같은 시각

로버츠 코치 (화면 밖 목소리) 앤더슨, 뒤처진다. 빨리 가!

아이들 모두 스케이팅 라인 훈련을 하고 있다. 매우 힘들어하는 라일리, 파이어호크 팀원들 옆에서 얼음을 지친다.

캠프 참가 아이들 (신음하며) 윽! 정말 최악이야.

코치가 호루라기를 분다.

로버츠 코치 그만! 다들 휴식! 좀 이따 팀을 나누도록 하겠어.

라일리가 라커룸으로 가는 중에 파이어호크 팀원들의 대화를 엿듣는다. 이들은 밑에 있는 라일리를 보지 못한다.

be in charge 담당하다, 책임자이다 **lag behind** 뒤처지다 **hard** 열심히 **exhausted** 지친 **groan** 낮게 탄성을 지르다 **blow** 불다 **whistle** 호루라기 **take a breather** 쉬다 **divide** 나누다 **overhear** 엿듣다

ALLY (O.S.) Oof, that Michigan girl is off to a rough start. [42]

IN HQ

The emotions are STUNNED. Joy looks shocked and steps back from the console.

ANXIETY Oh no, are they talking ABOUT US?

BACK WITH RILEY

Riley stops and peeks through the stair railing, listening to the older girls...

DANI Yeah, there is no way Coach is putting her on the team if she can't get it together. [43]

VALENTINA (sarcastic) Uh, ok Dani, like you had it all together when you were a Freshman?

DANI I wasn't that immature.

Riley turns, STUNNED, red-faced--

The Fire Hawks start to walk off.

앨리 (화면 밖 목소리) 어휴, 미시간에서 온 여자애, 시작부터 좋지 않군.

본부 안

감정들, 모두 놀란다. 기쁨은 충격을 받고 콘솔에서 물러난다.

불안 오, 안 돼, 지금 우리 이야기 하는 거야?

다시 라일리 화면

걸음을 멈추는 라일리, 계단 난간 사이로 몰래 훔쳐보며 선배들의 대화를 엿듣는다.

대니 그러게, 그 애 정신 차리지 않으면 코치님이 절대 팀에 뽑지 않으실 거야.

발렌티나 (비아냥거리며) 그래 대니, 넌 신입생이었을 때 그렇게 잘했니?

대니 난 저렇게 유치하진 않았다고.

라일리가 고개를 돌린다. 놀라서 얼굴이 빨개졌다.

파이어호크 팀원들이 자리를 뜬다.

off to a rough start 시작이 좋지 않은 **stunned** 놀란 **shocked** 충격을 받은 **step back** 물러나다 **peek** 엿보다 **stair railing** 계단 난간 **get it together** 제대로 하다, 정신 차리다 **sarcastic** 비아냥대는 **immature** 미성숙한 **red-faced** 홍조가 된 **walk off** 자리를 뜨다

IN HQ

EMBARRASSMENT IS OVERWHELMED, LAYING ACROSS THE CONSOLE -- (hitting every button, but one button is just out of reach).

SOFIA (O.S.) Dani, you stuck straws up your nose like, last night.

ALLY (O.S.) (laughing) You are like the most immature!

DANI (O.S.) Oh come on, you were laughing!

EMBARRASSMENT (voc: oh my gosh, this is the worst day ever)

EMBARRASSMENT (voc: I missed a button)

SADNESS Oh, I got you big guy.

She sadly PUSHES A BUTTON...

본부 안

콘솔 위에 대자로 엎드려 있는 당황, 이 상황이 매우 당혹스럽다 (여기저기 버튼을 누르는데 버튼 하나가 손에 닿지 않는다).

소피아 (화면 밖 목소리) 대니, 어젯밤에 코 안에 빨대를 쑤셔넣은 게 누구더라?

앨리 (화면 밖 목소리) (웃으며) 넌 유치 그 자체야!

대니 (화면 밖 목소리) 야 왜 이래, 너희들도 웃었잖아!

당황 ('으악, 정말 최악의 하루야')

당황 ('버튼을 못 누르겠어')

슬픔 내가 해줄게, 친구.

슬픔이 우울하게 버튼을 누른다.

overwhelmed 당황한 **out of reach** 손이 닿지 않는 **stuck** stick(찔러 넣다)의 과거형 **I got you.** 내가 해줄게.

WITH RILEY

Red-faced, she starts to tear up.

IN HQ

ENVY I always wanted people to talk about us. But not like this.

SADNESS Oh Joy, what do we do now?

They all look at Joy-- who is clearly overwhelmed. She puts on a brave face and starts to drive (she walks to the console).

JOY Um, we can just um--

Anxiety appears next to Joy, surprising her.

ANXIETY I have an idea!

She holds up an idea, approaches the console--

JOY (hesitant) Okay.

ANXIETY If we can get Val on our side, everything will be great.

Anxiety puts the idea in the console. RILEY TAKES THE IDEA...

라일리 화면

얼굴이 홍당무가 된 라일리, 눈물이 맺힌다.

본부 안

부럽 난 항상 사람들의 관심을 받고 싶었지만 이렇게는 싫어.

슬픔 아, 기쁨아, 이제 어쩌지?

다들 기쁨을 바라본다. 기쁨은 매우 당황한 모습이다. 하지만 이내 용감한 모습으로 콘솔을 조종하려고 한다(콘솔로 걸어간다).

기쁨 음, 그냥 우리 음…

불안이 기쁨 옆에 불쑥 나타난다. 기쁨은 놀란다.

불안 좋은 수가 있어!

불안이 아이디어 하나를 들고 콘솔로 다가간다.

기쁨 (주저하며) 말해봐.

불안 밸을 우리 편으로 만들면 모든 게 해결되는 거야.

불안이 아이디어를 콘솔에 꽂는다. 라일리가 그 아이디어를 받아들인다…

tear up 눈물이 차오르다 **overwhelmed** 압도된, 당황한 **brave** 용감한 **hold up** 들어올리다 **approach** 다가가다 **hesitant** 주저하는 **side** 편

WITH RILEY

At the bottom of the bleachers -- Riley, timid, nervous, approaches Val.

RILEY Uh, Val?

Val turns--

VALENTINA (slightly awkward) Oh hey Riley-- what's up?

RILEY I--I--I--

IN HQ

Anxiety driving--

WITH RILEY

RILEY (in a rush, anxious) I'm so sorry. I didn't mean to get the whole team skating lines. [44] I feel terrible. I respect you so much. And I would never do anything to mess it up--

IN HQ

Joy tries to step back in to control the console--

JOY Uh, that's laying it on a bit thick, don't you think? [45]

라일리 화면

응원석 아래에 있던 라일리, 소심하고 불안한 표정을 하고 밸에게 다가간다.

라일리 저기, 밸 선배?

밸이 돌아본다.

발렌티나 (약간 어색해하며) 라일리구나, 무슨 일이야?

라일리 제, 제가…

본부 안

불안이 콘솔을 조종한다.

라일리 화면

라일리 (초조해서 말이 빨라지며) 정말 죄송해요. 팀 전체가 훈련을 받게 할 의도는 아니었어요. 너무 기분이 안 좋아요. 선배를 정말 존경해요. 다시는 멍청한 짓 하지 않을게요…

본부 안

기쁨이 다시 콘솔을 조종하려고 다가간다.

기쁨 어, 너무 오버하는 것 같지 않아?

bleachers (경기장 내) 관람석 **timid** 자신감이 없는, 소심한 **slightly** 다소, 약간 **in a rush** 급하게, 다급히 **anxious** 걱정하는 **terrible** 끔찍한 **respect** 존경하다 **mess up** 망치다 **step in** 들어가다, 개입하다 **lay it on a thick** 오버하다

ANXIETY Shhhh Joy!

WITH RILEY

RILEY --You're a great hockey player and you lead the team so amazingly, and I really look up to you and--

VALENTINA (small laugh) Okay, okay-- thanks... listen, Coach was pretty hard on you today. But that's not a bad thing. It means you're on her radar. [46]

RILEY (feeling a little better) Really?

Riley reacts to this impossible advice.

VALENTINA (CONT'D) Listen, I'm glad you came to talk with me. Hey, let's try to be on the same team later, ok?

RILEY Oh, yeah! Cool.

IN HQ

The new emotions clap for Anxiety. Even Joy's impressed. How did she do that?

ENVY Wow. I wish I could do that!

불안 조용해봐, 기쁨아!

라일리 화면

라일리 … 선배는 정말 멋진 하키 선수이고 팀을 놀랍도록 잘 이끌고 있잖아요. 그래서 전 선배가 정말 존경스럽고…

발렌티나 (살짝 웃으며) 그래, 그래, 고마워… 있잖아, 코치님이 오늘 너한테 꽤 심하게 하셨지만 그게 나쁜 것만은 아니야. 네가 코치님 눈에 든 거니까.

라일리 (기분이 좋아져서) 진짜요?

라일리는 말도 안 되는 이 조언에 크게 반응한다.

발렌티나 (계속) 이렇게 와서 얘기해줘서 고마워. 나중에 한 팀에서 경기해 보자, 어때?

라일리 네! 좋아요.

본부 안
새 감정들이 불안에게 박수를 보낸다. 심지어 기쁨도 '어떻게 저렇게 한 거지?'라고 생각하며 대단하다고 느낀다.

부럽 와. 나도 저렇게 할 수 있으면!

amazingly 놀랍도록 훌륭하게 **look up to** 존경하다 **be hard on someone** ~를 심하게 대하다 **on someone's radar** ~의 관심 안에 있는, ~가 지켜보는 **react to** ~에 반응하다 **impossible** 터무니없는, 말도 안 되는 **clap** 박수를 치다 **impressed** 감동을 받은

ENNUI Good job. Wow.

FEAR (impressed) Woo! Wow!

ANXIETY (humble, excited) Aw, you guys. I mean, it really wasn't anything. I'm just trying to help.

Joy - suddenly conscious of her humbled expression - quickly changes it:

JOY (faking it) I agree. Great job, Anxiety. I stepped back, you stepped in, you got Riley back on track, [47] now I'm ready to step back in.

ANXIETY Uh-- but that was just part one of my plan.

JOY There's a part two?

ANXIETY A good plan has many parts, Joy.

WITH RILEY

COACH ROBERTS Ok ladies, we're gonna form your teams for the rest of camp. Now split yourselves down the middle. Team 1 on the right, Team 2 on the left.

따분 잘했어. 와우.

소심 (감탄하며) 우후! 와!

불안 (겸연쩍은 듯, 흥분해서) 비행기 태우지 마. 별거 아니였어. 그냥 도우려고 한 건데 뭐.

불안의 갑작스런 겸손한 말투에 기쁨은 재빨리 태도를 바꾼다.

기쁨 (태연하게) 나도 그렇게 생각해. 잘했어, 불안아. 내가 물러나 있으니까 네가 들어와서 라일리를 원래대로 회복시킨 거지. 이제 다시 내가 들어갈게.

불안 어… 이건 내 계획의 일부일 뿐이야.

기쁨 계획이 또 있어?

불안 기쁨아, 좋은 계획은 여러 단계가 있는 거야.

라일리 화면

로버츠 코치 자, 이제 캠프 기간 동안 함께할 팀을 구성할 거야. 가운데를 중심으로 두 팀으로 나누도록 해. 1번 팀은 오른쪽에, 2번 팀은 왼쪽에 서.

humble 겸손한 **conscious of** ~을 알아차리는, 깨닫고 **expression** 표현, 말 **fake** 아닌 척하다, 숨기다 **step in** 개입하다 **get ~ back on track** ~를 제자리에 두다, 원래대로 두다 **form** 구성하다, 만들다 **split** 갈라지다

The girls all divide between both sides of the ice. Val and the Fire Hawks go one way. Bree and Grace go the other.

BREE Let's do this.

GRACE One more time on the same team, right?

RILEY Right.

Riley looks over at Val, who's motioning for her to be on her team. Riley's not sure what to do.

IN HQ

ENVY Val wants us!

JOY But we promised Bree and Grace!

ANXIETY Joy, we have to plan for the future.

Anxiety taps away at the console but it's not responding.

ANXIETY (CONT'D) Come on Riley, move. Move those feet. Val's on team one. You wanna be on team one. Let's go.

아이들이 빙판에서 두 편으로 갈라진다. 밸과 파이어호크 팀원들이 한편으로 이동하고 브리와 그레이스는 반대편으로 움직인다.

브리　한번 해보자고.

그레이스　한 번 더 같은 팀으로 뭉치는 거지?

라일리　그래.

라일리가 밸을 바라본다. 밸은 라일리에게 자신의 팀으로 오라고 손짓한다. 라일리는 어쩔 줄 모른다.

본부 안

부럽　밸이 우릴 원하고 있어!

기쁨　하지만 브리와 그레이스에게 약속했는 걸!

불안　기쁨아, 우리는 미래를 계획해야 해.

불안이 콘솔을 터치하지만 아무 반응이 없다.

불안　(계속) 얼른 라일리, 가라고. 발을 떼. 밸이 1번 팀에 있으니까 너도 1번 팀에 가는 거야. 가자고.

divide 나누다 **motion** 몸짓하다, 신호를 보내다 **what to do** 어떻게 해야 할지 **tap (away) at** ~을 가볍게 톡톡 두드리다
respond 반응하다

JOY She made a promise to her friends. She's not gonna break it.

ANXIETY Oh, you're so right, Joy.

Anxiety starts pulling on THE SENSE OF SELF. Anxiety rips the Sense of Self out completely.

JOY WHAT ARE YOU DOING!?

EXT. HQ

The lights emanating from the HQ stem disappears.

WITH RILEY

Her expression changes to indifference - a look we've never seen on Riley. She turns to skate towards Val.

INT. HQ

Joy runs at Anxiety, grabbing the Sense of Self from her hands.

기쁨 친구들하고 약속을 했으니까 어기지 않을 거야.

불안 기쁨아, 네 말이 정말 맞아.

자아를 억지로 잡아당기기 시작하는 불안, 이내 완전히 뽑아버린다.

기쁨 뭐 하는 거야!?

실외. 본부

본부의 기둥에서 나오던 빛이 사라진다.

라일리 화면

라일리의 얼굴이 무표정하게 바뀐다. 지금까지 본 적이 없는 표정이다. 라일리가 고개를 돌리더니 밸 쪽으로 이동한다.

실내. 본부

기쁨이 불안에게 달려가 자아를 빼앗으려 한다.

make a promise 약속하다 **pull on** 잡아당기다 **rip ~ out** ~를 떼어내다 **completely** 완전히 **emanate** [èmənéit] 발하다, 내뿜다 **disappear** 사라지다 **indifference** 무관심, 무표정 **grab** 붙잡다

JOY No, you can't have that! Put that back!

Joy grabs the Sense of Self from Anxiety and replaces it in the holder as the stem regenerates.

WITH RILEY
Her expression changes back to concern, and she turns towards Bree and Grace.

IN HQ
Anxiety zips around and YANKS LOOSE the Sense of Self again.

ANXIETY Joy, I don't mean to overstep but it has to be done.

WITH RILEY
Her face returns to indifference and she doubles back towards Val.

IN HQ
Anxiety pulls down the Back of the Mind tube, loads in the Sense of Self...

JOY What are you--

Joy races to stop her.

기쁨 안 돼, 빼지 마! 다시 갖다 놓으라고!

기쁨이 불안에게서 자아를 빼앗아 받침대 위에 올려놓자 줄기가 다시 자란다.

라일리 화면

라일리는 다시 걱정스러운 표정을 짓는다. 그리고 브리와 그레이스를 바라본다.

본부 안

또 다시 불안이 재빨리 자아를 확 잡아당겨 뽑아버린다.

불안 기쁨아, 나도 너무한 걸 알지만 이렇게 해야 해.

라일리 화면

라일리가 무표정한 얼굴로 다시 밸 쪽으로 이동한다.

본부 안

불안이 기억의 저편으로 연결된 튜브 관을 내리더니 자아를 그 속에 집어넣는다.

기쁨 뭐 하는…

기쁨이 그녀를 막으려고 뛰어간다.

replace 다시 두다 **stem** 줄기 **regenerate** 재생되다 **concern** 걱정 **zip around** 재빨리 돌아서다 **yank loose** 헐겁게 붙어있던 것을 확 잡아당기다 **overstep** 도를 넘다 **double back** (가던 길로) 되돌아가다 **load in** 안에 싣다 **race** 달려들다

JOY No!

...and launches it to the farthest reaches of Riley. We see it land on a pile of discarded memories.
Joy looks on in shock.

JOY (gasp) No.

ANXIETY I know change is scary but-but watch!

Anxiety heads back to the console and continues driving.

WITH RILEY
Bree and Grace heading over to one side of the ice.

GRACE So excited...

Riley goes over to Val's side. Bree and Grace react. Val welcomes her.

VALENTINA Alright! Welcome to our team, Michigan.

Riley looks around. She's a Fire Hawk now. Well, almost. Riley looks to Bree and Grace, who shake their heads in disappointment. Riley turns away.

기쁨 안 돼!

… 불안이 자아를 기억의 저편으로 날려버린다. 버려진 기억들이 무더기로 쌓인 곳에 자아가 떨어진다.
기쁨은 이 광경을 지켜보고 충격을 받는다.

기쁨 (크게 놀라며) 안 돼.

불안 변화가 두려운 건 알지만, 잘 봐!

불안이 콘솔로 돌아가 조종을 계속 한다.

라일리 화면
브리와 그레이스가 빙판 한쪽으로 이동한다.

그레이스 정말 재미있을 거야…

라일리는 밸이 있는 편으로 이동한다. 브리와 그레이스가 놀란 반응이다. 밸이 라일리를 환영한다.

발렌티나 좋았어! 우리 팀에 온 걸 환영해, 미시간.

라일리가 주위를 둘러본다. 공식적으로 그런 건 아니지만 이제 그녀도 파이어호크가 된 것이다. 라일리가 브리와 그레이스를 바라본다. 그들은 실망스러운 듯 고개를 젓는다. 라일리는 돌아선다.

launch 발사하다 **farthest reach** 아주 먼 곳, 머나먼 곳 **land on** ~에 착륙하다 **pile** 더미, 적재된 곳 **discarded** 버려진 **look on** 지켜보다, 구경하다 **in shock** 충격을 받고 **gasp** 깜짝 놀라 헉 하는 소리를 내다 **scary** 겁이 나는 **head back to** ~로 돌아가다 **react** 반응하다 **look around** 주위를 둘러보다 **disappointment** 실망

IN HQ

JOY

That is NOT Riley!

ANXIETY

(excited) I know! It's a better Riley.

ENVY

A Riley who won't be alone next year.

Anxiety walks over to the core memory holder where the Sense of Self used to be.

ANXIETY

We build her a new Sense of Self. A BRAND-NEW HER!

Envy jumps down off console. Anxiety grabs the orange memory, Val memory from the wall.
Anxiety walks over with the memory while Envy enters the code for the belief system elevator. The elevator rises and the doors open.

JOY

No, no, no. You can't go down there with that!

The old emotions get between Anxiety and the elevator.

ANGER

Over my dead, flaming body.

본부 안

기쁨 저건 라일리가 아니야!

불안 (흥분해서) 맞아! 더 나은 라일리지.

부럽 라일리는 내년에 외롭지 않을 거야.

불안은 자아가 있던 핵심 기억 받침대로 다가간다.

불안 라일리에게 새로운 자아를 만들어줄 거야. 완전히 새로워진 라일리라고!

부럽이 콘솔에서 뛰어내려온다. 불안은 벽에서 주황색의 밸 기억을 가지고 온다. 부럽이 신념 저장소로 가는 엘리베이터 코드를 입력하고 불안은 그 기억을 들고 엘리베이터를 향해 걸어간다. 엘리베이터가 올라오고 문이 열린다.

기쁨 안 돼. 그걸 가지고 거길 가면 안 돼!

기존 감정들이 엘리베이터 앞에서 불안을 막아선다.

버럭 내가 불타 없어진다 해도 절대 안 돼.

core 중심, 핵심 **holder** 받침대 **sense of self** 자아 **brand-new** 새로운, 신형의 **grab** 붙잡다 **flaming** 불타는

ANXIETY I am truly sorry. I was so looking forward to working with you guys.

Embarrassment picks up the old emotions to restrain them.

JOY Hey! What do you think you're doing?

ANGER Get off me.

ANXIETY Riley's life is more complex now. It requires more sophisticated emotions than all of you. You just aren't what she needs anymore, Joy.

Joy is visibly hurt.

FEAR HOW DARE YOU, Madame!

JOY You can't just bottle us up!

ANXIETY Oh! That's a great idea!

TIME CUT: Embarrassment drops the emotions into the jar. He closes the lid and pokes holes in the top.

FEAR I can't breathe! I can't breathe!

불안 너무 안타깝다. 너희들하고 정말 같이 일하고 싶었는데.

당황이 기존 감정들을 번쩍 들어 제압한다.

기쁨 야! 무슨 짓이야?

버럭 놔.

불안 이제 라일리의 삶은 더 복잡해졌어. 그러니까 너희보다 더 섬세한 감정들이 필요해. 라일리는 더 이상 네가 필요하지 않아, 기쁨아.

이 말에 기쁨은 크게 상처를 받는다.

소심 감히 어떻게 그런 말을 할 수가 있어!

기쁨 우리를 가둘 순 없어!

불안 오! 그거 좋은 생각이야!

빠른 장면 전환: 당황이 감정들을 병에 던져 넣는다. 뚜껑을 닫고는 그 위에 숨 구멍을 뚫어준다.

소심 숨을 못 쉬겠어! 숨을 못 쉬겠다고!

look forward to ~를 기대하다 **restrain** 저지하다, 억누르다 **Get off me.** 이거 놔. **complex** 복잡한 **require** 필요로 하다, 요구하다 **sophisticated** 복잡한, 정교한 **anymore** 더 이상 **visibly** 눈에 띄게, 매우 **hurt** 마음이 상한, 상처를 입은 **How dare you.** (네가) 감히. **bottle ~ up** (병에) ~를 넣다, 가두다 **jar** 병, 항아리 **lid** 뚜껑 **poke** (구멍을) 뚫다 **breathe** [bri:ð] 숨쉬다

ANGER You are making a huge mistake!

ANXIETY It's not forever. It's just until Riley makes varsity or until she turns 18, or--or maybe forever--I don't know! We'll have to see uh-- bye!

Joy and the gang in the jar are lowered down outside of the window until they are GONE.

JOY Anxiety! Riley needs us!

OLD EMOTIONS Stop! / No! / Let us out! / We don't belong here!

Anxiety and the new emotions watch the old emotions disappear. Anxiety looks to the orange memory in her hands.

ANXIETY Ok. Don't worry, Riley. You're in good hands. [48]

Anxiety looks down at the memory in her hands.

ANXIETY Now let's change everything about you.

버럭 큰 실수하는 거야!

불안 평생 거기 있으라는 건 아니야. 라일리가 고등학교 팀에 들어갈 때까지, 아니면 열여덟 살이 될 때까지만, 아니면 평생이 될려나… 나도 잘 모르겠다! 어떻게 되나 보자고… 안녕!

병에 갇힌 기쁨과 다른 감정들, 창문 밖에서 아래로 내려간다. 이들의 모습이 천천히 사라진다.

기쁨 불안아! 라일리는 우리가 필요해!

기존 감정들 그만! / 안 돼! / 꺼내줘! / 우린 이 안에 갇혀 있을 감정들이 아냐!

불안과 새로운 감정들은 기존 감정들이 사라지는 모습을 지켜본다. 불안이 손에 들고 있는 주황색 기억을 바라본다.

불안 걱정 마, 라일리. 우리가 있으니까.

불안이 손에 들고 있는 기억을 바라본다.

불안 이제 너의 모든 것을 바꾸도록 하자.

gang 무리, 집단 **lower down** 아래로 내리다 **gone** 사라진, 없어진 **Let us out!** (우리) 꺼내줘! 내보내줘! **belong** 속하다 **disappear** 사라지다

INT. BELIEF SYSTEM

Elevator comes down. Doors open to reveal:

Anxiety and Embarrassment crammed into the elevator. Anxiety easily steps out. Embarrassment has to squeeze out.

EMBARRASS-MENT (voc: struggling)

He finally comes free. He turns around revealing Ennui and Envy squished onto his back.

EMBARRASS-MENT (voc: oops)

ENVY Quick question: How do we build a new Riley-- which, I'm loving by the way, amazing concept, if it took them 13 years to build the old one?

ANXIETY Well, good news is, we're not starting from scratch. [49]

Anxiety kneels down to the water's edge, holding the memory.

ENVY (gasp) I wanna plant one.

ANXIETY Next time.

실내. 신념 저장소

엘리베이터가 내려와 문이 열린다.

엘리베이터에 꽉 끼어 있는 불안과 당황의 모습이 보인다. 불안은 쉽게 엘리베이터에서 내리지만 당황은 힘겹게 빠져나온다.

당황 (힘겹게 애를 쓴다)

당황이 마침내 엘리베이터에서 빠져나온다. 뒤를 돌아보는데 따분과 부럽이 당황의 등에 납작 붙어 있다.

당황 (부끄러워한다)

부럽 나, 질문 있어. 새로운 라일리는 어떻게 만드는 거야? 물론 나는 좋은 생각이라고 생각하지만… 예전의 라일리를 만드는 데도 13년이나 걸렸잖아.

불안 그래도 이번엔 처음부터 시작하는 건 아니니까 다행이지.

불안이 강가에 무릎을 꿇고 앉는다. 기억을 손에 들고 있다.

부럽 (헉 하고 흥분하며) 나도 해보고 싶어.

불안 다음 기회에.

crammed into (작은 공간에) 꾸역꾸역 밀어넣은, 꽉 끼어 있는 **squeeze out** 간신히 빠져나오다 **struggle** 힘겹게 애를 쓰다, 고군분투하다 **come free** 빠져나오다 **squish** 으깨다, 뭉개다 **by the way** 그건 그렇고 **amazing** 멋진 **take** (시간이) 걸리다 **start from scratch** 아무것도 없이 시작하다 **kneel down** 무릎을 꿇다 **edge** 가장자리 **plant** 심다

Anxiety releases the memory she brought down into the water. An orange belief grows. It's more jagged than the others. She plucks the new belief.

RILEY (V.O.) (as belief) If I'm a Fire Hawk I won't be alone.

Orange light begins to rise up the stalk. Up in headquarters we see the start of new jagged, orange Sense of Self beginning to grow.

불안이 가지고 온 기억을 물에 띄워 보내자 주황색 신념이 자라난다. 이 신념은 다른 것들과는 달리 삐죽빼죽한 모양이다. 불안이 새로 생긴 신념을 손가락으로 튕긴다.

라일리 (신념의 목소리) 파이어호크가 되면 난 외롭지 않을 거야.

주황색 빛이 줄기를 타고 올라가기 시작한다. 본부에서 삐죽빼죽한 모양의 주황색 자아가 싹을 틔우고 자라난다.

release 풀어주다, 놓아주다 **jagged** 삐죽빼죽한, 들쭉날쭉한 **pluck** (현을) 튕기다 **belief** 신념 **headquarters** 본부 **begin to do** ~하기 시작하다

CHAPTER 11

Locked in the Vault

INT. MIND WORLD

Joy and the emotions in the back of the police truck being driven towards The Vault. Joy faces HQ and watches with concern.

FEAR No, no, no, no, no!

SADNESS (voc: crying)

ANGER Let us out now! What are you doing?!

DISGUST Stop! Let us out!

ANGER You are making a huge mistake!

FEAR Uh, Joy? Ah!

11. mp3

실내. 기억의 세계

기쁨과 다른 감정들이 경찰 트럭 뒤에 실려 금고실로 호송된다. 기쁨이 걱정스런 표정으로 본부를 바라본다.

소심 안 돼, 이러면 안 된다고!

슬픔 (울고 있다)

버럭 당장 꺼내줘! 이게 무슨 짓이야?!

까칠 멈춰! 꺼내달란 말이야!

버럭 큰 실수하는 거야!

소심 어, 기쁨아? 아!

vault 금고, 금고실 **face** 마주하다, ~를 향해 보다 **with concern** 걱정스럽게 **Let us out!** 내보내줘! **make a mistake** 실수하다, 잘못하다

INT. THE VAULT—DAY

The EMOTIONS IN A BOTTLE are rolled through The Vault by the TWO MIND COPS (from IO Subconscious).

SADNESS (crying) We're gonna be in here forever!

INT. VAULT SAFE—SAME

The emotions are rolled down a long hallway lined with CLOSED VAULTS. The cops open a VAULT door--

FEAR Ah! Where are you putting us?!

COP FRANK The same place we keep all of Riley's secrets.

FEAR We're NOT SECRETS!

As they keep rolling the jar into the vault.

COP DAVE Oh yeah yeah yeah, 'We're not secrets. We're making a big mistake.'

COP FRANK Never heard that before.

As they deposit the jar and walk away—

BOOM-- the vault door closes... BEAT...

실내. 금고실—낮

(전편에서 잠재의식 세계를 지키고 있던) 기억 경찰 두 명이 감정들이 갇혀 있는 유리병을 밀면서 금고실 안으로 이동하고 있다.

슬픔 (울면서) 여기에 평생 갇혀 있을 거야!

실내. 금고실 금고—같은 시각

문이 닫힌 금고들이 일렬로 늘어선 긴 복도를 따라 감정들이 이동하고 있다. 경찰들이 금고 문 하나를 연다.

소심 아! 우릴 어디에 넣는 거야?!

프랭크 경관 여긴 라일리의 비밀을 보관하는 곳이야.

소심 우린 비밀이 아니라고!

경찰들이 유리병을 금고 안으로 밀어넣는다.

데이브 경관 그래, 그렇겠지. 비밀이 아니래. 우리가 큰 실수하는 거래.

프랭크 경관 다들 그렇게 말하지.

이들이 병을 금고에 넣고 나간다.
쾅– 금고 문이 닫히고 정적이 흐른다.

roll 굴리다 **IO** 전편의 영화 Inside Out을 가리키는 말 **Subconscious** 영화 Inside Out 세계관 속에서 '잠재의식 세계'를 가리키는 용어 (subconscious 잠재의식) **hallway** 복도 **lined with ~** ~이 줄지어 있는 **closed** 닫힌 **secret** 비밀 **deposit** 두다, 놓다

FEAR We are... SUPPRESSED EMOTIONS!

ANGER Let us out right now! Get us outta here.

SADNESS (crying) Poor Riley!

DISGUST Let us out! We don't belong in a jar!

JOY No! No! No! Riley's gonna be fine. Totally fine!

BLOOFY (O.S.) (kid show host) Hey there! You know what we call that? Denial. Can you say "denial"?

The emotions all stop their uproar -- as BLOOFY walks out from the back of the vault.

EMOTIONS/JOY Ahhhhh!

He's a PRESCHOOL SHOW HOST, a CARTOONY LOOKING DOG that talks like he's still hosting the show.

BLOOFY Hi friends! Welcome! It's so good to have you here with us today. [50]

JOY (laughing) It's Bloofy!

소심	우린 이제… 억압된 감정들이야!
버럭	당장 꺼내줘! 여기서 나가게 해달라고.
슬픔	(울면서) 불쌍한 라일리!
까칠	꺼내줘! 우린 병에 갇힐 만한 감정들이 아니야!
기쁨	아니야! 라일리는 괜찮을 거야. 완전 괜찮을 거라니까!
블루피	(화면 밖 목소리) (어린이 프로그램 진행자 톤으로) 안녕! 저걸 뭐라고 부르는지 아세요? 부정이라고 해요. 다들 "부정"이라고 외쳐볼까요?

순간 감정들이 아우성을 멈춘다. 블루피가 금고 뒤편에서 걸어나온다.

감정들/기쁨	아아아아!

블루피는 TV 유치원 프로그램의 진행자였는데 만화로 그린 강아지 모습을 하고 있다. 아직도 프로그램을 진행하는 것처럼 말을 한다.

블루피	안녕 친구들! 환영해요! 만나게 되어 정말 반갑군요.
기쁨	(웃으며) 블루피구나!

suppressed 억압된 **host** 진행자, 사회자 (동사로도 쓰임) **denial** 부정, 거부 **uproar** 대소동, 소란, 아우성 **preschool** 유치원 **cartoony looking** 만화처럼 생긴

DISGUST From that preschool show Riley used to like? [51]

BLOOFY That's RIGHT! And here's a little secret...

Bloofy leans into the emotions in the jar.

FEAR Ah!

BLOOFY (CONT'D) Riley STILL likes the show.

He dances around singing his theme song.

BLOOFY (singing) Stomp like an elephant. Scurry like a mouse. Make your way down to Bloofy's House!

The emotions watch him dumbfounded.

ANGER Please kill me.

까칠 라일리가 좋아했던 유치원 프로그램에 나온 애?

블루피 맞아요! 작은 비밀 하나 알려 드릴게요…

블루피가 병에 갇힌 감정들을 향해 몸을 숙인다.

소심 악!

블루피 (계속) 라일리는 아직도 그 프로그램을 좋아해요.

블루피가 자신의 주제가를 부르면서 춤을 춘다.

블루피 (노래하며) 코끼리처럼 쿵쿵 걸어서. 생쥐처럼 총총 걸어서. 블루피의 집으로 가볼까요?

블루피를 보면서 감정들은 어안이 벙벙하다.

버럭 차라리 날 죽여줘.

lean into ~로 몸을 기울이다 still 여전히 theme song 주제가 stomp 발을 구르며 춤추다, 쿵쿵거리며 걷다 scurry 총총거리며 가다, 종종걸음치다 make one's way down to ~로 가다 dumbfounded 말이 안 나올 정도로 깜짝 놀란, 어안이 벙벙한

JOY — Bloofy! We're in a real pickle! [52] Could you help us get outta here?!

Bloofy turns and walks towards an IMAGINARY AUDIENCE (camera) -- his butt to the emotions.

BLOOFY — Uh-oh! We're gonna need your help! Can YOU find a way out?

ANGER — Who are you talking to?!

Reveal that Bloofy is actually speaking to a wall.

BLOOFY — My friends! (to the wall) Do YOU see a key? (LONG PAUSE) Hmmm... I don't either.

FEAR — (matter-of-fact) Ok. We're doomed.

AN ANIME HERO walks towards them. This is LANCE SLASHBLADE. Androgynous, long hair, piercing eyes, a dramatic, tragic hero. He's very serious about his angst. He carries a HUGE SWORD.

LANCE SLASHBLADE — Indeed, welcome, to your eternal FATE.

DISGUST — (gasp) Lance Slashblade?!

기쁨 블루피! 우리가 정말 곤란한 상황이야! 우릴 여기서 꺼내줄래?!

블루피가 뒤를 돌아보더니 상상 속 관중들(카메라)을 향해 다가간다. 엉덩이는 감정들을 향하고 있다.

블루피 오! 우린 여러분의 도움이 필요해요! 출구가 어딘지 아나요?

버럭 누구한테 이야기 하는 거야?!

사실 블루피는 벽에 대고 말을 하고 있다.

블루피 우리 친구들! (벽에 대고) 열쇠가 보이나요? (긴 침묵이 흐른다) 음… 나도 안 보여요.

소심 (무미건조하게) 됐어. 우린 이제 끝이야.

일본 만화 캐릭터처럼 생긴 영웅이 이들을 향해 다가온다. 그는 '랜스 슬래시블레이드'이다. 꽃미남 얼굴에 긴 머리를 하고 강렬한 눈빛을 가진 불운의 영웅으로 자신의 삶에 대해 깊이 고뇌하는 캐릭터이다. 거대한 검을 가지고 있다.

랜스 슬래시블레이드 맞아. 너희들의 영원한 운명을 맞이한 걸 환영한다.

까칠 (기절할 듯 놀라며) 랜스 슬래시블레이드?!

in a real pickle 진짜 어려운 상황에 있는 pause 정적, 정지 matter-of-fact 무미건조한, 사무적인 doomed 운이 다한, 불운한 anime 아니매 ('일본 애니매이션'을 일컫는 표현) androgynous [ændrάdʒənəs] 양성(兩性)의, 중성 같은 piercing eyes 강렬한 눈빛 angst [æŋkst] (삶에 대한) 고뇌, 불안 sword [sɔːrd] 검 indeed 정말, 진짜 eternal 영원한 fate 운명

SADNESS But he's a video game character. Why is he here?

Lance strikes a pose.

DISGUST Yeah, I always thought Riley had a secret crush on him.

JOY I never saw the appeal.

Lance Slashblade lifts his giant sword in a dramatic pose. LANCE TURNS ON THE CHARISMA-- looking right at the emotions-- sizzle...

LANCE SLASHBLADE I long to be a hero, but darkness haunts my past.

ANGER Oh, I get it.

FEAR I'm in a hundred percent.

DISGUST (sigh) I just wanna brush his hair.

We see a HUGE DARK HOODED FIGURE growl behind Lance Slashblade.

DEEP DARK SECRET (voc: growl)

슬픔 재 비디오 게임 캐릭터 아녔어? 왜 여기 있지?

랜스가 포즈를 취한다.

까칠 그래, 라일리가 앨 몰래 좋아하는 거 같더라니.

기쁨 난 전혀 매력을 모르겠던데.

극속 주인공처럼 멋진 포즈로 커다란 검을 들어올리는 랜스 슬래시블레이드, 감정들을 뚫어지게 바라보며 카리스마를 발산하는데… 눈빛이 이글거린다.

랜스 슬래시블레이드 영웅이 되길 갈망하지만 어두운 과거가 나를 놓아주지 않는구나.

버럭 아, 이제 알겠네.

소심 나도 백퍼 그래.

까칠 (그의 매력에 빠져 한숨을 쉬며) 저 머리… 빗질이라도 해봤으면.

랜스 슬래시블레이드 뒤에서 후드를 쓴 어두운 형체가 으르렁거린다.

깊이 숨겨둔 비밀 (으르렁거린다)

strike a pose 포즈를 취하다 **have a crush on** ~를 좋아하다 **appeal** 매력 **dramatic** 극적인, 과장된 **turn on the charisma** 카리스마를 내뿜다 **sizzle** 지글지글 타오르다 **long to do** ~하기를 갈망하다 **haunt** 괴롭히다 **past** 과거 **I get it.** 이제 알겠어. **I'm in a hundred percent.** 백퍼센트 동감해. **hooded** 후드를 뒤집어쓴 **growl** [graul] 으르렁거리다

FEAR Uh, who's that?

BLOOFY Oh! That's Riley's DEEP DARK SECRET!

FEAR (scared) What-what is the secret?

LANCE SLASHBLADE (dramatic) You don't wanna know. [53]

JOY Riley's secrets! A rogue emotion has taken over Headquarters. Now if you could just open the jar...

BLOOFY (speaking to camera) Hey kids! Let's learn some Latin! Do you know Quid pro Quo? We get you out of that jar. Then YOU get us out of this safe!

LANCE SLASHBLADE No Bloofy, their destiny is not ours to change. We were all banished here... deemed unfit... worthless.

DISGUST (gasp) Don't you dare say that! [54] You do not deserve to be thrown away!

Joy pulls her aside.

JOY Uh, one second, Lance. Don't you remember his POWER move?

소심 어라, 저건 또 누구야?

블루피 아! 라일리의 깊이 숨겨둔 비밀이에요!

소심 (무서워하며) 비, 비밀이 뭔데?

랜스 슬래시 블레이드 (극적인 말투로 멋지게) 모르는 게 좋아.

기쁨 라일리의 비밀들아! 나쁜 감정이 본부를 차지했어. 너희들이 병을 열어주면…

블루피 (카메라를 향해) 어린이 친구 여러분! 사자성어를 배울 시간이에요. '상부상조'가 뭔지 아나요? 우리가 여러분을 병에서 꺼내주면, 여러분도 우릴 이 금고에서 꺼내준다는 말이에요!

랜스 슬래시 블레이드 아니 블루피, 저들의 운명은 우리가 바꿀 수 없어. 우린 모두 여기 유배된 거야… 쓸모없는… 부적응자로 낙인찍혀서.

까칠 (울컥하며) 절대 그런 말 하지 마! 넌 버림받을 존재가 아니야!

기쁨이 까칠을 끌고 간다.

기쁨 잠깐만, 랜스. 재 필살기 기억 안 나?

rogue 나쁜, 독자적으로 행동하는 **take over** 점령하다 **Latin** 라틴어 **Quid pro Quo** 어떤 일을 해준 것에 대한 대가로 해주는 것 (세상에 공짜는 없다) **safe** 금고 **destiny** 운명 **banish** 추방하다, 유배하다 **deem** 여기다, 간주하다 **unfit** 맞지 않는 **worthless** 가치 없는, 쓸모없는 **Don't you dare ~!** 절대 ~하지 마! **deserve to do** ~해야 마땅하다, 자격이 있다 **throw away** 버리다 **one second** 잠깐만

CUT TO -- FLASHBACK

INT. RILEY'S LIVING ROOM

RILEY PLAYING VIDEO GAME WITH BREE AND GRACE... Riley is a very active game player -- standing and jumping--

GRACE I'm comin' for you Riley!

RILEY Oh yeah? Watch this!

But we see ON THE VIDEO SCREEN--

--LANCE LAYS DOWN HIS SWORD, CURLS UP INTO A BALL, AND SLOWLY ROLLS TOWARD HIS OPPONENT. It's utterly ineffectual and Grace's character, PUGU, easily does its SUPER SPECIAL FINISHING MOVE and hits Lance off screen.

RILEY (O.S.) Come on!

BACK IN THE VAULT

DISGUST You listen to me, Lance Slashblade! No one is totally worthless.

과거 회상 장면

실내. 라일리 집의 거실

라일리가 브리, 그레이스와 비디오 게임을 하고 있다. 라일리는 일어서서 점프를 하는 등 매우 활동적으로 게임을 하는 스타일이다.

그레이스 받아라 라일리!

라일리 그래? 이건 어때!

게임 모니터 화면

랜스가 검을 내려놓고 공처럼 몸을 접은 뒤 적을 향해 천천히 굴러간다. 전혀 효과가 없는 공격이다. 그레이스의 게임 캐릭터인 푸구가 초능력 끝내기 필살기로 공격하자 랜스는 화면 밖으로 나가떨어진다.

라일리 (화면 밖 목소리) 말도 안 돼!

다시 금고 안

까칠 내 말 잘 들어, 랜스 슬래시블레이드! 이 세상에 쓸모없는 존재란 없어.

active 활발하게 움직이는 **lay down** 내려놓다 **curl up** 몸을 웅크리다 **opponent** 상대방 **utterly** 전적으로, 완전히 **ineffectual** 무력한, 효과가 없는

LANCE SLASHBLADE — But I am a warrior cursed with a feeble attack.

DISGUST — Then you must make your curse your gift!

He backs up, preparing himself.

LANCE SLASHBLADE — Shield yourself, my friends. For I shall set you all FREE!

He DROPS DOWN AND ROLLS AT THE JAR, trying to break the glass over and over but can't.

JOY — (CONT'D) (to Dark Secret) Hey, little help?

DEEP DARK SECRET breaks the jar with one blow.

DEEP DARK SECRET — (voc: growls)

BLOOFY — Great job, Dark Secret!

DEEP DARK SECRET — (voc: proud scary grunt)

랜스 슬래시블레이드 하지만 난 초라한 공격력의 저주받은 전사야.

까칠 그럼 네 저주를 재능으로 승화해야지!

랜스가 뒤로 물러서더니 준비 동작을 한다.

랜스 슬래시블레이드 물러서, 친구들. 내가 너희를 자유롭게 하리니!

랜스가 몸을 접고 병을 향해 굴러간다. 유리를 깨려고 부단히 노력하지만 전혀 효과가 없다.

기쁨 (계속) (깊이 숨겨둔 비밀에게) 이봐, 좀 도와줘.

깊이 숨겨둔 비밀이 한 방에 병을 깨부순다.

깊이 숨겨둔 비밀 (으르렁거린다)

블루피 잘했어요, 깊은 비밀 친구!

깊이 숨겨둔 비밀 (기세 당당하고 무섭게 끙 소리를 낸다)

warrior 전사 **cursed** 저주받은 (curse는 동사로도 쓰이고 명사로도 쓰임) **feeble** 미약한 **back up** 뒤로 물러서다 **shield** (위험으로부터) 보호하다, 대비하다 **set ~ free** ~를 (자유롭게) 풀어주다 **drop down** 몸을 숙이다 **blow** 강타, 세게 때림 **growl** 으르렁거리다 **grunt** 끙 하는 소리를 내다

BLOOFY (to emotions) Now it's your turn to help us! My pouch has just the thing to get us out of here. Everybody say "Oh Pouchy!"

BLOOFY/ EMOTIONS/ DEEP DARK SECRET/ LANCE SLASHBLADE OH POUCHY!

Music kicks in and Bloofy's fanny pack lights up and spins off his body! Revealing POUCHY -- a fanny pack with eyes. Its mouth is the zipper pouch.

POUCHY Hi everybody! I'M POUCHY!

BLOOFY Pouchy, we need to escape. Do you have anything that can help us?

POUCHY I have lots of items! Which one do you think will work the best?

Items magically appear by Pouchy's head, coming from inside of the pouch and floating in midair as they list them.

POUCHY A tomato?

A TOMATO appears.

POUCHY A frog?

블루피 (감정들에게) 이제 여러분이 우릴 도울 차례예요! 파우치가 우리를 탈출시켜줄 만한 물건을 가지고 있어요. 다들 "오, 파우치!"라고 크게 외쳐볼까요!

블루피/감정들/깊이 숨겨둔 비밀/랜스 슬래시 블레이드 오, 파우치!

흥겨운 음악과 함께 힙색이 환해지며 빙글빙글 돌아 블루피의 몸에서 풀려나온다. 파우치는 눈이 달린 힙색인데 입이 지퍼로 되어 있다.

파우치 모두들 안녕! 난 파우치야!

블루피 파우치, 우린 여길 탈출해야 해. 우리를 도와줄 만한 물건 있어?

파우치 많이 있지! 어떤 게 가장 좋을까?

물건을 말하자 마법처럼 그 물건이 주머니에서 튀어나와 공중에 떠 있다.

파우치 토마토?

토마토가 나온다.

파우치 개구리?

pouch 주머니 **kick in** 시작하다, 나오다 **fanny pack** 힙색 (허리춤에 차는 가방) **light up** 환하게 되다, 환하게 웃다 **reveal** 보여주다 **escape** 탈출하다 **work** 효과가 있다 **float** 떠다니다 **in midair** 공중에 **list** 열거하다

A FROG appears. It CROAKS.

POUCHY Or... EXPLODING DYNAMITE?!

A STICK OF DYNAMITE appears. Anger can't take it anymore.

ANGER Oh, for cryin' out loud! [55]

He grabs the DYNAMITE.
OUTSIDE THE SAFE-- BOOM! An explosion blows the door off!
The emotions all rush out.

BLOOFY Yay! We did it, everyone! Let's all sing the We Did It song!
(inhales like he's about to start singing)

EMOTIONS/ JOY NO TIME!

개구리가 나타나 개굴 하고 운다.

파우치 아니면… 펑 하는 다이너마이트?!

막대 모양의 다이너마이트가 나타난다. 버럭은 더 이상 지켜볼 수 없다.

버럭 참, 미치겠네!

그가 다이너마이트를 집어 든다.
금고 밖 – 콰쾅! 폭발로 인해 문이 떨어져 나간다!
감정들 모두 황급히 빠져나온다.

블루피 만세! 우리가 해냈어요, 여러분! 모두들 "우리가 해냈어!" 노래를 불러볼까요? (노래를 하려고 숨을 크게 들이쉰다)

감정들/기쁨 그럴 시간 없어!

appear 나타나다 **croak** 개굴 하며 울다 **explode** 폭발하다 **can't take it anymore** 더 이상 참을 수 없다 **For cryin' out loud!** 맙소사! **grab** 움켜쥐다 **blow ~ off** ~을 날려버리다 **rush out** 황급히 나가다 **inhale** 숨을 크게 들이마시다 **be about to do** 막 ~하려고 하다, ~하려는 참이다

Lance struggles to exit the safe door, stuck in the geometry. When he finally makes it through, he's dejected, head down.

LANCE SLASHBLADE Thank you friends. I must, I must-- be leaving you.

SADNESS What about Dark Secret?

We see DEEP DARK SECRET closing the door on himself.

DEEP DARK SECRET Not yettttttt.

Boom. Door closes.

JOY Yeah, that's probably best for everybody.

COP FRANK HEY!

COP DAVE Who let you out?! Get back in there!

They see the cops rushing towards them...

FEAR Oh no!

DISGUST What are we goanna do?!

랜스도 금고 문을 나가려고 하는데 설정값에 갇힌 비디오 게임의 어색한 움직임 때문에 그럴 수 없다. 결국 가까스로 빠져나오지만 풀이 죽어 고개를 숙인다.

랜스 슬래시블레이드 고마워 친구들. 난… 너희를 떠나야 해.

슬픔 깊이 숨겨둔 비밀은?

깊이 숨겨둔 비밀은 나가지 않고 금고 문을 닫는다.

깊이 숨겨둔 비밀 난 아직 아니야.

쾅. 문이 닫힌다.

기쁨 저게 모두에게 좋을 수 있어.

프랭크 경관 이봐!

데이브 경관 누가 꺼내준 거야?! 들어가!

그들을 향해 경찰들이 달려온다…

소심 이런!

까칠 이제 어떻게 하지?!

struggle to do ~하려고 애쓰다 **exit** 빠져나오다 **stuck** 갇힌 **geometry** 기하학 **make it through** 통과하다 **dejected** 낙담한 **probably** 아마도

Lance's eyes narrow, he kneels and tenderly holds Disgust's cheek.

LANCE SLASHBLADE (to Disgust) Oh Disgusted one, as you once believed in me, I will now believe in myself.

Lance lays down his sword, curls into a ball and rolls towards the cops. Lance continues rolling right through the middle of the cops missing them all.

VAULT COP 1 Wait-wait what?

As he passes a mop, he hits it and it hits COP DAVE in the head. COP DAVE wobbles backwards bumping into COP 1. COP 1 falls into COP FRANK who spills his coffee all over himself and falls to into the vault door handle. The Vault door starts to open hitting COP DAVE as he is just starting to stand. The impact makes him drop his handcuffs. The cuffs wrap around another cop's ankles causing him to lose his balance. The cuffed cop panics trying not to fall, but accidentally hits another cop who falls into the initial mop bucket.

VAULT COP 2 (losing balance) Woah, what's happening?! Hey, hey, hey!

VAULT COP 3 Ah!

랜스는 눈을 가늘게 뜬 채 무릎을 꿇고 까칠의 뺨을 부드럽게 만진다.

랜스 슬래시 블레이드 (까칠에게) 오, 까칠한 자여, 그대가 날 믿어줬듯이 이제 나도 스스로를 믿어보겠어.

랜스가 검을 내려두고 공 모양으로 몸을 웅크린 뒤 경찰들을 향해 굴러간다. 그런데 멈추지 않고 계속 굴러가더니 경찰 사이를 지나쳐 버린다.

금고 경찰 1 잠깐만, 저건 뭐야?

랜스가 대걸레를 치고 지나간다. 대걸레는 데이브 경관의 머리를 때린다. 데비브 경관이 뒤로 주춤하면서 경찰 1과 부딪힌다. 경찰 1은 프랭크 경관에게 넘어지고 프랭크 경관은 자기 몸에 커피를 쏟으며 금고 문 손잡이 위로 쓰러진다. 금고 문이 열리면서 일어서려고 하는 데이브 경관을 다시 때리고 그 충격으로 그는 수갑을 떨어뜨린다. 떨어진 수갑은 다른 경찰의 발목에 채워지고 그 경찰은 균형을 잃는다. 그는 놀라서 쓰러지지 않으려고 애쓰지만 실수로 다른 경찰을 때린다. 그 경찰은 모든 것의 시작이었던 대걸레 양동이 안으로 쓰러진다.

금고 경찰 2 (균형을 잃으며) 어, 무슨 일이야?! 이봐, 이봐!

금고 경찰 3 아!

one's eyes narrow 눈을 가늘게 뜨다 **kneel** 무릎을 꿇다 **tenderly** 부드럽게 **curl into a ball** 공모양으로 몸을 접다 **mop** 대걸레 **wobble** 비틀거리다 **backwards** 뒤로 **bump into** 부딪히다 **impact** 충격 **handcuffs** 수갑 **wrap around** 감싸다 **lose one's balance** 균형을 잃다 **cuffed** 수갑을 찬 **panic** 겁에 질리다, 놀라다 **accidentally** 우연히 **initial** 최초의, 처음의

VAULT COP 2 Whoah!

The emotions cringe, except Anger who is enjoying every second. Still wobbling, COP 2 with the cuffs falls backwards into the mop bucket shooting Cop 3 into the Vault.

VAULT COP 3 (flying into the vault) Why?!

COP 2 finally falls to the ground. COP DAVE grabs the Vault door handle trying to stand but slips on the spilled coffee and falls once again. The Vault door starts to close on COP FRANK and the others pushing them into the Vault.

COP FRANK Dave! Help! Help!

COP DAVE runs over, grabs COP 2's hand trying to save them--

COP DAVE Oh, hold on!

But he gets pulled inside as well. Losing his hat labeled "MY HAT" in the process.

COP FRANK (inside the vault) Dave!

The emotions in awe of what just happened. Disgust swoons.

금고 경찰 2 으아!

감정들은 놀라며 몸을 움추리지만 버럭이는 이 광경이 재미있기만 하다. 수갑이 채워져 비틀거리는 경찰 2가 뒤로 넘어지면서 대걸레 양동이 안으로 쓰러지고 경찰 3을 금고 속으로 밀어넣는다.

금고 경찰 3 (금고 속으로 밀려 들어가며) 뭐야?!

경찰 2도 끝내는 바닥에 넘어진다. 데이브 경관이 금고 문 손잡이를 잡고 일어서려고 하는데 바닥에 있는 커피에 미끄러져 또 다시 넘어진다. 금고 문이 천천히 닫히면서 프랭크 경관과 다른 경찰들도 금고 안으로 밀려 들어간다.

프랭크 경관 데이브! 도와줘! 도와달라고!

데이브 경관이 달려가 경찰 2의 손을 잡고 꺼내주려고 하는데…

데이브 경관 꽉 붙잡아!

그도 역시 금고 안으로 끌려 들어간다. 이런 와중에 "내 모자"라고 적힌 모자가 벗겨진다.

프랭크 경관 (금고 속에서) 데이브!

방금 눈앞에서 벌어진 상황에 감정들은 매우 놀라워한다. 까칠은 완전히 반했다.

cringe 몸을 움추리다, 당혹해하다 **every second** 매 순간 **shoot A into B** A를 B로 밀어넣다 **grab** 붙잡다 **slip** 미끄러지다 **Hold on!** 꽉 잡아! **as well** 역시, 또한 **labeled ~** ~라고 적힌 **process** 과정 **in awe of** ~에 놀라워하는 **swoon** 황홀해하다

DISGUST	Lance!
LANCE SLASHBLADE	(rolling away) Goodbye friends! Hello Destiny!
JOY	(appreciates it) Well, there's a lid for every pot. [56]
	(to others) Come on!

까칠　　랜스!

랜스 슬래시 블레이드　　(굴러가면서) 잘 가게, 친구들! 반갑다, 운명아!

기쁨　　(고맙게 생각하며) 짚신도 다 짝이 있다잖아.

(감정들에게) 빨리 가자!

destiny 운명 appreciate 감사하다, 고맙게 생각하다 lid 뚜껑 pot 냄비

CHAPTER 12

Joy's Plan

EXT. THE VAULT—MOMENTS LATER

Joy and crew run out of the Vault.

FEAR What do we do!? What do we do!?

Anger reaches the bottom of the stairs and turns towards HQ.

JOY Whoa, Anger, stop! Where are you going?

ANGER Um, back to Headquarters. To help Riley!

실외. 금고—잠시 후

기쁨과 감정들이 금고 밖으로 뛰어나온다.

소심 이제 어쩌지!? 어떡해!?

버럭이 계단 아래로 내려와 본부를 향해 달린다.

기쁨 버럭아, 멈춰! 어디로 가는 거야?

버럭 본부로 돌아가야지. 라일리를 도와야 하잖아!

crew 크루 (팀, 팀 동료) **bottom** 맨 아래, 바닥 **turn towards** ~ 쪽으로 방향을 돌리다

JOY Riley's not up there. She's out THERE! We can't go back without her Sense of Self.

Joy gestures out to the Back of Mind. There's a tiny Sense of Self dot on the horizon.

FEAR You want us to go all the way to the Back of the Mind?! Are you out of YOUR mind?! [57]

SADNESS But Joy, how will we--

BOOM! A spotlight hits the emotions.

GUARD (O.S.) Freeze!

Joy runs towards the Sense of Self.

JOY Come on!

The others follow.

GUARD Hold it right there!

DISGUST How do we get there? Do you even have a plan, Joy?

기쁨 라일리는 그곳에 없어. 저기에 있다고! 우린 라일리의 자아가 없이는 돌아갈 수 없어.

기쁨이 기억의 저편을 가리킨다. 자아가 지평선에 작은 점처럼 보인다.

소심 저 멀리 있는 기억의 저편까지 가야 한다고?! 제정신이야?!

슬픔 하지만 기쁨아, 우리가 어떻게…

팡! 환한 조명이 감정들을 비춘다.

경비 (화면 밖 목소리) 꼼짝 마!

기쁨이 자아를 향해 달려간다.

기쁨 가자!

다른 감정들도 따라간다.

경비 거기 서!

까칠 저기에 어떻게 가지? 기쁨아, 계획이라도 있어?

sense of self 자아 **gesture** 가리키다, 몸짓을 하다 **dot** 점 **horizon** 지평선 **out of one's mind** 제정신이 아닌 **Freeze!** 꼼짝 마! **Hold it right there!** 거기 서! 꼼짝 마! **get there** 거기에 닿다, 거기에 도착하다

FEAR I bet Anxiety would have a really good plan.

JOY Of course, I have a plan. Who doesn't have a plan? Look, she's not the only one who can project the future. First, all we have to do is uh--

VISUALIZATION

We transition to Joy's visualization. It looks like a child's art project made of paper cutouts, of the emotions running through Long Term.

JOY (CONT'D) --give me a second-- follow the Stream of Consciousness!

A paper stream suddenly appears next to them. They all jump into a cute teacup and float down the stream.

JOY And then we take a nice easy float all the way to the Back of the Mind!

The emotions follow the stream all the way until see a small pile of memories below the tube (4-5) and the Sense of Self.

소심 불안이라면 틀림없이 좋은 계획이 있을 거야.

기쁨 물론 나도 계획이 있지. 계획이 없는 사람도 있니? 있잖아, 개만 미래를 예측할 수 있는 건 아니라고. 우선 우리가 할 일은, 어…

시각화 장면

기쁨의 계획을 시각화한 화면이 나타난다. 마치 아이가 종이를 잘라서 만든 미술 숙제 같은 모습이다. 감정들이 장기 기억 저장소를 따라 달려가고 있다.

기쁨 (계속) … 잠깐 기다려봐… 의식의 흐름을 따라가는 거야!

그들 옆에 종이로 만든 강이 갑자기 나타난다. 감정들이 귀여운 찻잔 안으로 뛰어들고 강을 따라 이동한다.

기쁨 그리고 기억의 저편으로 편하게 떠내려가는 거지!

강을 따라 이동하는 그들의 눈앞에 튜브 관이 보이고 그 밑에는 기억 4~5개가 조그맣게 쌓여 있는데 자아도 함께 놓여 있다.

bet 장담하다 **visualization** 시각화 **transition** 변환하다, 바뀌다 **art project** 미술 숙제, 미술 작품 **cutout** 종이를 잘라낸 것 **consciousness** 의식 **stream** 흐름, 물줄기, 강 **float** 떠내려가다 **pile** 더미, 쌓여 있는 것

FEAR Where all the bad memories are.

JOY Exactly, and there we'll find the Riley we know and love.

Joy picks up Riley's Sense of Self from the pile.

FANTASY JOY IN HQ—PLACING THE SENSE OF SELF

JOY We'll put her Sense of Self back, then Riley will be Riley again.

Joy plucks the Sense of Self.

FANTASY RILEY
Riley perks up smiling and looking like her old self.

WITH JOY AND THE OTHERS, as they run.

FEAR Ok I'm gonna give it to ya. That could actually work.

JOY Yeah it could!

Encouraged, Joy continues her visualization.

소심 거긴 나쁜 기억들이 가득한 곳이잖아.

기쁨 맞아. 하지만 거기서 우리가 아는, 우리가 사랑하는 라일리를 찾을 수 있어.

기쁨이 기억 더미에서 라일리의 자아를 집어 든다.

본부로 돌아간 상상 속의 기쁨 – 자아를 받침대 위에 올려둔다.

기쁨 자아를 제자리에 두면 라일리는 원래대로 돌아올 거야.

기쁨이 자아를 튕긴다.

상상 속 라일리
라일리가 예전의 모습을 되찾고 환하게 웃는다.

기쁨과 다른 감정들 화면: 계속 달리고 있다.

소심 알았어, 널 믿어보지. 좋은 계획 같네.

기쁨 잘될 거라고!

자신감을 얻은 기쁨은 자신의 계획을 계속 시각화한다.

Exactly. 맞아. **pick up** 집어 들다 **pluck** (악기의 현 등을) 튕기다 **perk up** 기운을 차리다, 밝아지다 **work** 효과가 있다 **encouraged** 용기를 얻은

FANTASY JOY IN HQ

Joy talks to Anxiety.

JOY (O.S.) And then I tell ANXIETY: "Hey, don't worry so much anymore." (as Anxiety) And she'll say: "Wow Joy, I never thought of that before! Thank you!" (then, as Joy) And then we hug and become best friends.

They hug. Joy sets her down.

ANGER (O.S.) And then I punt her into the dump.

Fantasy Anger kicks Anxiety through the glass.

ANXIETY Ahhhhh!

JOY (O.S.) What? No! Anger!

BACK IN REALITY

ANGER Ok fine. No punting.

JOY Don't worry. I know right where the stream is! Sadness and I have been here before!

Joy leads everyone around a corner into a dead end.

본부로 돌아간 상상 속 기쁨
기쁨이 불안에게 말을 한다.

기쁨 (화면 밖 목소리) 그리고 내가 불안이에게 이렇게 말하는 거지. "이봐, 이제 너무 걱정하지 마." (불안의 목소리로) 그러면 걔가 이렇게 말하겠지. "와 기쁨아, 그런 생각은 안 해봤어! 고마워!" (다시 자신의 목소리로) 그리고 우린 포옹을 하고 좋은 친구가 되는 거지.

두 감정, 서로 껴안는다. 기쁨이 안고 들어올렸던 불안을 내려놓는다.

버럭 (화면 밖 목소리) 그리고 내가 그 애를 쓰레기장으로 날려버리는 거지.

상상 속의 버럭이 불안을 발로 차자 창밖으로 날아간다.

불안 아아아아!

기쁨 (화면 밖 목소리) 뭐라고? 안 돼! 버럭아!

다시 현실 화면

버럭 알았어. 때리지 않을게.

기쁨 걱정하지 마. 의식의 흐름이 정확히 어디에 있는지 알고 있으니까. 슬픔이와 내가 전에 가 본 적이 있어!

기쁨이 감정들을 데리고 모퉁이를 도는데 길이 막혀 있다.

punt 때리다, 차다 **dump** 쓰레기장 **have been here** 여기 와 본 적이 있다 **lead** 인도하다 **dead end** 막다른 곳

JOY Oh! Uh--

DISGUST Joy? This is a dead end.

FEAR Those are the worst kinds of ends!

SADNESS Everything's changing so fast.

Sadness melts to the floor like she did in IO...

ANGER So... we're lost.

JOY No! You're never lost if you're having fun!

DISGUST No one is having fun, Joy.

JOY Oh, come on. Look at Sadness, she's having a great time!

Joy gestures to Sadness face down on the ground.

ANGER I thought you knew where you were going!

JOY I do. I did-- I just need a moment--

DISGUST She doesn't know.

기쁨 아! 어…

까칠 기쁨아, 막다른 길이잖아.

소심 길 중에서 최악의 길은 막다른 길이라고!

슬픔 모든 게 너무 빨리 바뀌고 있네.

슬픔이 전편에서처럼 바닥에 쓰러져 엉엉 운다…

버럭 그러니까… 우리가 길을 잃은 거네.

기쁨 아니야! 즐거우면 길을 잃은 게 아니라고!

까칠 기쁨아, 지금 아무도 즐겁지 않아.

기쁨 왜들 그래. 슬픔이를 봐. 정말 즐기고 있잖아!

기쁨은 땅에 얼굴을 파묻은 슬픔이를 가리킨다.

버럭 네가 길을 알고 있는 줄 알았지!

기쁨 알아. 알고 있었지… 생각할 시간이 좀 필요해…

까칠 재 몰라.

melt 주저앉다, 녹아내리다 **lost** 길을 잃은 **gesture to** ~를 가리키다

FEAR We're stuck here!

THE WORLD LIGHTS UP.

SADNESS Oh! Riley's awake!

JOY Wait, she's up too early. What are they doing to her?!

Joy gets an idea.

JOY Come on! We'll find another way!

The emotions run off thru Long Term towards the Sense of Self dot on the horizon.

JOY Don't worry, Riley. We're coming!

소심 우리 또 갇힌 거야!

주변이 밝아진다.

슬픔 아! 라일리가 깼어!

기쁨 잠깐, 너무 일찍 일어났어. 쟤들, 라일리에게 무슨 짓을 하는 거지?!

기쁨에게 어떤 생각이 떠올랐다.

기쁨 서둘러! 다른 길을 찾아야 해!

감정들은 장기 기억 저장소를 지나 지평선 너머 작은 점으로 보이는 자아를 향해 달려간다.

기쁨 걱정 마, 라일리. 우리가 간다!

stuck 갇힌 **awake** 잠에서 깬 **up** 일어난 **thru** ~를 통하여 (= through) **horizon** 지평선

CHAPTER 13

Hockey Is Not a Game Anymore

EXT. BACK OF THE MIND

The Sense of Self sits on top of a pile of discarded memories, sinking slightly.

INT. RINK, EARLY MORNING

CLOSE UP on Riley as she skates, focused, fretful. Wide shot of Riley, skating drills.

INT. HEADQUARTERS

Anxiety at the console. Ennui, Envy, and Embarrassment walk sleepily down the ramp from the sleeping area.

ENNUI Ugh, why did we wake her up so early?

실외. 기억의 저편

버려진 기억 더미 위에 놓여 있는 자아가 조금씩 아래로 가라앉는다.

실내. 하키 경기장, 이른 아침

스케이팅을 하는 라일리의 얼굴이 클로즈업된다. 완전히 몰입해 있지만 표정에서 조바심이 드러난다. 라일리가 스케이트를 타고 연습하는 모습이 넓은 화면으로 보인다.

실내. 본부

불안이 콘솔을 조종한다. 따분, 부럽, 당황은 잠이 덜 깬 채로 수면실에서 나와 경사로를 따라 내려온다.

따분 어, 라일리를 왜 이렇게 일찍 깨운 거야?

discarded 버려진 **sink** 가라앉다 **slightly** 약간 **fretful** 조바심 나는, 안달하는 **drill** 훈련 **sleepily** 잠에 취해서 **ramp** 경사로 **wake up** 깨우다

ANXIETY Because mon ami, we need to speed things up. [58] And that means we hit the ice early and we practice like we've never practiced before!

INT. HOCKEY RINK—LATER

Riley ON THE ICE - PRACTICING ALL BY HERSELF. Running an intense "Iron Cross" drill with a puck that involves both quick footwork and stick-handling.

ENNUI (O.S.) Aren't we already good at hockey?

IN HQ

ENVY (O.S.) We're GOOD, but the Fire Hawks are GREAT!

ANXIETY (O.S.) That's right!

WITH RILEY

Riley takes a shot at the goal and misses.

ANXIETY (O.S.) Every time we miss, we skate a lap around the rink. [59]

Riley skates a lap around the rink as punishment.

불안 왜냐하면 친구, 이제 속도를 내야 되거든. 예전과는 달리 이제 일찍 나와서 하키 연습을 하는 거야!

실내. 하키 경기장—잠시 후

라일리가 빙판 위에서 혼자 연습을 한다. 매우 힘든 "철의 십자가" 훈련을 하는데 이는 빠른 발놀림과 정교한 하키 스틱 핸들링을 키워준다.

따분 (화면 밖 목소리) 하키는 이미 잘하잖아.

본부 안

부럽 (화면 밖 목소리) 잘하지, 하지만 파이어호크는 더 대단하잖아!

불안 (화면 밖 목소리) 맞아!

라일리 화면

라일리가 골대를 향해 슛을 날리지만 빗나간다.

불안 (화면 밖 목소리) 골을 못 넣을 때마다 링크를 한 바퀴 도는 거야.

라일리가 벌칙으로 링크를 한 바퀴 돈다.

mon ami (프랑스어) 친구 **speed things up** 빠르게 처리하다 **hit the ice** 빙판에 나가다/나오다 **by oneself** 혼자 **intense** 매우 힘든, 격렬한 **involve** 수반하다, 관련시키다 **footwork** 발놀림 **take a shot** 슛을 하다 **lap** (트랙의) 한 바퀴 **punishment** 벌, 처벌

IN HQ

Anxiety driving hard at the console.

ANXIETY (CONT'D) Hockey is not a game, it is a sport.

WITH RILEY

She skates a lap. She misses. She takes a lap. She takes more shots on goal. She's hard on herself. Perhaps too hard. Focused, Riley shoots another and finally scores!

RILEY Yes!

IN HQ

ENVY Wow, that was amazing!

ANXIETY We need to be that good every time. Let's run it again.

본부 안

불안이 거칠게 콘솔을 조종한다.

불안 (계속) 하키는 놀이가 아니야. 스포츠라고.

라일리 화면

라일리가 링크를 한 바퀴 돈다. 골을 넣지 못하자 다시 한 바퀴 돈다. 라일리가 골대를 향해 계속 슛을 날린다. 자신을 심하게 몰아붙이는데 너무 심하다 싶을 정도이다. 다시 집중해서 슛을 날리는데… 마침내 골을 넣는다!

라일리 좋았어!

본부 안

부럽 와, 끝내줬어!

불안 매번 저렇게 잘해야 해. 다시 해보자.

be hard on oneself 스스로를 몰아붙이다, 무리하다 focused 집중해서 score 득점하다 every time 매번

WITH RILEY

She turns at the sound of an unseen door being pushed open. It's Val.

VALENTINA Aye! I see I'm not the only one who likes to start early.

IN HQ

ANXIETY You guys, it's Val! We had the same idea!

ENVY We're basically the same person. We're gonna be best friends!

WITH RILEY

Val looks over at the many, many pucks in and around the net.

VALENTINA How long have you been here?

RILEY I don't know. Maybe an hour. I just wanted to get in some extra ice time.

VALENTINA I'm the same way.

라일리 화면

문이 열리는 소리가 나자 라일리가 돌아본다. 밸이다.

발렌티나 안녕! 일찍 시작하는 사람이 나 말고 또 있네.

본부 안

불안 얘들아, 밸이야! 우리가 똑같은 생각을 하고 있었다니!

부럽 우린 근본적으로 똑같은 부류야. 우린 절친이 될 거야!

라일리 화면

밸이 네트 안과 주변에 있는 수많은 퍽을 바라본다.

발렌티나 언제부터 여기에 있었던 거야?

라일리 글쎄요. 한 시간 정도. 얼음 타는 시간을 좀 더 가지고 싶어서요.

발렌티나 나도 그래.

unseen 보이지 않는 **basically** 기본적으로, 근본적으로 **I'm the same way.** 나도 그래.

ANXIETY (O.S.) Oh my gosh. She gets us!

VALENTINA See, I told the other girls you'd figure it out. You get what it takes to be the best.

A MEMORY OF VAL SAYING "what it takes to be the best" rolls out. Anxiety is ecstatic. Envy runs over and grabs it.

ENVY Look at us! This is going great!

ANXIETY (fun, light and positive) Yeah! But we need Val to really like us...

ENVY Oh! We should ask Val lots of questions! People love talking about themselves!

WITH RILEY
A puck being shot into the goal... Riley and Val hit pucks into the goal...

RILEY So, what was your Freshman year on the Fire Hawks like? [60]

VALENTINA I mean, it was a lot of work. Like A LOT. But it's also how I met my best friends.

불안 (화면 밖 목소리) 어머. 우리랑 너무 잘 맞아!

발렌티나 역시, 다른 애들한테 네가 잘할 거라고 했거든. 넌 최고가 되는 법을 알고 있어.

밸이 "최고가 되는 법"이라고 말하는 장면이 기억으로 저장되어 굴러 나온다. 불안은 매우 행복한 모습이다. 부럽이 달려가 기억을 집어 든다.

부럽 우리 좀 봐! 정말 잘 되고 있어!

불안 (재미있고, 가볍고, 긍정적인 말투로) 그래! 하지만 밸이 우리를 진짜 좋아하게 만들어야 하는데…

부럽 오! 질문을 많이 하는 거야! 사람들은 자기 이야기하는 걸 좋아하니까!

라일리 화면
퍽이 날아가 골대 안으로 들어간다… 라일리와 밸이 골대를 향해 퍽을 날린다…

라일리 저기, 파이어호크 신입생 시절은 어땠어요?

발렌티나 음… 훈련이 많았어. 정말 엄청날 정도로. 하지만 그래서 찐친들도 만나게 됐지.

figure out 알아가다, 해결해가다 **ecstatic** (황홀할 정도로) 기분이 매우 좋은 **light** 가벼운, 근심이 없는 **positive** 긍정적인 **freshman** 신입생 **What was ~ like?** ~는 어땠어? **It's how S + 과거동사** 그렇게 해서 ~하게 됐다

IN HQ

ANXIETY Val is sharing things with us!

WITH RILEY

Val stops.

VALENTINA Hey, a few of us are just gonna hang out tonight, order some food. You should come!

IN HQ

ENVY Ooh. An exclusive invitation... we're going!

WITH RILEY

RILEY Really?

VALENTINA Definitely. It'll be fun.

All the other campers enter the rink. Coach Roberts enters.

COACH ROBERTS Alright ladies, let's warm up.

본부 안

불안 밸이 우리에게 마음을 터놓고 있어!

라일리 화면

밸이 말을 멈춘다.

발렌티나 저기, 오늘밤에 친구들하고 놀 거야. 음식도 시켜 먹으면서 말이야. 너도 와!

본부 안

부럽 오… 이게 말로만 듣던 독점 초대잖아… 당연 가야지!

라일리 화면

라일리 정말요?

발렌티나 물론이지. 재미있을 거야.

다른 캠프 참가자들이 경기장으로 들어온다. 로버츠 코치도 들어온다.

로버츠 코치 자 얘들아. 몸 풀어.

share 공유하다 **a few of** 몇몇의 **hang out** 어울려 놀다 **exclusive** 독점적인 **invitation** 초대 **Definitely.** 물론이지.
warm up 몸을 풀다

Bree and Grace enter.

GRACE Hey Riley.

RILEY Hi.

Riley waves brusquely as she skates off with Val.

IN HQ

ENVY We are not sharing Val with them!

WITH RILEY, skating alongside Val:

VALENTINA Early mornings make me so hungry!

RILEY I know right? I'd give ANYTHING for a piece of pizza right now.[61]

VALENTINA Yes!

브리와 그레이스가 들어온다.

그레이스 안녕 라일리.

라일리 안녕.

라일리가 무심하게 손을 흔들고 밸과 함께 스케이트를 타고 간다.

본부 안

부럽 쟤네가 밸과 함께 있는 건 싫어!

밸 옆에서 스케이트를 타는 라일리 화면

발렌티나 아침 일찍 일어나면 배가 너무 고파!

라일리 그죠? 피자 한 쪽만 먹을 수 있으면 소원이 없겠어요.

발렌티나 그러게 말야!

brusquely 무뚝뚝하게 **alongside** 옆에서, ~와 함께 **right now** 바로 지금

CHAPTER 14

Float Down the Stream of Consciousness

EXT. STREAM OF CONSCIOUSNESS

Joy and the emotions arrive at the stream, calmly flowing away from HQ, full of objects representing Riley's favorite foods, what she is currently thinking about.

JOY See! I told you I'd find it! The Stream of Consciousness!

SADNESS But Joy--

FEAR Whoa, our girl is hungry!

The emotions make it to the edge of the stream.

JOY Hop on something delicious!

SADNESS Joy...

실외. 의식의 흐름

기쁨과 감정들은 강에 도착한다. 강은 본부에서 고요하게 흘러내려오는데 지금 라일리가 생각하고 있는 좋아하는 음식들이 떠내려온다.

기쁨 봐! 내가 찾을 거라고 말했잖아! 의식의 흐름이야!

슬픔 하지만 기쁨아…

소심 와, 우리 애가 배가 고픈가 보네!

감정들이 강가로 다가온다.

기쁨 맛있는 음식에 올라타!

슬픔 기쁨아…

stream 흐름, 물줄기 **consciousness** 의식 **calmly** 조용히, 침착하게 **object** 물건 **represent** 보여주다, 나타내다 **currently** 현재 **hop on** ~에 뛰어오르다

Joy grabs onto a slice of pizza in the stream. Disgust, Fear and Anger hop on and takes a seat on the soft, pillowy comfort of bubbly pizza crust.

DISGUST Ooh, deep dish.

FEAR Oh, and it's still warm!

JOY Extra cheese, baby! Sadness, come on!

Sadness stops her.

SADNESS But I've been trying to tell you. We can't take the tube back, Joy. Someone has to be at the console to recall us.

DISGUST She's right. We'd be stranded.

FEAR Yeah, Anxiety would've thought about that.

The others get off the pizza and Joy lets it go.

JOY Well, I doubt it. Fine, ok. Uh, so-- someone's gonna have to crawl up that tube and go back to headquarters. And at the right moment, bring us back!

Joy points to a recall tube.

기쁨이 강물에 떠내려오는 피자 조각을 붙잡는다. 까칠, 소심, 버럭이 그 위에 올라타 부드럽고 푹신하고 따끈한 피자 껍질 부분에 앉는다.

까칠　　오, 두꺼운 시카고 피자네.

소심　　아직 따끈해!

기쁨　　치즈를 추가한 거야, 좋아! 슬픔아, 얼른 타!

슬픔이 기쁨을 막는다.

슬픔　　계속 말하려고 했는데. 우린 튜브 관을 타고 못 돌아가, 기쁨아. 누가 콘솔로 우릴 소환해야 한다고.

까칠　　슬픔이 말이 맞아. 또 갇힌 신세가 될 뻔했네.

소심　　그래, 불안이라면 그런 것도 생각을 했겠지.

감정들이 피자에서 내려오고 기쁨은 피자를 흘려 보낸다.

기쁨　　그건 아닐 거야. 좋아, 알았어. 그러니까… 누가 저 관을 타고 본부로 돌아가서 적절할 때 우릴 소환하면 되겠다!

기쁨이 기억을 소환하는 튜브 관을 가리킨다.

take a seat 앉다, 착석하다 **pillowy** 푹신한 **bubbly** 거품을 내며 끓고 있는 **crust** (빵의) 껍질 **deep dish** 두툼한 형태의 시카고 피자 **recall** 소환하다 **stranded** 갇힌, 오도가도 못하는 **get off** ~에서 내리다 (보통 버스나 지하철 등과 같이 고개를 숙이지 않고 서서 타고 내리는 교통수단에 사용) **let ~ go** ~를 보내주다 **doubt** 의심하다 **crawl** 기어가다

ANGER (mashing his fists) Oh I'll do it. I'll pound that orange--

JOY I don't think so, Punty.

They all look at Fear.

FEAR Okay, here's the thing-- [62]

JOY You were never an option.

FEAR (sigh of relief) Thank you.

They look at Disgust.

DISGUST You want me to crawl through a tube? In this? Yeah, not happening.

They all stare at Sadness...

SADNESS Oh no! Not me!

JOY Yes! Sadness! You could do it! You know the console better than anybody! You've read the manuals cover to cover. [63]

버럭　　(두 주먹을 불끈 쥐고 허공에 휘두르며) 내가 하지. 이 주먹으로 그 주황색…

기쁨　　그건 안 돼, 주먹질쟁이야.

다들 소심을 바라본다.

소심　　저기, 그러니까 말이야…

기쁨　　넌 애초에 생각도 안 했어.

소심　　(안도의 한숨을 내쉬며) 고마워.

감정들은 까칠을 바라본다…

까칠　　저 관을 기어가라고? 이걸 입고? 됐다 그래.

모두들 슬픔을 바라본다…

슬픔　　안 돼! 나는 아니야!

기쁨　　그래! 슬픔아! 넌 할 수 있어! 네가 콘솔에 대해 제일 잘 알잖아! 설명서도 꼼꼼히 읽었고.

pound 치다, 때리다 **Punty** 걸핏하면 주먹으로 해결하려 드는 버럭이에게 '때리다, 주먹으로 치다'라는 뜻의 동사 punt를 변주해 부른 호칭 **option** 선택사항 **sigh** 한숨 **relief** 안도, 안심 **stare at** ~를 응시하다, 바라보다 **read ~ cover to cover** ~를 정독하다, 열심히 읽다

SADNESS I mean, you say that but I know a lot less about manual 28 chapter 7 'how to recall non-memory objects' than most folks realize...

JOY You're provin' my point for me, Sadness! That sounds like a yes!

Joy looks over and spots two walkie talkies sitting with some construction stuff.

MIND WORKER FRITZ (O.S.) (over walkie) Where is everybody? Are you on break again?!

JOY Ooo! Walkie talkies! Here! Check, check, check. Can you hear me?-- I gotta press the button-- Go for Joy. Copy that. Over. Oh! I love 'em.

She hands one to Sadness.

슬픔 그건 맞지만 난 설명서 28권 제 7장에 있는 '기억이 아닌 것들 소환하기'에 대해서 완벽하게 모른다고…

기쁨 바로 그거야, 슬픔아! 하겠다는 말이구나!

기쁨이 주위를 둘러보더니 건설 장비들 사이에 놓여 있는 무전기 두 개를 발견한다.

기억 처리반 프리츠 (화면 밖 목소리) (무전기로) 다들 어디에 있어? 또 쉬는 거야?!

기쁨 오! 무전기다! 받아! 테스트, 테스트, 테스트. 들려? 버튼을 눌러야 되는군. 기쁨, 응답하라. 알았다. 오버. 오! 이거 너무 좋아.

기쁨이 슬픔에게 무전기를 건넨다.

folk 친구, 사람 **spot** 보다, 발견하다 **walkie talkie** 무전기 **construction** 건설 현장 **stuff** 물건 **on break** 휴식 중인 **Copy that.** 알았다. (무전기에서 쓰는 용어)

JOY (CONT'D) We'll signal you when we get there, and then you bring us back!

JOY ushers SADNESS to the RECALL TUBE.

SADNESS Ohhhhh...

JOY Sadness, it's the fastest way back to Headquarters...

SADNESS Joy, I can't do it. I'm not strong like you are.

JOY I know you, Sadness!

Joy turns Sadness to face her.

JOY You ARE strong! I can't give you specific examples right now but, YOU GOT THIS. [64]

Joy lifts Sadness into the tube.

JOY Just don't look down and keep movin'.

Sadness wiggles through the tube and starts to climb.

SADNESS (terrified, crying) Oh, yeah, I can do it. (crying)

기쁨 (계속) 우리가 거기에 도착하면 무전을 할게. 그럼 네가 우릴 소환해 줘!

기쁨이 기억을 소환하는 튜브 관으로 슬픔을 데려간다.

슬픔 아아아…

기쁨 슬픔아, 이게 본부로 돌아가는 가장 빠른 길이야.

슬픔 기쁨아, 못 하겠어. 난 너처럼 강하지 않아.

기쁨 난 널 알아, 슬픔아!

기쁨은 슬픔을 돌려세워 얼굴을 바라본다.

기쁨 넌 강해! 지금 딱히 구체적으로 이유를 설명할 순 없지만, 넌 할 수 있어.

기쁨이 슬픔을 들어올려 관 속에 넣어준다.

기쁨 밑을 보지 말고 계속 가는 거야.

슬픔이 관 속에서 꿈틀거리며 움직이더니 이내 올라가기 시작한다.

슬픔 (무서워서 울며) 그래, 난 할 수 있어. (계속 운다)

signal 신호를 하다 **usher A to B** A를 B로 데리고 가다, 안내하다 **face** 마주보다, 직면하다 **specific** 구체적인 **You got this.** 할 수 있어. **lift** 들어올리다 **wiggle** 꿈틀꿈틀 움직이다 **terrified** 겁을 먹은

Sadness nods and keeps climbing. The emotions watch her climb up the tube--

JOY (quiet to Anger) She'll be okay, right?

ANGER Eh, 50/50.

WITH RILEY

Val and Riley are sitting on the bench, Val pulls out a power bar.

VALENTINA (eating bar) Mmm. You want one?

IN HQ

ENVY (groan) We hate those things! They taste like cardboard.

EMBARRASSMENT (voc: shrug)

ANXIETY We can't say no to Val!

ENVY Ok, no, you're so right. We eat whatever Val eats!

ANXIETY That's the spirit! [65]

Anxiety heads off.

슬픔은 고개를 끄덕이며 계속 올라간다. 감정들은 슬픔이 관을 타고 올라가는 모습을 지켜본다.

기쁨 (버럭에게 작은 목소리로) 괜찮겠지?

버럭 음, 반반이야.

라일리 화면
밸과 라일리가 벤치에 앉아 있다. 밸이 에너지바 하나를 꺼낸다.

발렌티나 (에너지바를 먹으며) 음. 너도 하나 먹을래?

본부 안

부럽 (신음소리를 내며) 저거 싫어하잖아! 상자 뜯어먹는 맛이야.

당황 (어깨를 으쓱한다)

불안 밸에게 싫다고 할 순 없어!

부럽 그래, 안 되지, 네 말이 맞아. 밸이 먹는 건 다 먹어야지!

불안 바로 그거야!

불안이 자리를 뜬다.

nod 고개를 끄덕이다 **power bar** 에너지바 **cardboard** 판지 (여기서는 판지로 만든 상자를 가리킴) **shrug** 어깨를 으쓱하다 **whatever** 무엇이든 간에 **That's the spirit!** 바로 그거야! **head off** 자리를 뜨다

ENVY Woo!

Anxiety is gathering orange memories off the shelf.

ANXIETY Envy, I think you're really in the zone. [66] Take the wheel, I'll be right back.

ENVY (gasp) She picked me! She picked me! Did you see that, Ennui? She picked me!

ENNUI You care too much about things.

WITH RILEY

Riley agrees and takes the Power bar for a bite. She tries to hide her dislike.

RILEY (mouth full) Mmmmm. It's got a very interesting texture. It tastes like... What does it remind me of? Um...

WITH JOY

The emotions run back towards the stream. Joy watches gross food float down the river.

JOY Cardboard? Asparagus? Broccoli? What are they doing to her up there?!

부럽 우후!

불안은 선반에서 주황색 기억들을 모은다.

불안 부럽아, 넌 정말 잘하고 있어. 콘솔을 맡아줘. 곧 돌아올게.

부럽 (허걱 놀라며) 불안이가 날 선택했어! 내가 뽑힌 거야! 봤지, 따분아? 나를 선택했다고!

따분 넌 사소한 거에 너무 목숨 거는 스타일이야.

라일리 화면
먹겠다고 응하는 라일리, 에너지바를 받아 한 입 베어 문다. 싫은 티를 내지 않으려고 한다.

라일리 (입안이 가득 차서) 음… 질감이 참 특이하네요. 맛이… 뭐가 생각나는데…

기쁨 화면
감정들이 다시 강으로 돌아온다. 기쁨은 역겨운 음식들이 떠내려오는 광경을 바라본다.

기쁨 상자? 아스파라거스? 브로콜리? 저기서 라일리한테 무슨 짓을 하는 거지?!

shelf 선반 **You're in the zone.** 잘하고 있어. (칭찬의 말) **take the wheel** 운전대를 잡다, 운전하다 **pick** 선택하다 **care** 신경쓰다 **bite** 한 입 베어 물기 **dislike** 혐오, 싫어함 **texture** 질감, 촉감 **remind A of B** A에게 B를 생각나게[떠오르게] 하다 **gross** 역겨운

A giant broccoli floret floats by. Anger grabs it.

ANGER I don't know but we have to go.

DISGUST No. No way am I step--

ANGER We have to! Riley needs us!

DISGUST (frustrated) Ok fine.

Disgust steps onto the squishy broccoli, totally disgusted.

DISGUST Ew! Ew! Gross!

Fear follows. Joy jumps onto the boat. The broccoli boat tosses and turns. The emotions hold on for dear life.

DISGUST (grossed out) I think I'm gonna be sick!

The emotions float down the stream on the wobbly broccoli towards the Sense of Self in the distance.

거대한 브로콜리 머리 부분이 떠내려오자 버럭이 붙잡는다.

버럭 나도 몰라. 지금 가야 해.

까칠 됐다 그래. 난 절대 타지…

버럭 가야 된다고! 라일리는 우리가 필요해!

까칠 (짜증내며) 알았어.

까칠이 질퍽한 브로콜리에 올라타고 매우 역겨워한다.

까칠 윽! 으웩! 역겨워!

소심이 그 뒤를 따르고 기쁨도 브로콜리 배에 뛰어든다. 브로콜리 배가 요동친다. 감정들은 필사적으로 버틴다.

까칠 (역겨워하며) 토할 것 같아!

감정들이 요동치는 브로콜리를 타고 저 멀리 자아가 있는 곳으로 떠내려간다.

floret (꽃처럼 생긴 채소의 한 조각에서) 머리 부분, 꽃 부분 grab 붙잡다 frustrated 짜증난, 낙담한 squishy 질퍽한 disgusted 비위에 거슬리는 Gross! 역겨워! toss and turn 요동치다 for dear life 필사적으로 grossed out 역겨워하는 be sick 토하다 float down 떠내려가다 wobbly 흔들거리는 in the distance 저 멀리서

INT. BELIEF SYSTEM

Anxiety throws the memories she collected into the stream and they grow into new beliefs. Anxiety plucks one of them--

RILEY (V.O.) (in belief) If I'm good at hockey, I'll have friends.

INT. HQ

Anxiety's Sense of Self grows a bit stronger.

EXT. BACK OF THE MIND

The old Sense of Self sinking further into the pile of memories.

INT. ICE RINK—NIGHT

Val shoots the puck over to Riley who scores on Bree.

VALENTINA Ok, Miss Riley!

ALLY Way to go, Michigan!

DANI Nice one, Michigan!

실내. 신념 저장소

불안이 본부에서 모아온 기억들을 강에 집어넣자 새로운 신념으로 자라난다. 불안이 신념 하나를 튕겨보는데…

라일리 (신념의 목소리) 하키를 잘하면 친구가 생길 거야.

실내. 본부

불안의 자아가 더 강해진다.

실외. 기억의 저편

예전 자아가 기억 더미 속으로 더 깊이 가라앉는다.

실내. 아이스하키 경기장—밤

밸이 퍽을 라일리에게 패스한다. 라일리는 브리가 지키고 있는 골대에 골을 넣는다.

발렌티나 좋았어, 라일리 양!

앨리 잘하네, 미시간!

대니 좋은 슛이야, 미시간!

pluck (줄, 또는 악기의 현을) 튕기다 **be good at** ~을 잘하다, ~에 능숙하다 **sink** 가라앉다 **further** 점점 더 **Way to go!** 잘한다! 그 거야!

A whistle blows. Riley looks over as Coach writes in her red notebook.

COACH ROBERTS Alright ladies, great day today. Take it easy tonight.

IN HQ

ANXIETY Yes! This is the moment we've been waiting for: party time with Val and our future besties!

호루라기 소리가 들린다. 라일리는 코치가 빨간 수첩에 무언가 끄적이는 것을 본다.

로버츠 코치 그만! 다들 오늘 잘했어. 밤에 좀 쉬도록 해.

본부 안

불안 그래! 우리가 기다리던 순간이 왔어. 밸과 미래 절친들하고 파티하는 거야!

blow 불다 **take it easy** 쉬다 **bestie** 가장 친한 친구 (= best friend)

CHAPTER 15

Making New Friends Is Hard

INT. RINK HALLWAY NEAR COACH'S OFFICE

Riley leaves the locker room, back in her normal clothes, heads down the hallway with the Fire Hawks. They pass Coach's office and stop when the team sees Coach's red notebook on her desk.

SOFIA Hey wait.

IN HQ

ANXIETY Why are we stopping? What's going on?

WITH RILEY

DANI (ominous) There it is. The red notebook.

VALENTINA Don't say it like that. You'll freak her out.

실내. 코치실 옆 경기장 복도

평상복으로 갈아입고 라커룸을 나오는 라일리, 파이어호크 팀원들과 복도를 걸어간다. 코치실을 지나다가 팀원들은 책상에 놓여 있는 코치의 빨간 수첩을 보고 멈춰 선다.

소피아 얘들아, 잠깐.

본부 안

불안 왜 멈추는 거야? 무슨 일이지?

라일리 화면

대니 (불길한 말투로) 저거다. 그 유명한 빨간 수첩.

발렌티나 그렇게 말하지 마. 얘 겁먹잖아.

normal 일상의 **hallway** 복도 **ominous** [ámənəs] 불길한 **freak ~ out** ~를 겁주다

RILEY Why would it freak me out?

DANI Um, only because everything Coach thinks about you is in there. The good and the bad.

SOFIA Whether she wants you on the team...

DANI Or not.

VALENTINA You guys! Too much.

SOFIA What? It's the truth.

DANI It's not wrong.

The girls keep walking but Riley stays and stares at it.

IN HQ

Envy eyes the notebook on her desk.

ENVY What do you think she's written about us?

라일리 겁을 먹다뇨?

대니 코치님이 너에 대해 생각하는 게 다 저기에 있어. 좋은 거, 나쁜 거 다.

소피아 너를 팀에 뽑을 건가…

대니 아닐 건가.

발렌티나 너희들! 너무하잖아.

소피아 왜? 사실이지.

대니 틀린 말은 아니잖아.

아이들은 계속 걸어가지만 라일리는 그 자리에 서서 수첩을 바라본다.

본부 안
부럽 역시 책상 위에 있는 수첩을 바라본다.

부럽 코치님이 우리에 대해 뭐라고 쓰신 걸까?

whether ~인지 아닌지 keep -ing 계속 ~하다 stare at ~를 바라보다 eye 응시하다

ANXIETY I don't know! Do you think it's bad?!

ENVY Well, I didn't until now! What if she's made a list of all her favorite players and we're not on it?

ANXIETY Or a list of all the worst players and we're at the top?

ENVY Or worse we're not on either list and we fade into obscurity!?

Ennui interrupts them.

ENNUI Um, sorry to interrupt you but, they're walking away. [67]

ENVY We're losing them, we're losing them!

EXT. CAMPUS PATHWAY

Riley rushes to keep up with the Fire Hawks.

ANXIETY (O.S.) Ok. First big hang with the group. We just gotta act casual.

Riley follows them across the campus towards the dorm. Close up on Riley, her arms swinging as she walks...

불안　　나도 몰라! 나쁜 건 아니겠지?!

부럽　　글쎄, 지금 보니까 그럴 수도 있겠네! 코치님의 최애 선수 명단에 우리가 없으면 어떡하지?

불안　　아니면 제일 못하는 선수 명단에 우리가 맨 위에 있으면?

부럽　　더 나쁠 수도 있지. 아무 명단에도 못 들어서 흐지부지 끝날 수도 있잖아!?

따분이 이들의 말을 끊는다.

따분　　저기 말 끊어서 미안한데, 쟤들 가잖아.

부럽　　놓치겠어, 놓친다고!

실외. 캠퍼스 길

라일리가 황급히 파이어호크 선배들을 따라잡는다.

불안　　(화면 밖 목소리) 자. 첫 단체 모임이라고. 대수롭지 않게 행동해야 해.

라일리는 선배들을 따라 캠퍼스를 가로질러 기숙사로 향한다. 팔을 흔들며 걷고 있는 라일리의 모습이 클로즈업 된다…

make a list of ~ 목록을 작성하다 **fade** 서서히 사라지다 **obscurity** 애매한 상태, 불분명 **interrupt** 말을 가로막다, 방해하다
keep up with ~를 따라잡다 **hang** 어울려 놀기 **casual** 평범한 **dorm** 기숙사 **swing** 흔들다

ANXIETY (O.S.) Uh, why do our arms swing like this when we walk?

ENVY (O.S.) Try to keep them still.

Riley doesn't move her arms.

ANXIETY (O.S.) That looks crazy!

ENVY (O.S.) Okay. We'll walk like Dani! Her arms have rhythm!

Riley mimics the way Dani walks, but it looks really weird.

ANXIETY (O.S.) No, you're making it worse!

ENVY (O.S.) Well, that wasn't my intention. I'm sorry for trying something!

ENNUI (O.S.) Uh, what did you think pockets are for?

Riley puts her hands in her pockets.

ENVY Oh, that's good.

ANXIETY Oh Ennui, I am very proud of you.

Riley trails behind, watching Val laugh with her friends.

불안 (화면 밖 목소리) 어, 걷는데 팔은 왜 이렇게 흔드는 거야?

부럽 (화면 밖 목소리) 고정시켜봐.

라일리가 팔을 움직이지 않는다.

불안 (화면 밖 목소리) 이상해!

부럽 (화면 밖 목소리) 그럼 대니처럼 걸어봐. 팔에 리듬이 있잖아!

라일리가 대니의 걸음을 흉내내지만 더 이상하게 보인다.

불안 (화면 밖 목소리) 하지 마, 더 이상하다고!

부럽 (화면 밖 목소리) 그런 의도가 아니었는데. 뭔가 하려고 해서 미안해!

따분 (화면 밖 목소리) 어, 주머니는 뒀다 뭐 하니?

라일리가 양손을 주머니에 찔러 넣는다.

부럽 오, 좋아.

불안 따분아, 네가 정말 자랑스러워.

뒤에서 따라가던 라일리는 밸이 친구들과 크게 웃는 광경을 본다.

still 정지한, 움직이지 않는 **mimic** 흉내내다 **weird** 이상한 **intention** 의도 **be proud of** ~를 자랑스러워하다 **trail behind** 뒤에서 따라가다

ENVY (O.S.) What are they laughing about? Does anyone know what cool people laugh about?

ANXIETY I don't know. We were too focused on the arms thing. Just pretend we get the joke.

Anxiety drives. Riley lets out a big fake laugh. Embarrassment face palms and hits the console. It glows pink.

EMBARRASSMENT (voc: oh no)

Riley's laugh peters out into awkwardness. The girls turn away.

EXT. STREAM OF CONSCIOUSNESS

Everyone trying to balance on a very unstable broccoli boat.

ANGER Quit moving, ok?!

FEAR Joy! Anger is taking up the floret!

ANGER Fear, what is the matter with you? [68]

Fear struggles to balance.

FEAR I don't like this vessel.

부럽 (화면 밖 목소리) 뭐가 웃긴 거지? 잘 나가는 친구들이 뭐 때문에 웃는지 아는 사람?

불안 나도 몰라. 팔 흔드는 거에 정신이 팔려서. 그냥 농담이 재미있는 척 해.

불안이 콘솔을 조종한다. 라일리가 큰 소리로 웃는 척한다. 당황이 얼굴을 감싸쥐고 콘솔에 부딪힌다. 콘솔이 핑크색으로 빛난다.

당황 ("이런, 안 돼")

분위기가 싸해지는 것을 느낀 라일리, 웃음소리가 줄어든다. 선배들이 고개를 돌린다.

실외. 의식의 흐름

모두들 휘청거리는 브로콜리 배 위에서 균형을 잡으려고 안간힘을 쓴다.

버럭 그만 움직이라고?!

소심 기쁨아! 버럭이가 브로콜리 머리를 다 차지하고 있어!

버럭 소심아, 도대체 왜 그러는 거야?

소심이 균형을 잡으려고 애를 쓴다.

소심 이 배가 마음에 안 들어.

focused on ~에 집중하는 **pretend** ~인 척하다 **get the joke** 농담을 이해하다 **let out** 입 밖으로 내놓다 **fake** 가짜의 **palm** 손바닥 **glow** 빛나다 **peter out** 점차 작아지다 **awkwardness** 어색함 **balance** 균형을 잡다 **unstable** 불안정한 **take up** 차지하다 **floret** (꽃처럼 생긴 채소의 한 조각에서) 머리 부분, 꽃 부분 **struggle to do** 애써서 ~하다, ~하려고 고군분투하다 **vessel** (대형) 배, 선박

JOY Well, that's all we have.

ANGER How much longer 'til we get there? [69]

JOY We'll get there when we get there. [70]

FEAR I bet Anxiety would know how long. Down to the minute.

JOY Well, she just knows everything, doesn't she?

FEAR Look-- I don't like her words and I do not like her actions. I just think I can change her.

JOY You know what!

Joy resists the urge to scream and bottles it up.

JOY Who likes banana bread? Show of hands! [71]

INT. DORM REC ROOM

WITH RILEY

Riley and the girls are now in a common area with a foosball table, couches, etc.

기쁨 지금은 이것밖에 없잖아.

버럭 얼마나 더 가야 되는 거야?

기쁨 도착하면 하는 거야.

소심 불안이라면 얼마나 가야 하는지 확실히 알 걸. 걔는 분 단위로 계획했을 거야.

기쁨 불안이는 다 안다는 거니?

소심 있잖아… 나도 걔 말이나 행동이 마음에 안 들어. 하지만 내가 바꿀 수 있을 것 같아.

기쁨 저기 말이야!

기쁨은 소리를 지르고 싶지만 꾹 참는다.

기쁨 바나나 빵 좋아하는 사람 손!

실내. 기숙사 휴식 공간

라일리 화면

라일리와 선배들이 미니 축구 테이블, 소파 등이 갖춰진 공용 휴식 공간에 있다.

down to ~에 이르기까지 **action** 행동 **resist** 저항하다 **urge** 충동 **bottle it up** 억누르다, 봉쇄하다 **common area** 공용 공간 **foosball table** 테이블 축구 게임기 **couch** 소파

VALENTINA Aw heck yes. I love this song.

DANI I'm going to add this to the hype playlist.

VALENTINA Oh, will you share that with me? I still listen to the one you made last year.

ALLY SO Michigan, who's your favorite band?

RILEY Uh...

IN HQ

ANXIETY Everyone's staring at us. There is only one right answer to this question!

WITH RILEY

발렌티나 아, 좋아. 나 이 노래 너무 좋아.

대니 이거 핫한 노래 목록에 추가해야겠다.

발렌티나 나한테도 공유해줄래? 작년에 네가 만들어 준 거 아직도 듣고 있거든.

앨리 미시간, 네 최애 밴드는 누구니?

라일리 어…

본부 안

불안 다들 우릴 쳐다보고 있어. 이 질문에는 이게 정답이지!

라일리 화면

hype 쿨한, 멋진 **add A to B** A를 B에 추가하다 **share A with B** A를 B와 공유하다

RILEY Oh, Get Up and Glow! They're so awesome!

VALENTINA Get Up and Glow! I was all over them in middle school.

DANI Are you serious?

VALENTINA Yeah, I was a glow girlie, relax.

Riley hears that as more insulting than Val meant it.

IN HQ

Embarrassment drives then faints.

EMBARRASSMENT (voc: fainting)

ENVY No! We need a band they think is cool. Not one we actually like.

ANXIETY Quick! Recall everything we know about music!

Anxiety hits a button on the console.

WITH SADNESS

Crawling through the tube, when it suddenly turns on... The tube turns on.

라일리 오, 겟업 앤 글로우요! 너무 멋져요!

발렌티나 겟업 앤 글로우! 나도 중학교 때 광팬이였지.

대니 진짜?

발렌티나 그래, 한때 나도 글로우 걸이었다고, 진정해.

그 말을 듣고 라일리는 밸의 의도와 달리 창피함을 크게 느낀다.

본부 안

콘솔을 조종하던 당황이 바닥에 쓰러진다.

당황 (쓰러진다)

부럽 이런! 쟤들이 핫하다고 생각하는 밴드가 필요해. 우리가 실제로 좋아하는 밴드 말고.

불안 빨리! 음악에 대해 알고 있는 걸 다 소환해봐!

불안이 콘솔에 있는 버튼을 누른다.

슬픔 화면

슬픔이 관 속을 기어가고 있는데 갑자기… 관이 작동하기 시작한다.

awesome 멋진 **relax** 진정하다 **insulting** 모욕감을 주는, 창피한 **faint** 쓰러지다 **recall** 소환하다 **crawl** 기어가다

SADNESS Uh oh.

She flies off towards HQ! Memories follow behind her.

SADNESS Ahhhhh!!

RIGHT OVER THE HQ RECALL she braces herself from falling in as MEMORIES HIT HER IN THE BOOTY! But they push her forward!

SADNESS Ahhhhhh!

IN HQ

ENVY We have to know one cool song, right?

Behind the new emotions - SADNESS SHOOTS OUT OF THE TUBE AND IS BURIED IN MEMORY BALLS. New emotions look back but don't see her. A music memory drops into recall.

슬픔 어 오.

슬픔이 본부로 빨려 들어간다! 그 뒤로 기억들도 빨려간다.

슬픔 아아아아아!!

본부로 소환이 되기 직전에 슬픔은 떨어지지 않으려고 안간힘을 쓰며 버티고 있다. 그러나 소환된 기억들이 그녀의 엉덩이로 날아와서 부딪히자 앞으로 밀려간다!

슬픔 아아아아아아!

본부 안

부럽 핫한 노래 하나만 알면 되는데, 그치?

새 감정들 뒤로 슬픔이 관에서 떨어져 기억의 공 속에 파묻힌다. 이들이 뒤를 돌아보지만 슬픔을 보지 못한다. 음악 기억 하나가 소환된다.

fly off 날아가다 **brace** 버티다, 대비하다 **booty** 엉덩이 **forward** 앞으로 **out of** ~에서부터

TRIPLE-DENT GUM SONG (from memory) Triple-dent Gum Will Make You Smile...

We see the commercial on the screen in HQ.

ANXIETY Ugh! Embarrassment, get that out of here! (walla) Come on, there's gotta be something in here... something better... Something cool. Ugh no not that.

ENVY (walla) I'm looking! I'm looking!

We see Sadness hiding behind the pile. She slips off somewhere while the others are distracted by the gum song.

SADNESS (to herself) Whew.

Envy goes to explore the pile.

ENVY This is the best we have! And it's mostly jingles and Dad's yacht rock.

WITH RILEY

Dani looks to Riley.

DANI But I mean, you don't still like Get up and Glow, do you?

트리플덴트 껌 광고 노래 (과거 기억에서) 트리플덴트 껌, 미소 짓게 해요…

본부 화면에 광고가 뜬다.

불안 으악! 당황아, 저거 치워! (중얼거리며) 제발, 여기에 뭔가 있을 거야… 더 좋고… 핫한 거. 아니, 그거 말고.

부럽 (중얼거리며) 나도 찾고 있어! 찾고 있다고!

슬픔은 기억 더미 뒤로 숨는다. 감정들이 껌 광고 노래에 정신이 팔린 사이에 슬픔은 슬그머니 어딘가로 빠져나간다.

슬픔 (혼잣말로) 휴.

부럽이 기억들을 뒤진다.

부럽 이게 최상이야! 광고 노래 아니면 아빠의 옛날 록 음악밖에 없어.

라일리 화면
대니가 라일리를 바라본다.

대니 근데 아직도 겟업 앤 글로우를 좋아한다는 건 아니지?

commercial 광고 **walla** 중얼거리며 **slip off** 슬그머니 사라지다, 미끄러지다 **distracted** 정신이 팔린, 집중하지 못하는 **explore** 뒤지다 **jingle** 중독성이 있는 광고 등의 노래 **yacht rock** 1970년대 후반에서 1980년대 초반에 유행했던 부드러운 멜로디의 록 음악 **still** 아직도

IN HQ

ANXIETY Okay. Don't panic. What do we do?!

Ennui slides off the couch onto the floor, then flops upright.

ANXIETY (CONT'D) (spiraling in the back) If we don't like their music, we have nothing to offer these girls. We'll be outed as the imposter that we obviously are--

Ennui steps up to the console and pushes Anxiety aside.

ENNUI (scoff) Pardon. Excuse-moi. I've been waiting my whole life for this very moment.

...and presses a button.

WITH RILEY

RILEY (sarcastic laughing) Oh yeah, I loooove Get Up and Glow.

본부 안

불안 자. 당황하지 마. 이제 어떻게 하지?!

따분이 소파에서 바닥으로 미끄러지듯 내려와 흐느적거리며 일어선다.

불안 (계속) (뒤에서 정신없이 움직이며) 선배들의 음악을 좋아하지 않으면 할 말이 없는 거지. 우린 분명 사기꾼 소리를 들으면서 쫓겨날 거야…

따분이 콘솔로 다가가더니 불안을 밀어낸다.

따분 (비웃으며) 실례. 난 평생 이 순간을 기다렸다고.

… 따분이 버튼을 누른다.

라일리 화면

라일리 (비아냥거리듯 웃으며) 그래요. 겟업 앤 글로우 정~말 끝~내주죠.

panic 당황하다 **flop** 흐느적거리며 움직이다 **upright** 똑바른, 수직의 **spiral** 나선형으로 움직이다, (조급하게) 이리저리 움직이다
offer 제공하다 **out** 쫓아내다 **imposter** 사기꾼 **obviously** 분명히, 확실히 **aside** 옆으로 **sarcastic** 비아냥거리는

CHAPTER 16

Sar-chasm

EXT. STREAM OF CONSCIOUSNESS

The ground crumbles as a Sar-chasm opens up. Stuff falls in. On Joy and others in the boat, looking up... Then structures fall ahead of them. It's seismic.

RILEY (V.O.) (sarcastic echo) I love Get Up and Glow.

The emotions see a giant chasm opening up ahead. A Grand Canyon forming before their very eyes.

ANGER/DISGUST/FEAR/JOY Ahhh!! / Oh no! / No!

They all see it too. The stream waterfalls into it. The boat speeds towards the edge.

JOY Abandon broccoli!

실외. 의식의 흐름

비아냥 대협곡이 갈라지면서 땅이 무너진다. 물건들이 갈라진 틈 아래로 떨어진다. 브로콜리 배에 있는 기쁨과 감정들이 위를 올려다 보는데… 구조물들이 이들 앞에 무너져 내린다. 마치 지진이 발생한 듯하다.

라일리 (목소리) (비아냥거리는 말투로 울려 퍼지며) 겟업 앤 글로우 정~말 끝~내주죠.

감정들 앞으로 거대한 틈이 벌어지고 있다. 그들 눈앞으로 그랜드캐니언 같은 협곡이 생긴다.

버럭/까칠/소심/기쁨 아아아아!! / 안 돼! / 이런!

이들도 협곡을 목격한다. 강물이 폭포처럼 급격하게 떨어진다. 브로콜리 배가 폭포 절벽 끝을 향해 빠른 속도로 이동한다.

기쁨 브로콜리를 버려!

crumble 무너지다, 바스러지다 **stuff** 물건 **seismic** [sáizmik] 지진의 **sarcastic** 비아냥거리는 **echo** 메아리 **chasm** 협곡, 깊게 갈라진 틈 **form** 형성되다, 생기다 **before one's very eyes** 바로 눈앞에 **waterfall** 폭포수처럼 떨어지다 **speed** 빠르게 움직이다 **edge** 가장자리 **abandon** 버리다

Our crew jumps for the shore as the boat careens into the abyss. Joy tosses Anger ashore. Joy jumps but doesn't make it. She grabs onto the edge with one hand and looks down to see the broccoli boat fall into the abyss, making the same iconic splash as when she tossed the championship memory into the belief system.

DISGUST Joy!

ANGER Give us your hand! Come on!

Anger and Disgust help Joy back up.

FEAR What is that?!

A nearby Mind Worker drives by in a golf cart.

MIND WORKER That's a Sar-chasm. It could open for miles! Run for your lives!

The worker speeds away.

DISGUST Sar-chasm...? Really?

RILEY (sarcastic echo) Get Up and Glow is my favorite band.

감정들이 강가로 뛰어내리자 브로콜리 배가 빠른 속도로 밑으로 빨려 들어간다. 기쁨이 버럭을 강가로 던진 후 풀쩍 뛰어보지만 제대로 강가에 착지하지 못한다. 한 손으로 가까스로 절벽을 잡고 아래를 내려다보는 기쁨. 브로콜리 배가 저 아래로 떨어진다. 신념 저장소에 우승 기억을 던져 넣을 때처럼 브로콜리도 물속으로 첨벙하고 사라진다.

까칠 기쁨아!

버럭 손을 잡아! 어서!

버럭과 까칠은 기쁨을 끌어올린다.

소심 저건 뭐야?!

근처의 기억 처리반이 골프 카트를 타고 지나간다.

기억 처리반 비아냥 대협곡이야. 아주 큰 협곡이지! 살고 싶으면 도망쳐!

처리반은 재빨리 자리를 뜬다.

까칠 비아냥 대협곡…? 말도 안 돼!

라일리 (비아냥거리는 말투로 울려 퍼지며) 겟업 앤 글로우는 내 최~애 밴드에요.

shore 강가 **careen** 빠른 속도로 (위태롭게) 달리다 **abyss** 깊은 구렁 **toss** 던지다 **ashore** 기슭에, 기슭으로 **iconic** 상징이 되는 **splash** 첨벙 빠짐 **nearby** 근처의

JOY But she loves Get Up and Glow! They choreograph their own dances!

Fear walks in panic circles.

FEAR Ok Joy, if we can't follow the Stream, we don't know where we're going! And if we don't know where we're going, we can't follow the Stream! It is an endless loop of tragedy and consequence!

JOY Or we could just ask those guys.

She points to some MIND WORKERS across the chasm operating a crane.

FEAR Oh yeah or that.

They all wave to the MIND WORKERS.

JOY Boy, are we so lucky we ran into you guys!

From the crane workers' POV, Joy's words echo into the chasm and become sarcastic.

JOY (sarcastic echo) Boy, are we sooo lucky we ran into you guys.

기쁨 하지만 라일리는 겟업 앤 글로우를 좋아하잖아! 친구들하고 안무도 짰으면서!

소심이 겁에 질려 왔다갔다한다.

소심 기쁨아, 의식의 흐름을 따라갈 수 없으면 어디로 가는지를 모르잖아! 어디로 가는지를 모르면 흐름을 따라갈 수 없고! 이건 비극의 악순환이야!

기쁨 저 사람들에게 물어보면 되지.

기쁨은 협곡 건너편에서 기중기를 운전하고 있는 기억 처리반을 가리킨다.

소심 그래, 그래도 되겠네.

그들이 기억 처리반에게 손을 흔든다.

기쁨 어머, 당신들을 만나다니 정말 행운이네요!

기중기를 운전하는 처리반에게는 협곡을 지난 기쁨의 말이 비아냥대는 말투의 메아리로 들린다.

기쁨 (비아냥대는 말투로 울려 퍼지며) 이런, 당신네를 만나다니 정~말 운이 좋다고 해두죠.

choreograph 안무를 짜다 **in panic** 겁에 질려 **endless** 끝없는 **loop** 순환 **tragedy** 비극 **consequence** 결과 **point to** ~를 가리키다 **operate** 운전하다, 작동하다 **crane** 건설용 기중기 **wave** 손을 흔들다 **boy** 어머, 와 (감탄사) **run into** 우연히 만나다 **POV** 관점, 시점 (= point of view) **echo** 메아리치다 (명사, 동사로 모두 쓰임) **chasm** 협곡

MIND WORKER FRITZ Huh?

Back on the other side, Fear calls over.

FEAR Please! We really need your help!

From the mind workers' POV:

FEAR (sarcastic echo) We reaallllly need your helllp.

MIND WORKER 2 What's their problem?

Disgust steps up.

DISGUST Guys, you just gotta turn on the charm. (calling out) Hey...

From the mind workers' side...

기억 처리반 프리츠　엥?

맞은 편에서 소심도 크게 소리친다.

소심　제발! 당신들의 도움이 정말 필요해요!

기억 처리반의 시점에서:

소심　(비아냥대는 말투로 울려 퍼지며) 정~말 당신네들 도움이 필요할려나~.

기억 처리반 2　왜 저런데?

이번엔 까칠이가 나선다.

까칠　얘들아, 매력 발산을 해야지. (크게 소리치며) 이봐요…

기억 처리반 쪽에서는…

step up 나서다 turn on the charm 매력을 발산하다 call out 큰 소리로 부르다

DISGUST (sarcastic echo) I bet you're the best crane crew in the world.

The mind workers look aghast. A beat.

MIND WORKER FRITZ Wow. Those guys are jerks.

Our crew watches the mind workers turn the crane around and drive off...

ANGER Wow. Those guys are jerks.

WITH RILEY

RILEY (sarcastic) Oh yeah, Get Up and Glow is so awesome.

BREE Riley, what are you talking about? You love Get Up and Glow.

Riley turns to see Bree and Grace have just arrived.

RILEY Oh, uh, hey guys.

IN HQ

ENVY No, why are our best friends always trying to hang out with us?!

까칠　(비아냥대는 말투로 울려 퍼지며) 당신네들이 제~일 잘 나가는 기중기 운전산가 본데.

기억 처리반의 표정이 일그러진다. 정적이 흐른다.

기억 처리반 프리즈　와. 완전 또라이들이네.

감정들은 기억 처리반이 기중기를 돌리고 자리를 뜨는 광경을 바라본다…

버럭　와. 완전 또라이들이네.

라일리 화면

라일리　(비아냥거리는 말투로) 그래요, 겟업 앤 글로우 정~말 죽여주죠.

브리　라일리, 무슨 말이야? 너 겟업 앤 글로우 좋아하잖아.

라일리는 고개를 돌려 막 들어온 브리와 그레이스를 본다.

라일리　오, 어, 안녕 애들아.

본부 안

부럽　이런, 왜 우리 친구들은 늘상 같이 못 놀아서 안달이지?!

crew 크루 (팀, 팀 동료) aghast 아연실색한 beat 정적 jerk 바보, 또라이 arrive 도착하다 hang out 어울려 놀다

WITH RILEY

GRACE Come on Riley, we JUST went to their concert.

Riley looks from her old friends to her new friends, caught in between.

RILEY Well, yeah. I mean sure. But like--

BREE But what?

GRACE We had a great time.

IN HQ

ANXIETY Grace, you are not helping.

WITH RILEY

RILEY (sarcastic) Oh yeah, we had a great time.

Bree and Grace frown.

WITH JOY

RILEY (V.O.) (sarcastic echo) Yeah, we had a great time.

라일리 화면

그레이스 그래 라일리, 얼마 전에 같이 콘서트도 갔잖아.

옛 친구들을 바라보던 라일리가 고개를 돌려 새 친구들을 바라본다. 중간에서 입장이 난처하다.

라일리 그게, 그랬지. 물론이야. 하지만…

브리 하지만 뭐?

그레이스 재미있게 놀았잖아.

본부 안

불안 그레이스, 넌 도움이 안 돼.

라일리 화면

라일리 (비아냥거리는 말투로) 그래, 재~미있게 놀았더랬지.

브리와 그레이스가 인상을 쓴다.

기쁨 화면

라일리 (목소리) (비아냥대는 말투로 울려 퍼지며) 그래, 재~미있게 놀았더랬지.

in between (둘) 사이에, 중간에 frown 인상을 쓰다

Joy reacts. The chasm gets bigger.

JOY Why can't they just leave her alone?

ANGER What are we gonna do now, Joy?!

She tries to maintain their faith in her.

JOY We go the long way! Which is the best way! Stretch those hammies, Anger! Let's go!

Joy and the emotions head to find a path around the Sar-Chasm.

WITH RILEY

The girls are still laughing at whatever Riley just said. Bree and Grace look upset.

RILEY (sarcastic) Best night of my life...

GRACE Well, this has been really fun.

기쁨은 화를 낸다. 협곡이 더 커진다.

기쁨 재들은 라일리를 좀 그냥 내버려두면 안 되나?

버럭 기쁨아, 이제 어떻게 하지?!

기쁨은 다른 감정들의 신뢰를 지키려고 노력한다.

기쁨 먼 길로 돌아가야지! 그게 최선의 방법이야! 버럭아, 종아리 잘 풀어놔! 가자!

기쁨과 다른 감정들은 비아냥 대협곡을 돌아서 갈 수 있는 길을 찾아 나선다.

라일리 화면
선배들이 라일리의 말에 계속 깔깔대며 웃고 있다. 브리와 그레이스는 화가 난 표정이다.

라일리 (비아냥거리는 투로) 내 인생 최~고의 밤이었던가…

그레이스 진짜 웃기네.

react 반응하다 **leave someone alone** ~를 내버려두다 **maintain** 지키다 **faith** 신념, 믿음 **stretch** 스트레칭하다 **hammies** 햄스트링, 다리 근육 (= hamstrings) **upset** 화가 난

BREE Extremely. But, we're gonna go now.

Bree and Grace shoot a look back to Riley as they leave.

RILEY Okay bye!

Riley watches her friends leave. Then turns back to the other girls.

RILEY Oh! This is the best band ever!

NOUR Okay Riley!

ALLY Michigan knows what's up!

IN HQ

An orange memory rolls out. Anxiety takes it and watches it: the Fire Hawks laughing at Bree and Grace's expense.

ANXIETY See, as long as we like what they like, we have all the friends we need.[73]

WITH RILEY

RILEY/FIRE HAWKS (laughing walla)

브리 그러게. 우린 갈래.

브리와 그레이스는 자리를 뜨면서 라일리를 쏘아본다.

라일리 그러시던가, 잘 가!

라일리는 친구들이 나가는 모습을 바라본다. 그리고 이내 다른 아이들에게 고개를 돌린다.

라일리 오! 이 밴드 정말 최고예요!

노어 맞아, 라일리!

앨리 미시간이 뭘 좀 아네!

본부 안
주황색 기억이 굴러 나오자 불안이 손에 쥐고 바라본다. 파이어호크 팀이 브리와 그레이스를 비웃는 장면이 보인다.

불안 거봐, 남들이 좋아하는 걸 따라 좋아하면 원하는 친구를 다 사귈 수 있어.

라일리 화면

라일리/ 파이어호크 팀 (웃으며 웅성인다)

extremely 진짜로, 매우 **shoot a look** 쏘아보다 **laugh at someone's expense** (수고, 노고, 희생에 대해) ~를 비웃다
as long as ~하는 한 **walla** 웅성이는 소리

VALENTINA Well, I think I'm calling it a night. [74]

RILEY Oh? Really?

VALENTINA Yeah, it's late. Plus, I think you'll wanna get some sleep before tomorrow's scrimmage.

RILEY What scrimmage?

Val sits back down.

VALENTINA Eh, it's just something Coach always does on the last day.

DANI It's how Val made the team as a freshman.

VALENTINA Don't tell her that.

DANI Val scored two goals. No freshman has ever done that.

VALENTINA Dani stop--

ALLY Technically it's not your tryout for next year but it basically is.

VALENTINA You'll do great. Just be yourself.

발렌티나 난 이제 들어갈래.

라일리 어, 정말요?

발렌티나 응, 너무 늦었어. 그리고 내일 연습경기가 있으니까 너도 자는 게 좋겠어.

라일리 연습경기요?

밸이 다시 소파에 앉는다.

발렌티나 코치님이 마지막 날에 항상 하는 거야.

대니 그것 때문에 밸이 신입생 때 팀에 뽑힌 거지.

발렌티나 그 이야기는 접어둬.

대니 밸이 두 골이나 넣었지. 그런 신입생이 없었거든.

발렌티나 대니, 그만 좀 해—

앨리 이게 내년 정식 입단 테스트는 아니지만, 그거나 마찬가지야.

발렌티나 넌 잘할 거야. 그냥 너답게 해.

call it a night 그만하다 **plus** 게다가 **scrimmage** 연습경기 **make the team** 팀에 들어가다 **technically** 엄밀히 따지만, 사실상 **tryout** (선수) 선발 테스트 **basically** 요컨대, 기본적으로

Val and Riley fist bump as Val leaves.

IN HQ

ANXIETY Did you hear that?! We could become a Fire Hawk like, tomorrow!

IN HQ

Envy looks at the small sprout where the full Sense of Self should be.

ENVY But, how do we 'be ourself' if our new self isn't ready yet?!

Anxiety turns to the wall of orange memories.

ANXIETY Excellent point! [75] Let's get these memories downstairs.

The New Emotions start to pile orange memories into the elevator. Off Sadness, watching them, concerned...

INT. BELIEF SYSTEM

Anxiety exits an elevator packed with memories, which all tumble out. She's about to toss a few in when she looks out to see the broccoli boat float past.

ANXIETY Is that... broccoli?

밸과 라일리가 주먹을 부딪힌다. 밸이 자리를 뜬다.

본부 안

불안 들었지?! 우리가 파이어호크가 될 수 있다고, 내일 당장 말이야!

본부 안

부럽은 완전히 성장한 자아가 있어야 하는 곳에서 작은 새싹을 틔우는 새로운 자아를 바라본다.

부럽 그런데, 아직 새로운 자아는 준비가 안 됐는데 어떻게 '우리답게'를 보여줄 수 있지?

불안이 고개를 돌려 주황색 기억들이 있는 벽을 바라본다.

불안 좋은 지적이야! 이 기억들을 밑으로 가지고 가자.

새 감정들이 주황색 기억들을 엘리베이터에 싣는다. 슬픔은 걱정스러운 표정으로 이들을 지켜본다…

실내. 신념 저장소

불안이 기억들로 꽉 찬 엘리베이터에서 내리자 기억들이 우르르 쏟아져 나온다. 기억 몇 개를 들고 강에 넣으려고 하는데 브로콜리 배가 지나간다.

불안 저거… 브로콜리 아냐?

sprout 새싹, 싹 **downstairs** 아래층으로 **pile** 쌓아 올리다 **concerned** 걱정하는 **packed with** ~로 꽉 찬 **tumble out** 쏟아져 나오다 **toss a few in** 몇 개 던져 넣다

CHAPTER 17

A New Hope

EXT. MEMORY STACKS

Joy and crew round the end of the sarcasm, tired and frustrated, huffing and puffing. She walks into Long Term. They hesitantly follow.

EXT. LONG TERM—DAY

The emotions come around a corner.

ANGER We're getting deeper and deeper in, Joy

JOY Great observation! The long way did turn out to be a little longer than I thought. [76] Anyway, who wants to sing a song!?

DISGUST Oh, I know a song: It's called "I give up."

실외. 기억이 쌓인 곳

기쁨과 다른 감정들이 협곡의 끝자락을 돌아 나온다. 다들 피곤하고 짜증난 표정을 하고 씩씩대고 있다. 기쁨이 장기 기억 저장소로 들어간다. 나머지 감정들도 마지못해 따라간다.

실외. 장기 기억 저장소—낮

감정들이 모퉁이를 돈다.

버럭 기쁨아, 점점 더 깊이 들어가는 것 같아.

기쁨 관찰력 좋은데! 돌아가는 길이 생각보다 더 오래 걸리네. 어쨌든, 노래라도 부를까!?

까칠 오, 노래 하나가 생각났어. "난 포기"라는 곡이야.

frustrated 짜증난 **huff and puff** 헉헉거리다, 씩씩대다 **hesitantly** 주춤하며 **observation** 관찰 **turn out to be + 형용사** 알고 보니/겪어 보니/해보니 ~이다 **give up** 포기하다

JOY Or... Let's play the quiet game! One two three hush...

ANGER I'll tell you what we do, we go back up there and we kick those--

JOY Anger, now is not the time...

DISGUST Joy, this is useless. Real Riley is out there somewhere and we're never going to find her!

FORGETTER PAULA Alright you know what? Yeah, these can go. Forget 'em!

JOY No, I can find her. I just need to get a better view.

And spots a scissor lift! She jumps in... She hits a few buttons. The machine makes a few creaks and groans but nothing happens. She keeps pulling on levers and pressing buttons.

JOY (CONT'D) Ok well, this isn't working. And that's fine. Everything's fine.

It's not working. The machine craps out. The other emotions step up onto the lift. The other emotions turn to each other.

DISGUST This is hopeless. I say we cut our losses and walk back.[77]

기쁨 아니면… 침묵하기 놀이하자! 하나, 둘, 셋, 쉿…

버럭 아니면 이건 어때, 다시 저기로 돌아가서 그놈들을 걷어차…

기쁨 버럭아, 지금은 그럴 때가 아니야…

까칠 기쁨아, 이건 다 소용없는 짓이야. 진정한 라일리는 저기 어디쯤에 버려져 있다고. 우린 라일리를 절대 찾을 수 없을 거야!

기억 처리반 폴라 좋아, 저기 말이야. 이건 버리고. 저건 됐어!

기쁨 아니야, 찾을 수 있어. 잘 보이는 곳으로 올라가면 되는데…

바로 그때 리프트 트럭을 발견한다! 기쁨이 그 위에 올라가더니… 버튼 몇 개를 누른다. 트럭이 삐걱거리며 끼깅하는 소리를 내더니 작동하다가 멈춰버린다. 기쁨이 계속 손잡이를 당기고 버튼을 눌러본다.

기쁨 (계속) 작동이 안 되네. 괜찮아. 다 괜찮다고.

트럭은 제대로 작동하지 않는다. 결국 완전히 고장 나서 못쓰게 되었다. 다른 감정들이 리프트에 올라와서 서로를 바라본다.

까칠 희망이 없는 짓이야. 지금이라도 늦기 전에 다시 돌아가자.

hush 쉿, 조용 **useless** 소용없는, 쓸모없는 **view** 전망 **spot** 발견하다 **scissor lift** 가위형 리프트 트럭 **creak** 삐걱거리는 소리 **groan** 신음 소리를 내다 **lever** 레버, 손잡이 **crap out** 고장 나서 못쓰게 되다 **cut one's losses** 더 이상의 손해가 나기 전에 손을 떼다

FEAR This whole trip is just a series of deader and deader ends.

ANGER Ever since that puberty alarm went off, nothing around here works the way it's supposed to. [78]

DISGUST I don't even recognize this place anymore. It's light outside at one in the morning!

FEAR I have NEVER been inside so many jars in my life!

DISGUST And the Riley we knew is GONE!

ANGER And if Joy can't see that well then, she's DELUSIONAL.

Joy finally loses it.

JOY Delusional? (then) OF COURSE I'M DELUSIONAL! Do you know how HARD it is to stay positive all the time?! When all you folks do is complain, complain, complain?! JIMINY MOTHER-LOVIN TOASTER STRUDEL!!!

JOY (CONT'D) Do you think I have all the answers? Of course, I don't!

They're all taken aback.

소심　　계속 막다른 길만 나오잖아.

버럭　　사춘기 알람이 울린 뒤로 제대로 된 게 하나도 없어.

까칠　　여기가 어떤 곳이었는지 알아보지도 못 하겠어. 새벽 한 시인데 대낮 같잖아!

소심　　내 평생 병에 그렇게 많이 갇혀 본 적은 없다고!

까칠　　우리가 알고 있는 라일리는 이제 없어!

버럭　　기쁨이가 이걸 모른다면 제정신이 아닌 거야.

결국 기쁨은 이성을 잃는다.

기쁨　　제정신이 아니라고? (목소리 톤을 바꾸고) 그래, 나 제정신 아니야! 항상 긍정적인 게 얼마나 힘든지 아니?! 너희들은 투덜투덜 불평만 늘어놓잖아?! 이런 잼 바를 식빵!!!

기쁨　　(계속) 나라고 다 아는 것 같아? 천만의 말씀!

다른 감정들은 매우 놀란다.

trip 여정, 길 **a series of** 연속으로 이어지는 **puberty** 사춘기 **go off** (알람이) 울리다, 켜지다 **recognize** 알아보다 **gone** 사라진 **delusional** 제정신이 아닌, 망상에 사로잡힌 **lose it** 더이상 참지 못하다, 이성을 잃다 **positive** 긍정적인 **all the time** 항상 **complain** 불평하다 **taken aback** 깜짝 놀란

JOY (CONT'D) We can't even find the back of our own mind!

Joy collapses with her back to the lift.

JOY Anxiety is right, Riley doesn't need us as much as she needs them. And that hurts. It really hurts.

A beat as the emotions share a look and Anger steps up to give her some tough love.

ANGER Joy, you've made a lot of mistakes. A lot. And you'll make a whole lot more in the future, but if you let that stop you, we might as well lie down and give up now.

FEAR Well actually that does sound kind of nice...

Disgust flicks Fear in the back of the head.

기쁨 (계속) 우린 기억의 저편이 어디에 있는지도 모르잖아!

기쁨은 리프트를 기대고 주저앉는다.

기쁨 불안이 말이 맞아. 라일리는 이제 우리보다 걔네가 더 필요한 거야. 그래서 마음이 아파. 정말 아프다고.

정적이 흐른다. 감정들이 서로를 바라본다. 버럭이 기쁨에게 다가가 퉁명하지만 진심을 담아 말을 한다.

버럭 기쁨아, 네가 실수를 많이 했어. 아주 많이. 그리고 앞으로도 계속 그러겠지. 하지만 그 때문에 네가 그만두면 우리도 이대로 포기하게 될 거야.

소심 사실 그것도 나쁘지 않은데…

까칠이 소심의 뒤통수를 살짝 친다.

collapse 주저앉다, 쓰러지다 **hurt** 가슴이 아프다 **beat** 정적 **share a look** 서로를 바라보다 **lie down** 눕다 **flick** (손가락 등으로) 튀기다, 가볍게 치다

FEAR Ow!

Joy smiles. Anger smiles. He offers his hand.

ANGER (CONT'D) Come on.

A beat. Joy takes it. Anger interrupts the Forgetters vacuuming memories.

ANGER Excuse us.

ANGER grabs the vacuum, the others help.

FORGETTER BOBBY Hey!

FORGETTER PAULA Hey, you can't use that! [79]

ANGER Riley emergency!

FEAR Thank you!

ANGER (to Joy) Hop on.

Joy smiles and joins them. Anger FLIPS THE REVERSE SWITCH-- memories shoot out the vacuum tube, which whips around and propels them all to the top of the stacks.

소심 아야!

기쁨이 웃는다. 버럭도 웃으며 그녀에게 손을 내민다.

버럭 (계속) 자.

정적이 흐른다. 기쁨이 그의 손을 잡는다. 기억 처리반이 진공 청소기로 기억들을 빨아들이고 있다. 버럭이 갑자기 그들의 작업에 끼어든다.

버럭 실례할게.

버럭이 진공 청소기를 낚아챈다. 다른 감정들도 함께 돕는다.

기억 처리반 보비 이봐!

기억 처리반 폴라 이봐, 그거 쓰면 안 돼!

버럭 라일리 긴급상황이야!

소심 고마워!

버럭 (기쁨에게) 타.

기쁨이 미소를 지으며 이들과 함께한다. 버럭이 역방향 스위치를 켜자 기억들이 청소기 튜브 밖으로 튀어나오고 튜브가 휙 방향을 바꿔 감정들을 기억 저장소 위로 밀어 올린다.

offer one's hand 손을 내밀다 **interrupt** 끼어들다, 방해하다 **vacuum** 진공 청소기를 돌리다, 진공 청소기 **emergency** 긴급상황 **hop on** 타다 **flip** (스위치 등을) 탁 켜다 **reverse** 역방향의 **whip around** 갑자기 방향을 바꾸다 **propel** 몰고가다, 나아가게 하다 **stack** 무더기, 쌓인 곳

ANGER/FEAR/DISGUST/JOY Ahhhhhhhhhh!

They land on the top of the stacks.

FORGETTER BOBBY Let's just forget that ever happened.

FORGETTER PAULA You don't have to ask me twice.

Forgetter Bobby and Paula walk away. Joy sees something in the distance.

JOY Look...

They all turn and see... the Sense of Self's glowing beacon in the distance, like a beam off a lighthouse.

ANGER (to Joy) We're right behind you.

And with that Joy runs along the tops of the Long Term stacks (followed by her crew) towards the red beacon, hope renewed...

버럭/소심/까칠/기쁨　아아아아아!

이들은 기억 저장소 위에 착륙한다.

기억 처리반 보비　방금 있었던 일은 기억에서 지우자.

기억 처리반 폴라　두말하면 잔소리지.

기억 처리반 보비와 폴라가 자리를 뜬다. 기쁨은 멀리서 무언가를 발견한다.

기쁨　저기 봐…

감정들이 돌아보는데… 자아가 먼 곳에서 등대 불빛처럼 반짝이며 신호를 보내고 있다.

버럭　(기쁨에게) 네 뒤에는 우리가 있잖아.

그 말을 듣고 기쁨이 장기 기억 저장소 위를 달려간다(그녀 뒤로 다른 감정들도 따라간다). 빨간 불빛을 향해, 새로운 희망을 향해…

land 착륙하다 **stack** 무더기, 쌓여 있는 곳 **in the distance** 멀리서 **glow** 빛을 발하다 **beacon** 불빛 신호 **beam** 빛줄기 **lighthouse** 등대 **renewed** 새로워진

CHAPTER 18

Embarrassment Hides Sadness

INT. RILEY'S DORM

WITH RILEY

Riley gets into bed with a look of worry on her face.

IN HQ

Envy and Anxiety are standing around the newly forming Sense of Self.

ENVY (admiring) Woah...

ANXIETY This is great. The Fire Hawks have accepted us. BUT. If Coach doesn't put us on the team NONE OF THAT MATTERS.

ENVY Tomorrow is everything.

실내. 라일리의 기숙사

라일리 화면

라일리가 침대로 들어간다. 얼굴에 수심이 가득하다.

본부 안

부럽과 불안이 새로 생겨나는 자아 옆에 서 있다.

부럽 (감탄하며) 와…

불안 좋아. 파이어호크 선배들이 우릴 받아들였어. 하지만, 코치님이 우릴 팀에 뽑지 않으면 이 모든 게 물거품이 될 거야.

부럽 내일이 정말 중요하네.

form 만들다, 형성하다 admire 감탄하다 matter 중요하다

ANXIETY Which is why we're gonna need more help.

Anxiety clocks on Ennui on her couch on her phone.

ANXIETY Ennui, are you paying attention??

ENNUI (on her phone) Non.

ANXIETY Ugh. Embarrassment? Embarrassment? Ugh, never mind.

We find Embarrassment holding a memory from the wall: Riley being sarcastic to her friends.

GRACE (via memory) (sarcastic) Well this has been hilarious.

BREE (via memory) Extremely. But we're gonna go.

RILEY (in memory) Okay bye!

We're not sure how Embarrassment feels about this. He puts the memory back then turns when he hears a clunk. He discovers Sadness in her hiding spot.

불안 그러니까 더 많은 도움이 필요하다고.

불안은 소파에서 핸드폰을 하고 있는 따분을 바라본다.

불안 따분아, 듣고 있어??

따분 (핸드폰을 보며) 아니.

불안 으윽. 당황아? 당황아? 윽, 됐어.

당황은 벽장에서 기억 하나를 꺼내 바라보고 있다. 라일리가 친구들에게 비아냥거리던 기억이다.

그레이스 (기억에서) (비아냥거리며) 진짜 웃기네.

브리 (기억에서) 그러게. 우린 갈래.

라일리 (기억에서) 그러시던가, 잘 가!

당황이 이 기억에 대해 어떻게 느끼는지는 알 수 없다. 그가 기억을 제자리에 두고 뒤를 돌아보는 순간 쿵 하는 소리가 들린다. 당황은 구석에서 숨어 있는 슬픔을 발견한다.

clock 바라보다, 주시하다 **attention** 주목, 집중 **Never mind.** 됐어. **sarcastic** 비아냥거리는 **hilarious** 웃긴 **extremely** 매우, 정말로 **clunk** 쿵 하는 소리 (부딪쳐 나는 소리) **discover** 발견하다 **hide** 숨다 **spot** 공간, 장소

SADNESS Ah!

She tries to hide behind a sheet of paper.

EMBARRASSMENT (voc: shock)

She sees she's caught. Embarrassment looks at the other emotions, and then back at Sadness.

ANXIETY (to Envy in the background) Now let's see, what am I looking for... Don't you just hate it when you go to do something and then you get there and you forget what you were going to do?

ENVY We'll need all the help we can get.

ANXIETY That is exactly what I was thinking...

슬픔 아!

슬픔은 종이로 얼굴을 가리면서 숨으려고 한다.

당황 (놀란다)

슬픔은 들킨 것을 안다. 다른 감정들의 눈치를 살피는 당황, 다시 슬픔을 바라본다.

불안 (부럽에게, 배경소리로 작게 들린다) 어디 보자, 내가 뭘 찾고 있었더라… 뭘 하러 갔는데 뭐 때문에 갔는지 까먹으면 기분 나쁘지 않니?

부럽 도움이 많이 필요하다고 했어.

불안 맞아, 그 생각을 하고 있었지…

try to do ~하려고 애쓰다 caught 붙잡힌, 포착된, 들킨

EMBARRASSMENT (voc: nervous)

There's a tense beat where we think he's going to out her...

SADNESS Oh...

But instead he slides more books in front of her to hide her. They smile at each other.

ANXIETY (O.S.) (background) Riley is going to rock this scrimmage, most important game of our lives...

EMBARRASSMENT (voc: nervous)

Embarrassment returns to Anxiety at the console as if nothing happened. Anxiety lifts up 5 energy drinks.

ANXIETY Alright guys, it's gonna be a long night.

She chugs them all and tosses the empty cans.

ANXIETY (CONT'D) So let's get the team ready.

Anxiety pops up her projection's laptop.

당황 (불안해한다)

긴장된 정적이 흐른다. 그가 슬픔이를 밀고할 것 같다.

슬픔 아…

하지만 예상과는 달리 그가 책 몇 권을 슬픔이 앞에 슬쩍 놓아주며 그녀를 숨겨준다. 그들은 눈을 마주치며 미소를 짓는다.

불안 (화면 밖 목소리) (배경 소리로) 연습경기는 우리 인생에서 가장 중요한 경기야. 물론 라일리는 잘할 테지만…

당황 (불안해한다)

당황은 아무 일 없었다는 듯 콘솔에 있는 불안에게 돌아간다. 불안은 에너지 음료 다섯 병을 집어 든다.

불안 좋았어, 얘들아. 오늘밤 잠자긴 글렀어.

불안은 음료를 단숨에 벌컥 마시고 빈 캔을 던져 버린다.

불안 (계속) 팀을 준비시키도록 하자.

불안은 예측 작업 노트북을 꺼낸다.

tense 긴장된 **beat** 정적 **out** 폭로하다 **instead** 대신에 **slide** 슬쩍 넣어주다 **rock** 매우 잘하다 **scrimmage** 연습경기 **chug** 단숨에 벌컥 마시다 **toss** 던져 버리다 **empty** 빈, 비어 있는 **pop up** 툭 튀어나오게 하다, 위로 올리다 **projection** 예측, 예상

EXT. IMAGINATION LAND

They leave Long Term and spot the alarm in the distance...

JOY Come on! We just need to cut through...

They see the gates to Imagination Land...

JOY (CONT'D) (gasp) Imagination Land! Oh, you guys are gonna love it: There's French Fry forest and Cloud Town and...

They enter Imagination Land. Joy takes it in. It's all different. More sparse than she remembered. She's confused.

JOY ...whoa, this place has changed.

Joy notices Mt. Crushmore with four of Riley's crushes carved into a mountain a la Mt Rushmore. A MIND WORKER chisels away at it.

JOY (CONT'D) Mt. Crushmore?

FEAR Those are her top four?!

DISGUST (sigh) The only one that matters, is Lance...

실외. 상상의 나라

장기 기억 저장소를 떠난 감정들이 저 멀리 있는 불빛을 발견한다…

기쁨 자! 이곳을 지나면…

상상의 나라로 들어가는 입구가 보인다…

기쁨 (계속) (기뻐서 허억 하며) 상상의 나라야! 너희들도 좋아할 거야. 감자튀김 숲도 있고, 구름 마을, 그리고…

이들이 상상의 나라로 들어간다. 기쁨은 주변을 살펴보는데 예전과는 영 딴판이다. 기억보다 더 휑한 느낌이다. 기쁨은 당황한다.

기쁨 … 와, 여기도 많이 변했네.

기쁨은 크러쉬모어 산을 발견한다. 러쉬모어 산처럼 라일리가 푹 빠진 네 명의 얼굴을 조각해놓은 산이다. 기억 처리반이 조각 작업을 하고 있다.

기쁨 (계속) 크러쉬모어 산이라고?

소심 저게 라일리의 탑 4야?!

까칠 (한숨 쉬며) 제일 중요한 건, 랜스야…

spot 발견하다 alarm 신호, 경보장치 in the distance 멀리서 cut through 가로지르다, 뚫고 가다 take in 주변을 둘러보다 sparse 드문드문 confused 혼란스러운 crush 홀딱 반한 대상 carve 조각하다, 새기다 a la ~ 풍의, ~ 식의 chisel 새기다, 조각하다 matter 중요하다

JOY Well, at least they got his good side.

DISGUST (swoon) Every side is his good side.

Tabloid papers falls on them. Joy reads one.

JOY (reading) "The Rumor Mill?"

They turn to see a windmill spitting out papers.

DISGUST Ooh! Where all our good gossip comes from.

MIND NEWSIE Extra! Extra! Piping hot rumors right off the Mill!

Anger grabs one of the pages out of the air. Disgust and Fear grab others.

ANGER (reading) The teacher's lounge has a hot tub?

FEAR (reading) Lucy from math class is legit psychic? [80]

Joy grabs one of the pages out of the air. Disgust and Fear grab others.

기쁨 그래도 잘생겨 보이는 각도로 조각을 했네.

까칠 (황홀해하며) 랜스는 어느 각도든 다 잘생겼어.

타블로이드 신문이 이들에게 떨어진다. 기쁨이 신문을 읽는다.

기쁨 (신문을 읽으며) "루머 제작소"라고?

풍차를 돌려 신문을 날려 보내는 모습이 보인다.

까칠 오! 재미있는 루머들이 저기서 나오는 거야.

신문 판매원 속보예요! 속보! 제작소에서 방금 나온 따끈한 소식입니다!

버럭이 공중에 떠다니는 신문 하나를 집는다. 까칠과 소심도 신문을 집는다.

버럭 (신문을 읽으며) 교무실에는 마사지 욕조가 있다고?

소심 (신문을 읽으며) 수학 수업을 듣는 루시가 진짜 심령술사야?

기쁨이도 공중에서 신문 하나를 집는다. 까칠과 소심도 다른 신문을 집는다.

at least 적어도 **swoon** 황홀해하다 **tabloid paper** 타블로이드 신문 **windmill** 풍차 **spit out** 내뿜다 **piping hot** 매우 뜨거운 **grab** 잡다 **teacher's lounge** 교무실 **hot tub** 자쿠지 욕조 **legit** 진짜의 **psychic** 심령술사

DISGUST (reading) 'Abbie R's been texting Mike T but Mike T's been obsessing over Sarah M.'! (gasp)

ANGER Where's the journalistic integrity?

Joy notices something off screen.

JOY Oh! Fort Pillowton's still here! And it even got bigger! [81] Hm... and... orange?

With Joy, we see some mind workers push the cart inside a large fort made out of pillows, with an orange light emanating from the doorway. They all exchange a look and head off towards the fort together.

까칠 (신문을 읽으며) 애비 알이 마이크 티에게 계속 문자를 하는데 걔는 사라 엠에게 관심이 있대! (허걱 하며 놀란다)

버럭 언론의 진실은 어디로 사라진 거야?

기쁨이 화면 밖에 있는 무언가를 발견한다.

기쁨 아! 베개 요새가 아직도 있네! 훨씬 더 커졌잖아! 음… 근데 주황색이네?

화면이 기쁨의 시선을 따라간다. 기억 처리반이 베개로 된 거대한 요새 안으로 손수레를 밀고 간다. 출입구 밖으로 주황색의 불빛이 새어 나온다. 서로 시선을 교환하는 감정들, 요새가 있는 곳으로 함께 이동한다.

text 문자메시지를 보내다 **obsess** 좋아하다, 사로잡히다 **journalistic** 언론의, 저널리스트의 **integrity** 진실성 **fort** 요새, 진지 **cart** 손수레 **made out of** ~로 만들어진 **pillow** 베개 **emanate** 발하다 **doorway** 출입구 **exchange a look** 시선을 교환하다, 서로 바라보다 **head off towards** ~로 향하다

CHAPTER 19

Pillow Fight

INT. FORT PILLOWTON

Joy and the other emotions follow the mind worker and emerge through the pillow wall into an antechamber. The orange glow is ahead of them in another room, masked by a curtain.

ANXIETY (O.S.) Alright 15, Riley breaks her leg in practice disappointing everyone. Nice job. Now 18, Val and Dani whispering after Riley misses a goal, GREAT!

They slip inside and sees a huge screen WITH ANXIETY'S FACE ON IT.

ANXIETY (O.S.) (on-screen) We need to help Riley prepare. Now's the time to send up every possible thing that could go wrong.

실내. 베개 요새

기억 처리반을 몰래 따라가는 기쁨과 다른 감정들, 베개로 된 벽 틈 사이로 나와서 작은 공간으로 들어간다. 앞에는 커튼으로 가려진 또 다른 공간이 있는데 그곳에서 주황색 불빛이 새어 나온다.

불안 (화면 밖 목소리) 자, 15번. 라일리가 연습을 하다가 다리가 부러져 모두를 실망시킨다. 잘했어. 그리고 18번. 라일리가 슛을 못 넣자 밸과 대니가 뒤에서 험담을 한다. 훌륭해!

감정들이 안으로 들어가자 불안의 얼굴이 나오는 거대한 화면이 보인다.

불안 (화면 밖 목소리) (거대한 화면에서) 우린 라일리가 대비할 수 있도록 해야 해. 혹시라도 벌어질 수 있는 나쁜 일들을 모두 보내도록 해.

pillow fight 베개 싸움 **emerge** 나타나다 **antechamber** [ǽntətʃèimbər] (큰방으로 통하는) 작은 공간, 대기실 **ahead of ~** 앞에 있는 **mask** 가리다 **disappoint** 실망시키다 **whisper** 속삭이다, 수군거리다 **slip inside** 몰래 안으로 들어가다 **prepare** 준비하다 **possible** 가능한 **go wrong** 잘못되다

The screen is in front of ROWS AND ROWS OF PLAYING CARD CUBICLES, each with an old school overhead projector - where mind workers frantically hand-draw projections for Anxiety on acetate, swap in a reality distortion lens and project onto a wall where they become real. Each projector projects onto its own screen on the wall.

ANXIETY (CONT'D) We are looking to the future. Every possible mistake she could make.

ANXIETY Come on 17, I'm not seeing anything from you!

A MIND WORKER throws on a projection - Coach writing in her notebook, draws a frowny face, underlines it.

ANXIETY Riley misses an open goal. Coach writes about it in her notebook. Yes!

Along the walls are screens of all the projections being made and they are all pretty awful. It's a horror show!

ANXIETY (CONT'D) More like that.

Riley falling-- Coach giving her the bad news.

거대한 화면을 앞에 두고 카드로 만든 수많은 칸막이들이 줄지어 배치되어 있다. 칸막이 안에는 구식 오버헤드 프로젝터가 있는데 기억 처리반들이 불안에게 보내기 위해 투명 필름에 열심히 예측 그림을 그리고 있다. 현실 왜곡 렌즈를 끼우고 벽에 투사를 하면 기억 처리반들의 예측 그림이 현실로 나타난다. 모든 프로젝터는 벽에 붙은 화면과 각각 연결되어 있어 모든 예측 그림을 볼 수 있다.

불안 (계속) 우린 미래를 내다보는 거야. 라일리가 할 수 있는 모든 실수를 예측해야 해.

불안 뭐 해 17번. 아무것도 없잖아!

한 기억 처리반이 코치가 수첩에 무언가를 끄적이는 예측 그림을 그린다. 코치가 인상 쓰는 표정을 그린 뒤 그것을 강조하듯 밑줄을 긋는다.

불안 라일리가 골 찬스를 놓치자 코치가 수첩에 기록한다. 좋아!

벽에는 모든 예측 그림을 보여주는 화면들이 걸려 있는데 다 끔찍한 것들뿐이다. 마치 공포영화를 보는 것 같다!

불안 (계속) 그런 걸로 계속 만들어.

라일리가 넘어지고 코치가 라일리에게 나쁜 소식을 전한다.

row 열, 줄 **playing card** 포커용 카드 **cubicle** 칸막이 **old school** 구식의 **frantically** 열정적으로 **hand-draw** 손으로 그리다 **projection** 예측, 예상 **acetate** [ǽsətèit] (오버헤드 프로젝트용) 투명 필름 **swap** 바꾸다, 교체하다 **distortion** 왜곡 **project** 투사하다 **frowny** 얼굴을 찡그린 **underline** 밑줄을 치다 **open goal** 골 찬스 **awful** 끔찍한

DISGUST Oh no. They're using Riley's imagination against her!

ANXIETY Val and her friends like us now! But if we don't make the team, will they like us tomorrow?

WITH RILEY

Riley is wide awake in bed. Tense.

IN HQ

Anxiety at the console "directs" the projections she's putting into Riley (like she's directing a live tv show). She's choosing projections from what the workers are making for her--

ANXIETY Ok, let's go to number three, "Bree and Grace's team win, and we look stupid."

WITH RILEY

Riley furrows her face, trying to sleep.

까칠　　이런. 라일리의 상상력을 나쁜 쪽으로 이용하고 있잖아!

불안　　지금은 밸과 선배들이 우리를 좋아하지. 하지만 팀에 못 들어가도 우리를 좋아해줄까?

라일리 화면
침대에 누운 라일리, 잠이 확 깬다. 긴장한 표정이다.

본부 안
콘솔에 있는 불안이 라일리에게 주입할 예측 그림을 '감독'하고 있다(마치 생방송 프로그램을 연출하는 감독 같은 모습이다). 불안은 기억 처리반이 그려준 예측 그림을 선택한다.

불안　　좋아. 3번으로 하지. “브리와 그레이스의 팀이 승리하고 우리는 바보처럼 보인다.”

라일리 화면
미간을 찌푸리는 라일리, 잠을 청하지만 그럴 수 없다.

imagination 상상　**against** ~에 반대해서　**awake** 잠에서 깬　**tense** 긴장한　**direct** 감독하다, 지시하다　**projection** 예측, 예상
furrow one's face 인상을 찡그리다

IN HQ

ANXIETY Number 22 "Val passes to us. And we miss it."

WITH RILEY

Riley can't get comfortable. Covers her face with her hand.

WITH JOY

Watching the frantic workers making projections as Anxiety calls down to them from her screen...

JOY We can't let her do this to Riley! We have to shut this down.

Joy gets an idea. As a mind worker walks away from their cube, Joy runs over to the empty cubicle (#81), and starts drawing. The other emotions gather around.

ANXIETY (O.S.) (muffled under Joy drawing) Love it 37, Riley hits the puck into her own net!

As Joy draws (the other emotions standing around her)--

ANGER Why are you drawing a hippo?

JOY I'm not! Ugh-- This-- I'm-- I'm drawing Riley!

본부 안

불안 22번 "밸이 패스를 하는데 우리가 못 받는다."

라일리 화면

라일리가 매우 불편해하며 손으로 얼굴을 가린다.

기쁨 화면

기쁨은 미친 듯이 예측 그림을 제작하는 기억 처리반을 바라본다. 불안은 화면으로 그들에게 명령을 내린다…

기쁨 불안이가 라일리에게 이러는 걸 내버려둘 순 없어! 이걸 막아야 해.

기쁨에게 좋은 생각이 떠올랐다. 한 기억 처리반이 자리를 비운 사이에 기쁨이 그의 칸막이 자리(81번)로 달려가 그림을 그린다. 다른 감정들도 그 주변에 모인다.

불안 (화면 밖 목소리) (기쁨이 그림을 그리는 동안 소리가 작아지며) 좋아 37번. 라일리가 자살골을 기록한다!

기쁨이 그림을 그리고 다른 감정들이 그녀를 둘러싸고 있다.

버럭 하마는 왜 그려?

기쁨 하마 아니라고! 이건… 라일리야!

frantic 미친 듯한, 광적인 **shut ~ down** 멈추다, 막다 **get an idea** 생각이 떠오르다 **cubicle** 칸막이로 둘러싸인 개인 사무공간 **gather around** 주변에 모이다 **muffled** 소리가 줄어든 **hippo** 하마

DISGUST Joy, you forgot her ponytail.

JOY Oooh I love her ponytail!

We see her not-great drawing come up on the screen.

JOY Yes!

IN HQ

ANXIETY Riley scores and everyone hugs her? 81, that is not helping!

WITH JOY

The others take turns drawing their scenes.

DISGUST Riley paints her nails to match her jersey! Everybody copies her! And she is so cool!

FEAR Riley wears knee pads!

ANGER (really angry) We buy flowers for the losing team! (off their looks) What? I can't always be the rage guy.

JOY No no, I liked it.

까칠 기쁨아, 꽁지머리를 그려야지.

기쁨 오, 걔 꽁지머리 내가 너무 사랑하잖아!

기쁨의 볼품없는 그림이 화면에 올라간다.

기쁨 좋았어!

본부 안

불안 라일리가 득점을 올리고 모두가 그녀를 껴안는다? 81번, 이건 도움이 안 돼!

기쁨 화면

다른 감정들이 돌아가면서 그림을 그린다.

까칠 라일리가 유니폼에 어울리는 색깔로 매니큐어를 해! 다른 애들도 모두 따라 하는 거야! 그럼 정말 쿨한 아이가 되는 거지!

소심 라일리가 무릎 보호대를 하는 거야!

버럭 (크게 화를 내며) 패배한 팀에게 꽃을 사 주는 거야! (그들의 표정을 보고) 뭐? 나라고 항상 버럭 화만 낼 순 없잖아.

기쁨 아냐. 좋아.

ponytail 꽁지로 묶은 머리 match 맞추다 jersey 운동복 copy 따라 하다 knee pads 무릎 보호대 rage 분노, 격노

IN HQ

ANXIETY Nail polish? Knee pads?! I'm starting to think you guys don't understand the assignment.

Embarrassment throws an empty energy drink can to distract Anxiety. As she looks away, he hits a button. A GOOD PROJECTION comes UP ON THE MAIN CONSOLE SCREEN! (Riley buying flowers). Embarrassment quickly takes his hand off the projection screen as Anxiety whirls around.

WITH RILEY

As she stops tossing and turning and instead has a SLIGHT SMILE.

IN HQ

ANXIETY What?! Um, who sent that projection to Riley?!

The other three emotions all look innocent/shrug.

ENNUI Why would I know that? [82]

ENVY Don't look at me.

EMBARRASSMENT (voc: I don't know)

As Anxiety turns away-- We STAY ON EMBARRASSMENT who looks back at Sadness hiding. She gives him a THUMBS UP.

본부 안

불안 매니큐어? 무릎 보호대?! 너희가 업무를 제대로 이해하지 못하는 것 같은데.

당황은 빈 에너지 음료 캔을 던져서 불안의 정신을 딴 데로 돌린다. 불안이 돌아보자 당황이 재빨리 버튼을 누른다. 긍정적인 예측 그림이 메인 콘솔 화면에 나타난다! (라일리가 꽃을 사 주는 그림이다). 불안이 돌아보자 당황이 재빨리 예측 그림 화면에서 손을 뗀다.

라일리 화면
라일리가 더 이상 뒤척이지 않고 살며시 미소를 짓는다.

본부 안

불안 뭐야?! 음, 누가 저런 예측을 라일리에게 보낸 거야?!

세 감정 모두 모른다는 표정을 하고 어깨를 으쓱한다.

따분 낸들 알어?

부럽 날 보지 마.

당황 (난 몰라)

불안이 몸을 돌리자 당황은 숨어 있는 슬픔을 바라본다. 슬픔은 당황에게 칭찬의 의미로 엄지손가락을 들어 보인다.

nail polish 매니큐어 **assignment** 업무, 임무 **distract** 정신을 딴 데로 돌리다 **whirl around** 돌아보다 **toss and turn** 뒤척이다 **slight** 약간의, 희미한 **innocent** 순진한 **shrug** 어깨를 으쓱하다 **give a thumbs up** (칭찬 또는 최고라는 의미로) 엄지손가락을 들어올리다, 엄지척하다

ANXIETY What is going on? Who is sending all of this positive--

She eyes ALL THE GOOD STUFF POPPING UP ON HER SCREEN. Suddenly she knows.

WITH JOY

Anxiety looming on the screen, looking into camera.

ANXIETY (CONT'D) (on screen) Joy, I know you're in there.

The projection mind workers start murmuring to each other. Popping their heads above their cubes to look for her.

PROJECTION MIND WORKERS Oh my goodness. / Woah, is she really here? / Is that Joy from Headquarters?

IN HQ

WITH JOY

ANXIETY (CONT'D) (on-screen) The Mind Police are on their way.[83]

Joy's projector shuts off.

불안 무슨 일이야? 누가 이런 긍정적인 생각을 보내고 있는…

불안은 화면에 긍정적인 예측들이 올라오는 광경을 바라본다. 그러다 불현듯 눈치를 챈다.

기쁨 화면

화면에 카메라를 응시하고 있는 불안의 얼굴이 무시무시할 정도로 크게 나타난다.

불안 (계속) (화면에서) 기쁨아, 거기 있는 거 알아.

예측 그림을 그리던 기억 처리반들이 서로 수군거리기 시작한다. 칸막이 위로 고개를 내밀고 기쁨을 찾는다.

예측 기억 처리반들 어머. / 와, 걔가 진짜 여기에 있어? / 본부에 있는 기쁨이 말하는 거야?

본부 안

기쁨 화면

불안 (계속) (화면에서) 기억 경찰이 그쪽으로 가고 있어.

기쁨의 프로젝터가 꺼진다.

positive 긍정적인 **eye** 지켜보다 **good stuff** 좋은 것 **pop up** 튀어나오다 **suddenly** 갑자기 **loom** 무시무시할 정도로 크게 나타나다 **murmur** 중얼거리다 **pop** 불쑥 올리다 **on one's way** 오는/가는 도중에

FEAR

Well I think we gave it our best shot--[84]

But instead Joy stands up on the desk

JOY

Don't listen to Anxiety! She's using these horrible projections to CHANGE RILEY!

IN HQ

ANXIETY

JOY. I'm doing this for YOU. This is all so Riley can be happier.

WITH JOY

JOY

If you wanted her to be happy then you'd stop hurting her! (to the mind workers) Who's with me?!

The mind workers look at her skeptically. Some of the mind workers look away. Joy feels defeated.

JOY

Really? Nothing...?

ANXIETY

Sorry, Joy.

A POSITIVE PROJECTION COMES UP (under 87) - Riley happy with a cat. Joy turns to see it. Her mood begins to shift!

소심 우린 최선을 다한 것 같은데…

기쁨이 책상 위에 올라선다.

기쁨 불안이 말 듣지 마! 라일리를 바꾸려고 끔찍한 예측을 이용하는 거야.

본부 안

불안 기쁨아. 널 위해서 이러는 거야. 그래야 라일리가 더 행복할 수 있어.

기쁨 화면

기쁨 라일리가 행복하길 원한다면 더 이상 상처를 주지 마! (기억 처리반에게) 다들 동의하지?!

기억 처리반들은 그녀를 회의적으로 바라본다. 몇몇은 시선을 피한다. 기쁨은 낙담한다.

기쁨 진심이야? 아무도… 없어?

불안 미안해, 기쁨아.

이때 긍정적인 예측 그림 하나가 나타난다 (87번 화면이다). 고양이와 함께 행복한 시간을 보내는 라일리의 모습이다. 기쁨이 이 그림을 보고 기분이 좋아지기 시작한다!

give it one's best shot 최선을 다하다 **horrible** 끔찍한 **skeptically** 회의적으로 **look away** 시선을 회피하다 **defeated** 패배한, 낙담한 **shift** 바뀌다

JOY Yeah! I see you 87! A cat! A little off topic but I'll take it! [85]

87 gives Joy a thumbs up.

JOY Who else?! Come on!

The mind workers are about to start drawing when Anxiety jumps in and takes their attention--

ANXIETY (on-screen) What if Riley is better than Val and then Val hates her?

JOY OR!!!

All the workers ping pong back to Joy.

JOY What if Riley is better than Val and Val respects her!

More positive projections come up...

JOY Yeah! There we go!

ANXIETY What if Riley is so bad she has to give up hockey forever! [86]

기쁨 그래! 87번 좋았어! 고양이라니! 지금 상황하곤 좀 안 맞지만 괜찮아!

87번이 기쁨이에게 엄지척해준다.

기쁨 또 다른 사람?! 얼른!

기억 처리반들이 그림을 그리려고 하는데 불안이 끼어들어 자신에게 집중하도록 한다.

불안 (화면에서) 라일리가 밸보다 잘해서 라일리를 싫어하면?

기쁨 아니면!!

기억 처리반 모두 기쁨에게 시선을 돌린다.

기쁨 라일리가 밸보다 잘해서 라일리를 존중해 줄 수도 있지!

긍정적인 예측들이 더 많이 보인다…

기쁨 그래! 바로 그거야!

불안 라일리가 너무 못해서 하키를 영원히 그만둬야 한다면!

off topic 주제에서 벗어난 **What if ~?** 만일 ~하면 어쩌지? **ping pong** 고개를 돌리다 **respect** 존경하다, 존중하다 **give up** 포기하다

JOY What if Riley does so well that the Coach cries! And the Olympics call and she rallies a weary nation to victory!

DISGUST Ah Joy, reality is also a thing.

IN HQ

Anxiety sees all the positive projections.

ANXIETY NOOOOO!

WITH JOY

Anger steps up and joins her.

ANGER Anxiety has got you all chained to desks, drawing nightmares. But you don't have to take it anymore!

JOY Pencils down! Projections off!

PROJECTION WORKER 2 Yeah!

An inspired mind worker stands at her station and pushes her projector onto the floor. A few others knock over their projectors. More projections disappear from the screen.

PROJECTION WORKER 3 Enough is enough! [87]

기쁨 코치님이 눈물 날 정도로 너무 잘해서 올림픽에 나가서 국위 선양을 할 수도 있지!

까칠 아, 기쁨아. 현실을 무시하지 않는 선까지 하자고.

본부 안
불안이 긍정적인 예측들을 바라본다.

불안 안 돼-----!

기쁨 화면
버럭이 책상 위로 올라가 기쁨 옆에 선다.

버럭 불안이가 너희들을 책상에 묶어두고 악몽을 그리게 했어. 이젠 더 이상 그리지 않아도 돼!

기쁨 연필을 놔! 예측은 이제 됐어!

예측 처리반 2 그래!

감동을 받은 처리반 한 명이 책상 위로 올라가 자신의 프로젝터를 바닥으로 밀어버린다. 다른 처리반들도 프로젝터를 넘어뜨린다. 예측들이 화면에서 사라진다.

예측 처리반 3 이제 끝이야!

rally 단결시키다 **weary** 지친, 피곤한 **victory** 승리 **reality** 현실 **chained to** ~에 묶인 **nightmare** 악몽 **take** 참다, 견디다 **inspired** 감동받은 **knock over** 쓰러뜨리다 **disappear** 사라지다 **Enough is enough!** 이제 됐어!

IN HQ

Watching her projections slip away--

ANXIETY

Ah! My projections!

WITH JOY

The cubicle workers start REVOLTING! Smash! A FULL-ON PILLOW FIGHT RIOT STARTS. The workers TRASHING THE PLACE!

PROJECTION WORKER 1

PILLOW FIGHT!

One throws a stool into the front screen, smashing it!

PROJECTION WORKER 2

FOR RILEY!

ANXIETY

We need to be PREPARED!

IN HQ

Anxiety's projection screen goes dark. She bangs on it.

본부 안

불안은 예측이 사라지는 광경을 바라본다.

불안 아! 내 예측들!

기쁨 화면

칸막이 안에 있던 처리반들이 반란을 일으킨다! 와장창! 물건이 부서진다! 대규모 베개 싸움 폭동이 시작되고 처리반들은 요새를 때려 부순다!

예측 처리반 1 베개 싸움이다!

한 처리반이 등받이가 없는 스툴 의자를 정면에 있는 화면을 향해 던지자 화면이 박살난다!

예측 처리반 2 라일리를 위해서!

불안 우린 준비해야 해!

본부 안

불안의 예측 화면에는 아무것도 보이지 않는다. 불안은 화면을 내리친다.

slip away 미끄러지다, 사라지다 **revolt** 반란을 일으키다 **smash** 부서지는 소리, 부수다 **riot** 폭동 **trash** 부수다 **stool** 팔걸이와 등받이가 없는 의자 **prepare** 준비하다 **bang** 쾅 하고 치다

ANXIETY Ugh! No!

It goes dark in HQ. The emotions look up.

WITH RILEY

Riley falls asleep—

WITH JOY

IT GETS COMPLETELY OUT OF HAND NOW.

FEAR Ok, it's time to go.

JOY Yeah, I think so.

AND HERE COMES THE COPS! Anger loves it - raises his fists.

ANGER Bring it on coppers!

Joy lowers his fists.

JOY Oh no no no.

THE EMOTIONS RUN OUT OF THE RIOTING BUILDING-- COPS CHASING --

불안 으악! 안 돼!

본부 안이 어두워진다. 감정들은 위를 바라본다.

라일리 화면
라일리가 잠이 든다.

기쁨 화면
지금 이곳은 완전히 통제 불가능이다.

소심 자, 나가야 해.

기쁨 그래, 나도 같은 생각이야.

이때 경찰이 들이닥친다! 이를 즐기는 버럭, 주먹을 들어올린다.

버럭 덤벼봐 짭새들아!

기쁨이 버럭의 주먹을 끌어당긴다.

기쁨 안 돼.

감정들은 폭동이 일어난 건물을 황급히 빠져나간다. 그 뒤로 경찰들이 쫓아간다.

fall asleep 잠들다 **completely** 완전히 **out of hand** 통제 불능의 **raise** 들어올리다 **fist** 주먹 **Bring it on!** 덤벼! **copper** 경찰, (속어) 짭새 **lower** 내리다, 낮추다 **chase** 쫓아가다

MIND COP Hey! Get back here!

WE GO WITH THEM--

They burst through the pillow wall into Imagination Land.

JOY Quick! To the parade of future careers!

They run over to a parade with large Thanksgiving Day-esque balloons that depict Riley as various jobs floating through the air.

JOY Grab a balloon!

DISGUST Oh! A Pastry Chef!

JOY Underpaid!

FEAR Art Teacher!

JOY Under-appreciated!

ANGER Oh! Ethnomusicologist!

Joy goes down the line of their suggestions--

JOY I don't understand what that is.

기억 경찰 이봐! 거기 서!

카메라가 그들을 따라간다.

감정들이 베개 벽 틈 사이에서 후다닥 빠져나와 상상의 나라로 들어간다.

기쁨 빨리! 장래 희망 퍼레이드로 가!

감정들이 퍼레이드 속으로 뛰어든다. 라일리가 될 수 있는 다양한 직업들이 추수 감사절 퍼레이드 풍선처럼 공중에 떠다닌다.

기쁨 풍선을 잡아!

까칠 오! 제빵사!

기쁨 월급이 적어!

소심 미술 선생님!

기쁨 대접을 못 받아!

버럭 오! 민족 음악학자야!

기쁨은 감정들이 제안한 직업 풍선을 쭉 따라 내려간다.

기쁨 그게 뭔지 몰라.

burst 후다닥 나가다 **parade** 행렬, 퍼레이드 **career** (일생의 일이라고 할 전문적) 직업 **-esque** ~풍의 **balloon** 풍선 **depict** 묘사하다 **various** 다양한 **grab** 붙잡다 **pastry chef** 제빵사 **underpaid** 월급이 적은 **under appreciated** 대접을 못 받는 **ethnomusicologist** [èθnoumjuːzikάlədʒist] 민족 음악학자 **go down** ~를 따라 쭉 가다

Then Joy sees a winner: Riley in a judge's robe.

JOY Ooh! Supreme court justice!

DISGUST Yes!

FEAR I trust her judgement!

ANGER That's the one!

MIND COP JAKE Get back here!

The emotions shove through a crowd of Mind workers holding the balloon ropes.

DISGUST Pardon us! Coming through! Move!

MIND COP Freeze!

MIND COP JAKE Come back!

PROJECTION MIND WORKERS Ah! / Oof! / Hey!

They all jump onto Judge Riley's ropes...

그러다가 기쁨이 제대로 된 것을 발견한다. 판사복을 입고 있는 라일리이다.

기쁨 오! 대법관이야!

까칠 그래!

소심 그 애의 판결을 믿을 수 있지!

버럭 바로 그거야!

기억 경찰 제이크 거기 안 서!

감정들은 풍선 줄을 잡고 있는 기억 처리반들을 밀치고 달려간다.

까칠 죄송해요! 지나갈게요! 비키세요!

기억 경찰 꼼짝 마!

기억 경찰 제이크 거기 서!

예측 기억 처리반들 아! / 으윽! / 이봐!

감정들 모두 라일리 대법관 풍선의 밧줄을 잡는다…

winner 제대로 된 선택 **judge's robe** 판사복 **supreme court justice** 대법관 판사 **judgement** 판단 **shove through** 밀고 나아가다 **Freeze!** 거기 서!

MIND COP 2 They're getting away!

Judge Riley triumphantly sails up and out of Imagination Land.

JOY Yes! Now Riley can get some sleep.

FEAR Ahahahah. I miss the jar!

기억 경찰 2 도망가잖아!

라일리 대법관 풍선이 기세등등하게 위로 올라가 상상의 나라를 벗어난다.

기쁨 그래! 이제 라일리가 두 다리 뻗고 잘 수 있겠군.

소심 아아아아. 차라리 유리병이 더 낫겠어!

get away 도망치다 **triumphantly** 의기양양하게 **sail** 항해하다 **jar** 유리병

CHAPTER 20

Coach's Notebook

INT. HEADQUARTERS

Anxiety at the console from where we last saw her in Projections, still absorbing Joy's win.

ANXIETY Joy doesn't get it. Without our projections we won't be prepared. TOMORROW'S GAME IS EVERYTHING.

ENVY Coach will either make us a Fire Hawk or doom us to a friendless future.

ANXIETY I wish we knew what Coach thought about us. [88]

ENVY (gasp) Her notebook!

ANXIETY Yes! That's a great idea!

실내. 본부

이전 예측 그림 장면에서 이어진다. 불안이 콘솔에 서서 기쁨에게 일격을 당한 것을 계속 생각하고 있다.

불안 기쁨이는 잘 몰라. 예측 없이는 미래를 대비할 수 없잖아. 내일 경기에 모든 게 결정되는데 말이야.

부럽 코치님이 우릴 파이어호크 팀에 뽑거나 친구 없는 미래를 맞이하거나 하겠지.

불안 코치님이 우릴 어떻게 생각하는지 알 수 있으면 좋겠는데.

부럽 (허걱 하며) 코치님 수첩!

불안 그래! 좋은 생각이야!

abcorh ~를 곰곰이 생각하다 **prepared** 준비된 **doom** 불행한 운명을 맞게 하다 **friendless** 친구가 없는

Anxiety recalls the memory of Coach leaving the notebook on her desk...

DANI (V.O.) (from memory) Everything Coach thinks about you is in there.

WITH RILEY

Riley waking up...

IN HQ

Anxiety drives.

ANXIETY (CONT'D) All we gotta do is sneak into her office and read it.

EMBARRASS-MENT (voc: nervous)

WITH RILEY

Riley hesitates...

IN HQ

ANXIETY Come on Riley, move those feet.

ENVY She doesn't want to?

ANXIETY (hesitant) Are we pushing her too hard?

불안은 책상 위에 놓인 코치의 수첩과 관련된 기억을 소환한다…

대니 (기억에서 나오는 목소리) 너에 대해 코치님이 생각하는 게 저기에 다 적혀 있어.

라일리 화면
라일리가 잠에서 깬다…

본부 안
불안이 콘솔을 조종한다.

불안 (계속) 코치님 방에 몰래 들어가서 수첩을 읽어보기만 하면 돼.

당황 (불안해한다)

라일리 화면
라일리가 주저한다…

본부 안

불안 얼른 라일리, 움직이라고.

부럽 그러고 싶지 않은 건가?

불안 (주저하며) 우리가 라일리를 너무 심하게 몰아가는 건가?

recall 소환하다 **All we gotta do is + 동사원형** 우리는 ~하기만 하면 된다 (gotta는 have got to를 줄인 말로, have to의 구어체 표현)
sneak into ~로 몰래 들어가다 **hesitate** 주저하다 **hesitant** 주저하며 **push** 압박을 가하다

ENVY We gotta see what's in the notebook! It's the only way for us to know how we can do better!

WITH RILEY

Riley gets out of bed, puts on a hoodie, leaves her dorm room and walks down the hallway...

WITH SADNESS

Sadness watches...

SADNESS Oh, Riley, no...

Sadness pulls out her walkie, and talks quietly into it.

SADNESS (in walkie) Joy? Come in Joy?

WITH JOY

JOY (O.S.) (via walkie, bad connection) Sadness? Sadness? What's wrong? Why is Riley awake again? Over.

Dangling from a Riley balloon. Fear screaming in the background.

WITH SADNESS

Sadness quickly lowers the volume on the walkie.

부럽　수첩에 뭐가 적혔나 봐야 해! 그래야 더 잘하려면 어떻게 해야 할지 알 수 있단 말야!

라일리 화면

라일리가 침대에서 나와 후드 티를 입는다. 기숙사 방을 나와 복도를 걸어간다…

슬픔 화면

슬픔은 이를 지켜본다…

슬픔　아, 라일리, 안 돼…

슬픔이 무전기를 꺼내 조용히 말을 한다.

슬픔　(무전기에 대고) 기쁨아? 응답해 기쁨아?

기쁨 화면

기쁨　(화면 밖 목소리) (무전기로 잡음이 많이 들린다) 슬픔아? 슬픔아? 무슨 일이야? 라일리가 왜 다시 깬 거야? 오버.

뒤에서 소심이 라일리 풍선에 매달려 비명을 지른다.

슬픔 화면

슬픔이 무전기의 볼륨을 재빨리 줄인다.

put on 입다 dorm 기숙사 hallway 복도 connection 연결상태 dangle 매달리다 scream 소리 지르다 in the background 배경으로, 뒤에서 lower 낮추다

SADNESS (into walkie) Anxiety is making Riley break into the coach's office!

WITH JOY

JOY What?!

ANGER She knows better than that! [89]

DISGUST She will once we get her Sense of Self back!

JOY Sadness, you have to stop her! Just don't get caught. Over!

WITH SADNESS

She looks over the new emotions at the console.

EXT. ICE RINK

Riley tries the door to the ice rink. It's locked. She tries another one. It's open. She goes inside.

IN HQ

Sadness gestures to Embarrassment to help her stop Riley.

SADNESS Pst. Pssst.

슬픔 (무전기에 대고) 불안이가 라일리를 코치실에 잠입시키려고 해!

기쁨 화면

기쁨 뭐라고?!

버럭 그런 짓을 할 애는 아니잖아!

까칠 자아가 없으니까 그러는 거지.

기쁨 슬픔아, 네가 막아야 해! 들키지는 마. 오버!

슬픔 화면
슬픔은 콘솔에 있는 새 감정들을 바라본다.

실외. 아이스하키 경기장

라일리가 경기장 문을 열려고 한다. 잠겨 있다. 다른 문을 확인해 보는데, 이 문은 열려 있다. 라일리가 안으로 들어간다.

본부 안
슬픔이 당황에게 라일리를 막을 수 있도록 도와 달라고 손짓한다.

슬픔 이봐. 여기.

break into 침입하다 **get caught** 들키다, 잡히다 **locked** 잠겨 있는 **Pst. / Pssst.** 수업 중에 선생님 몰래 앞 친구를 부를 때 등과 같이 다른 사람 몰래 누군가를 부를 때 쓰는 감탄사

But he's too scared and waves her off.

WITH RILEY

Riley gets to Coach's door. She looks to see the notebook on the desk but hears approaching footsteps. She looks down the hall. She sees a light from a flashlight getting closer.

She goes inside and hides behind the door. Riley locks the door as the security guard approaches and stays totally still. A security's guard's hand tries the doorknob. But it's locked.

A flashlight sweeps the room. Riley stays silent, hoping they'll leave.

IN HQ

Anxiety, Envy and Embarrassment are just as nervous.

WITH RILEY

The guard takes one last look and leaves. Riley breathes a sigh of relief, gets up, and heads towards the notebook.

IN HQ

Sadness watches this on screen.

SADNESS No Riley, no...

She spots Ennui yawning and dangling her phone behind the couch. Sadness eyes the phone, makes a decision.

하지만 당황은 너무 두려워서 슬픔에게 그만하라고 손짓한다.

라일리 화면

라일리가 코치실 문에 도착한다. 책상 위에 수첩이 있는 것을 확인하는데 갑자기 발자국 소리가 들린다. 라일리가 복도를 바라본다. 손전등 불빛이 가까이 다가오고 있다.

라일리가 안으로 들어가 문 뒤에 숨는다. 경비원이 다가오자 문을 잠그고 가만히 있는다. 문 손잡이를 돌리는 경비원의 손이 보인다. 문은 잠겨 있다.

손전등이 방 전체를 비춘다. 라일리는 조용히 앉아서 경비원이 사라지기를 바라고 있다.

본부 안

불안, 부럽, 당황도 매우 초조한 모습이다.

라일리 화면

경비원이 마지막으로 한 번 훑어보더니 자리를 뜬다. 안도의 한숨을 내쉬는 라일리, 자리에서 일어나 수첩이 있는 곳으로 간다.

본부 안

슬픔이 화면으로 이 장면을 지켜본다.

슬픔 안 돼 라일리, 그러지 마…

이때 슬픔은 하품을 하는 따분을 발견한다. 소파 뒤로 핸드폰을 들고 있는 따분의 손이 보인다. 핸드폰을 보고 슬픔은 결단을 내린다.

wave ~ off ~에게 하지 말라고 손짓하다 **get to** ~에 도착하다 **footstep** 발걸음 **flashlight** 손전등 **security guard** 경비원 **approach** 다가오다 **still** 움직이지 않은 **doorknob** 문 손잡이 **sweep** 휩쓸고 가다, 훑다 **silent** 침묵한 **take a look** 보다 **relief** 안심 **yawn** 하품하다 **dangle** 매달리게 들다 **make a decision** 결정을 내리다

SADNESS (nervous) Ohhh....

WITH RILEY

Riley is about to open the notebook when she stops. Riley starts to cry softly. Riley puts the book down.

IN HQ

ANXIETY Why did she stop?!

Camera pans down to the console, which is blue.

ANXIETY (CONT'D) Sadness? -- Ennui! Where's your phone?!

Ennui frantically checks her pockets.

ENNUI Ooh la la my phone? Where is my phone? Seriously?!

She starts freaking out and flips the couch!

ENNUI (CONT'D) This is not happening! No, no, no, no, no!

Anxiety looks at the screen and puts it all together...

ANXIETY Ok. She's here somewhere. Find her!

슬픔 (불안해하며) 오…

라일리 화면

수첩을 펼치려는 순간 라일리가 행동을 멈춘다. 그리고 흐느끼기 시작한다. 라일리는 수첩을 내려놓는다.

본부 안

불안 왜 멈춘 거지?!

카메라가 아래로 내려가 콘솔을 비춘다. 콘솔이 푸른 빛으로 변했다.

불안 (계속) 슬픔이? 따분아! 네 핸드폰 어딨어?!

따분이 다급하게 주머니를 뒤진다.

따분 울랄라, 내 핸드폰? 어디에 있지? 말도 안 돼?!

따분이 깜짝 놀라 소파를 뒤집는다!

따분 (계속) 이럴 순 없어! 안 돼!

불안이 화면을 보고 상황을 정리해본다…

불안 알겠다. 걔가 여기에 있어. 찾아봐!

softly 부드럽게 **frantically** 열심히, 광적으로 **freak out** 놀라다 **flip** 뒤집다 **This is not happening!** 말도 안 돼! 있을 수 없는 일이야! **put ~ together** 상황을 종합해보다

They all run off to find Sadness. The new emotions start frantically searching HQ-- Ennui and Envy go for the stack of manuals.

ENVY Gotcha!

...but Sadness isn't there. Embarrassment looks relieved.

EMBARRASSMENT (voc: relieved)

Anxiety looks around. She spots a small blue light coming from the bedroom. She spots Sadness hiding under the covers, the light of the phone shining through the sheets.

ANXIETY Sadness?

Sadness startles.

SADNESS (startled) Uh. No?

Anxiety flips the sheet off her.

ANXIETY (sigh) I know Riley sneaking around feels wrong.

SADNESS This isn't who Riley is.

ANXIETY It's not about who Riley is. It's about who she needs to be.

슬픔을 찾으려고 모든 감정들이 분주하게 움직인다. 새 감정들은 본부를 미친 듯이 뒤진다. 따분과 부럽은 설명서가 쌓여 있는 곳으로 간다.

부럽　잡았다!

… 그러나 슬픔은 거기에 없다. 당황이 안심한다.

당황　(안심한다)

주변을 둘러보던 불안이 침실에서 희미하게 흘러나오는 파란 불빛을 발견한다. 불안은 이불을 뒤집어쓰고 있는 슬픔이를 찾아낸다. 핸드폰 불빛이 이불에 비쳐 나온다.

불안　슬픔아?

슬픔이 놀란다.

슬픔　(놀라며) 어. 아닌데.

불안이 이불을 걷는다.

불안　(한숨을 쉬며) 라일리가 몰래 잠입하는 게 나쁘게 느껴지겠지.

슬픔　이건 우리가 아는 라일리가 아니야.

불안　우리가 아는 라일리는 중요하지 않아. 앞으로 어떤 라일리가 되느냐가 중요한 거라고.

run off 황급히 이동하다 **stack** 쌓여 있는 더미 **manual** 설명서 **relieved** 안심하는 **spot** 발견하다 **cover** 침대커버, 이불 **shining** 빛나는 **sheet** 침대시트 **startle** 놀라다 **sneak around** 몰래 들어가다

Anxiety takes the phone from Sadness and drives on the console app.

WITH RILEY

Riley's expression changes. She picks up the notebook.

IN HQ

SMASH CUT TO Sadness being raised up in a bucket. Anxiety ties off the rope holding her up.

WITH RILEY

A determined Riley flips through the notebook until she finds what she's looking for. She reads something that bothers her. In Coach's scribble it says, 'Andersen: NOT READY YET.' Riley's crushed.

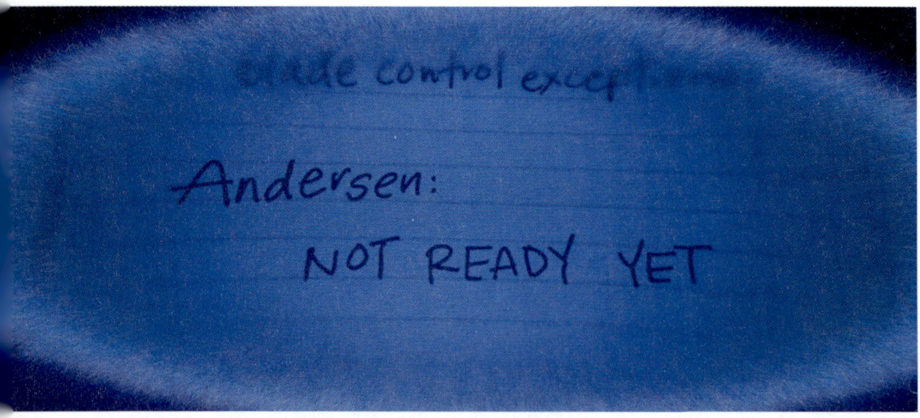

불안이 슬픔에게서 핸드폰을 뺏고 콘솔 앱으로 조종을 한다.

라일리 화면

라일리의 표정이 바뀐다. 수첩을 집어 든다.

본부 안

빠른 화면 전환: 슬픔이 양동이에 갇혀서 위로 올라간다. 불안이 밧줄을 묶어 슬픔이를 공중에 고정시킨다.

라일리 화면

결심이 선 라일리가 수첩을 넘긴다. 드디어 자신이 원하는 부분을 찾아 읽는데 표정이 일그러진다. "앤더슨: 아직 준비가 안 됨"이라고 적힌 코치의 글씨가 보인다. 라일리는 절망한다.

expression 표정 **raise up** 들어올리다 **bucket** 양동이 **tie off** 묶다 **determined** 단호한, 결심한 **flip through** 휙휙 넘기다, 훑어보다 **bother** 신경쓰이게 하다, 괴롭히다 **scribble** 휘갈겨 쓴 글씨 **crushed** 절망한, 무너진

CHAPTER 21

A Brainstorm Is Coming!

IN HQ

This is the worst news they could possibly get.

ENVY (hurt) ... "not ready yet?"

ANXIETY Wait, Coach already decided!? We're not making the team?

ENVY No, we have one day left!

WITH RILEY

On her face, her hopes dashed...

IN HQ

ENVY What do we do?! What can we do? What would Val do?!

본부 안

이는 감정들에게 청천벽력과 같은 소식이다.

부럽 (마음이 상해서) … "아직 준비가 안 되었다"고?

불안 잠깐, 코치님이 이미 결정을 하신 거야!? 우리가 팀에 들어갈 수 없다고?

부럽 안 돼. 하루밖에 안 남았는데!

라일리 화면

라일리, 희망을 잃은 표정이다…

본부 안

부럽 어떻게 하지?! 뭘 할 수 있을까? 밸이라면 어떻게 할까?!

make the team 팀에 들어가다 dashed 내동댕이쳐진, 박살난

Anxiety paces, then:

ANXIETY (thinking) Ok, ok, ok uh-- (then) Well, we're gonna have to change Coach's mind. Which means we're gonna need ideas... [90] lots of them...

WITH JOY

The Supreme Court Justice Riley balloon comes into frame with Joy, Anger, Fear, and Disgust still hanging off of the ropes.

Sky darkens. Suddenly ideas start falling from the sky. One hits Disgust in the head!

DISGUST Ow!

The emotions all look up. More and more ideas keep falling from the sky and hitting the balloon. We hear THUNDER. It's now pouring ideas all around the emotions, surrounded by the dark clouds now.

ANGER Oh no. It's a Brainstorm!

LIGHTNING STRIKES. Another big THUNDER BOOM.

EMOTIONS Ahh!

불안이 왔다갔다 서성이다가:

불안 (묘안을 생각하며) 괜찮아, 자, 자 음… (목소리 톤을 바꾸고) 코치님의 마음을 돌려야 해. 그 말은… 아이디어가 필요해… 정말 많이…

기쁨 화면

대법관 라일리 풍선이 화면에 들어온다. 기쁨, 버럭, 소심, 까칠은 여전히 밧줄에 매달려 있다.

하늘이 어두워지더니 갑자기 하늘에서 아이디어들이 쏟아져 내리기 시작한다. 아이디어 하나가 까칠의 머리 위에 떨어진다!

까칠 아야!

감정들 모두 위를 쳐다본다. 하늘에서 아이디어들이 계속해서 쏟아지는데 풍선 위에도 떨어진다. 천둥 소리가 들린다. 감정들 주변으로 아이디어들이 억수같이 쏟아지고 먹구름이 드리워진다.

버럭 안 돼. 이건 브레인스톰이야!

번개가 친다. 천둥 소리도 크게 들린다.

감정들 아!

pace 이리저리 서성거리다 **then** 목소리 톤을 바꿔서 **hang** 매달려 있다 **darken** 어두워지다 **keep -ing** 계속 ~하다 **thunder** 천둥 **pour** 쏟아내다 **surrounded by** ~에 둘러싸인 **lightning** 번개 **strike** 치다, 때리다 **boom** 크게 울리다

FEAR Too close!

The emotions look up and see ideas floating out of the clouds of the storm. Joy grabs a few as they fly by.

JOY (re: ideas) Hog the puck?! Trash talk the other team?!

IN HQ

An idea tube rattles and an idea pops out and into headquarters. Envy standing next to a LARGE BUCKET to catch the falling ideas. More flood in.

ANXIETY Yes!

ENVY Ooo!

WITH RILEY

In her dorm room. Nervously thinking. Pacing.

WITH JOY

Joy grabs a WOODEN STAKE from to the bottom of the rope and swings at the ideas flying past her, like a baseball player.

JOY We can't let these bad ideas get to Riley!

소심 너무 가까운데!

감정들이 위를 쳐다보니 아이디어들이 폭풍 구름에서 쏟아져 나온다. 기쁨은 떨어지는 아이디어 몇 개를 잡는다.

기쁨 (아이디어를 보면서) 퍽을 독차지하기?! 상대 팀에게 욕하기?!

본부 안

아이디어 튜브 관이 달그락거리더니 아이디어 하나가 튀어나와 본부로 떨어진다. 부럽은 큰 양동이 옆에 서서 쏟아져 내리는 아이디어를 받는다. 수많은 아이디어들이 밀려든다.

불안 그래!

부럽 오오오!

라일리 화면

기숙사 방에 있는 라일리, 생각에 잠겨 초조하게 왔다갔다 서성인다.

기쁨 화면

기쁨이 밧줄 끝에 묶여 있던 나무 대못을 들고 야구선수처럼 휘두르며 날아오는 아이디어들을 깨부순다.

기쁨 이런 나쁜 생각들이 라일리에게 전달되게 둘 순 없어!

float 떠다니다 hog 독차지하다 trash talk 심한 욕을 하다 rattle 달그락거리다, 흔들리다 pop out 튀어나오다 flood in 밀려들다 nervously 초조하게 pace 이리저리 서성거리다, 왔다갔다하다 wooden 나무 stake 대못 bottom 아래 swing at ~를 향해 휘두르다 past ~를 지나서 get to ~ 에 다다르다, 도착하다

The balloon is being pulled closer and closer towards the eye of the storm.

DISGUST Joy!

But then Joy is still trying to smash the bad ideas.

JOY Smash as many as you can!

ANGER JOY!

THOOP! They're pulled in!

ANGER JOOYYY!

풍선이 점점 폭풍의 눈을 향해 빨려 들어간다.

까칠 기쁨아!

기쁨은 계속 나쁜 생각을 깨부수고 있다.

기쁨 최대한 많이 부셔야 해!

버럭 기쁨아!

퓹! 그들이 빨려 들어간다!

버럭 기이이쁨아!

the eye of the storm 폭풍의 눈 **smash** 부수다, 치다 **as many as S + can** 가능한 많이 **pull in** 빨려 들어가다

INT. STORM VORTEX

WOOOSH! The four hold on for their lives as the balloon swirls around and around.

ANGER/FEAR/ DISGUST/JOY YAAAAAAAAA!

IN HQ

Ideas continue to flood through the tube in headquarters, now with Embarrassment collecting them in another large bucket. Anxiety sifts through them, tossing ideas aside.

ENVY I'll start sorting these into ideas I wish I'd thought of!

ANXIETY No no no, none of these are good enough! We need more! Get more!

WITH JOY

The emotions still hanging onto the balloon are getting tossed around and around the spinning storm. Even now Joy swats at the ideas. More lightning strikes! Disgust calls out to the others--

DISGUST Get on the balloon!

Disgust, Anger, and Fear all climb the ropes to the top of the balloon. Ideas shoot towards them as they climb. The balloon swirls in the whirlwind.

실내. 폭풍의 소용돌이

우우쉬익! 네 감정들은 정신없이 소용돌이치는 풍선을 꽉 붙잡는다.

버럭/소심/까칠/기쁨 아아아아아!

본부 안

수많은 아이디어들이 관을 통과해 본부로 계속 밀려든다. 이제는 당황도 큰 양동이에 아이디어들을 담고 있다. 불안이 아이디어들을 살펴보더니 옆으로 치운다.

부럽 내가 낸 생각이었으면 하는 아이디어들을 골라낼게!

불안 아니, 아니야. 좋은 게 하나도 없어! 아이디어가 더 필요해! 더 많이!

기쁨 화면

풍선에 매달린 감정들은 소용돌이치는 폭풍 속에서 정신없이 흔들리고 있다. 이 상황에서도 기쁨은 계속 아이디어들을 깨부수고 있다. 번개가 더 많이 친다! 까칠이 다른 감정들에게 소리친다.

까칠 풍선 위로 올라가!

까칠, 버럭, 소심이가 밧줄을 타고 풍선 위로 올라간다. 아이디어들이 그들을 향해 날아온다. 풍선이 회오리바람에 휩쓸려 빠른 속도로 회전한다.

vortex 소용돌이 **hold on for one's life** 꽉[사력을 다해] 부여잡다 **swirl** 소용돌이치다 **flood** 쇄도하다 **tube** 관, 통 **collect** 모으다 **sift through** 걸러내다, 자세히 보다 **toss** 던지다 **sort** 분류하다 **hang** 매달리다 **spin** 소용돌이치다 **swat at** ~를 때리다 **lightning** 번개 **strike** 치다 **whirlwind** 회오리바람, 돌개바람

DISGUST This is worse than the broccoli!

Fear sees the ideas floating up and leaving the storm through the opening at the top of the whirlwind.

FEAR (gasp) Quick, grab an idea!

Disgust grabs a medium-sized idea and holds it aloft. The idea pulls Disgust up slightly, but then drop back onto the balloon. Disgust slides towards the edge. Fear just barely manages to grab her hand and prevent her falling off.

ANGER These ideas are too small.

IN HQ
Anxiety still sifting through all the ideas.

ANXIETY These ideas are too small. We need something bigger!

까칠 이건 브로콜리보다 더 심하잖아!

소심은 아이디어들이 위로 상승해서 회오리바람 꼭대기에 있는 입구를 통해 폭풍 밖으로 나가는 광경을 바라본다.

소심 (헉 하며) 빨리, 아이디어를 잡아!

까칠이 중간 크기의 아이디어를 붙잡고 위로 높이 들어올린다. 아이디어가 까칠을 공중으로 살짝 끌어올리더니 이내 아래로 떨어진다. 까칠이 풍선 끝으로 미끄러진다. 소심이 가까스로 그녀의 손을 잡고 떨어지지 않게 한다.

버럭 이 아이디어들은 너무 작아.

본부 안
불안은 아직도 아이디어들을 골라내고 있다.

불안 이 아이디어들은 너무 작아. 더 큰 게 필요해!

opening 입구 **medium-sized** 중간 크기의 **aloft** 하늘 높이 **slightly** 약간 **slide** 미끄러지다 **barely** 간신히 **manage to do** 가까스로 ~하다 **sift through** 걸러내다, 자세히 보다

WITH JOY
Shot of the BIG IDEA.

FEAR That's our way out!

Joy is still swatting at all the bad ideas. She spots the giant one too and is determined to destroy it. Fear and the others stand on the balloon ready to jump on the giant idea.

FEAR Ready?!

But suddenly the big idea flies right into them! The group are all launched on top of the idea, as Joy holds onto both the idea and the balloon. Fear tries to convince Joy to help them.

FEAR Joy! We need this idea!

JOY If Riley takes one of these ideas it could be a disaster!

FEAR Joy, the only way out is up!

Joy lets go of the rope tethering them to the balloon. The idea flies into the air! The big idea pulls them swirling through the storm, then shoots up and out of the whirlwind. It jams into the overhead tube, stuck. It's slowly pulled into the tube!

기쁨 화면
거대한 아이디어 하나가 화면에 나타난다.

소심 저걸로 나가는 거야!

계속 나쁜 아이디어를 깨부수고 있는 기쁨, 거대한 아이디어를 발견하고 그것을 없애려고 한다. 소심과 다른 감정들은 풍선 위에 서서 그 아이디어에 뛰어들려고 한다.

소심 준비됐어?!

준비할 틈도 없이 이때 거대한 아이디어가 정면으로 날아온다! 감정들이 그 위로 뛰어드는데 기쁨은 그 아이디어와 풍선을 양팔로 잡고 있다. 소심이 기쁨을 설득한다.

소심 기쁨아! 우린 이 아이디어가 필요해!

기쁨 라일리가 이 아이디어를 얻는다면 큰일이 날 거야!

소심 기쁨아, 위로 나가는 수밖에 없어!

기쁨이 풍선에 묶여 있던 밧줄을 놓자 아이디어가 위로 빠르게 상승한다! 감정들을 싣고 폭풍 속을 소용돌이치다가 위로 솟구치더니 폭풍을 빠져나간다. 아이디어가 공중에 있는 튜브 관으로 밀려 들어가 박혀버린다. 그러다 천천히 관 속으로 빨려 들어간다!

way out 출구 **swat at** ~를 찰싹 때리다 **giant** 거대한 **be determined to do** ~하기로 결정하다 **launch** 발사시키다, 뛰어오르게 하다 **convince** 설득하다, 납득시키다 **disaster** 대재앙 **let go of** ~을 놓다, 놓아주다 **tether** 묶다 **jam** 밀어넣다

IN HQ

The massive idea from the storm makes its way through the tube and SLAMS to the ground in HQ. They all spot it.

ANXIETY That's a big idea!

ENVY Ohhhhh, I like it.

WITH JOY

The idea's gone, the four Emotions fall...

FEAR Oh no.

EMOTIONS Ahhh!

FEAR Hold me! (then) Seriously, hold me!

All the emotions grab hold of Fear when suddenly POOF-- a parachute deploys and slows them down.

DISGUST (shocked) Fear?! You have a parachute?

FEAR Uh, yes. The real question is why don't any of you? [91]

본부 안

폭풍을 빠져나온 거대한 아이디어가 관을 타고 이동해 본부 바닥에 쿵 하고 떨어진다. 감정들 모두 아이디어를 바라본다.

불안 정말 큰 아이디어야!

부럽 오오오, 멋지다.

기쁨 화면

거대한 아이디어는 사라졌다. 네 감정들은 아래로 떨어진다…

소심 이런.

감정들 아!

소심 날 잡아! (목소리 톤을 바꾸고) 진짜로, 날 꼭 잡으라고!

감정들이 소심을 붙잡자 갑자기 푹! 하고 낙하산이 펴지고 이들은 천천히 하강한다.

까칠 (놀라서) 소심아?! 낙하산을 가지고 다녀?

소심 어, 그래. 근데 너희들은 왜 없어?

massive 거대한 **make one's way** 이동하다 **slam** 쿵 하고 떨어지다, 세게 놓다 **parachute** 낙하산 **deploy** (낙하산 등이) 펼쳐지다

The emotions land softly.

FEAR (relieved sigh) Land!

They brush themselves off. It worked.

DISGUST Yes!

FEAR Stuck the landing!

ANGER We did it!

DISGUST Woo! We made it!

The emotions look at the Sense of Self in the distance and run towards it.

JOY Come on! To the Back of the Mind! You're finished, Anxiety!

EXT. BACK OF THE MIND

The old Sense of Self sinks further into the pile of memories, almost disappearing from view.

감정들이 부드럽게 착지한다.

소심 (안도의 한숨을 내쉬며) 착지!

감정들이 몸을 털고 일어선다. 성공이다.

까칠 그래!

소심 완벽한 착지야!

버럭 해냈어!

까칠 우후! 드디어 도착했다고!

감정들이 저 멀리 있는 자아를 보더니 뛰어간다.

기쁨 얼른! 기억의 저편으로 가자! 불안아, 넌 이제 끝이야!

실외. 기억의 저편

예전의 자아가 기억 더미 속으로 더 깊이 들어간다. 화면에서 거의 보이지 않을 정도이다.

land 착륙하다 **softly** 부드럽게 **relieved** 안도하는 **sigh** 한숨 **brush oneself off** 털고 일어서다 **Stuck the landing!** 완벽한 착지! **make it** 해내다, 성공하다 **in the distance** 멀리서 **further** 더 깊이 **disappear** 사라지다

CHAPTER 22

We Gotta Score Three Goals

INT. HEADQUARTERS

Anxiety looks at her growing Sense of Self, bigger but still not fully formed, and heads to the new giant idea.

ANXIETY (O.S.) Coach is right. Riley isn't ready. But we're so close to a new Riley who is. This is what we're missing. We show them we're a Fire Hawk who will do whatever it takes.

Anxiety rolls the idea to the console. She plugs in the BIG IDEA into the console. Riley accepts the idea and it lights up.

WITH RILEY

실내. 본부

불안이 점점 성장하는 자아를 바라본다. 좀 더 커졌지만 아직 완전한 형태를 갖춘 것은 아니다. 불안은 막 도착한 거대한 아이디어를 보러 간다.

불안 (화면 밖 목소리) 코치님이 맞아. 라일리는 아직 준비되지 않았지. 하지만 조금 있으면 새로운 라일리가 될 수 있어. 우리가 필요했던 건 바로 이거야. 무슨 일이든 해내는 파이어호크가 될 자격이 있다는 걸 보여주자.

거대한 아이디어를 굴려서 콘솔까지 가지고 가는 불안, 아이디어를 콘솔에 꽂는다. 라일리가 아이디어를 받아들이자 빛이 난다.

라일리 화면

fully 완전히 **whatever it takes** 무슨 일이 있어도 **plug in** 꽂다 **light up** 빛나다

INT. LOCKER ROOM—DAY

Mini-montage as Riley combines hair conditioner, hot water and red ThirstQuencher powder in a water bottle at the sink and shakes it up. We see her back as she works. Riley looks at the finished product in the mirror: She looks like a Fire Hawk.

IN HQ

ENVY Finally! We're one of them!

Anxiety and Envy high five. Anxiety calls up to Sadness who's secured in a bucket hung up by a rope and pulley.

ANXIETY What do you think, Sadness?

SADNESS Well I--

Anxiety jumps with excitement.

ANXIETY Awesome!

WITH RILEY

ENVY (O.S.) Red is really our color.

실내. 라커룸—오전

짧은 몽타주 장면. 라일리가 세면대에서 헤어 린스와 뜨거운 물, 빨간색의 이온음료 가루를 물병에 넣고 흔든다. 화면은 라일리의 뒷모습을 보여준다. 라일리가 거울에 비친 완성된 모습을 바라본다. 마치 파이어호크 팀원처럼 보인다.

본부 안

부럽 드디어! 우리도 파이어호크가 됐네!

불안과 부럽이 하이파이브한다. 양동이에 갇혀 밧줄과 도르래로 공중에 매달려 있는 슬픔에게 불안이 말을 건다.

불안 슬픔아, 어떤 것 같아?

슬픔 글쎄, 나는…

불안은 흥분해서 힘껏 뛰어오른다.

불안 멋져!

라일리 화면

부럽 (화면 밖 목소리) 빨간색 너무 잘 어울려.

montage 연결 화면 (몽타쥬 화면) combine 섞다 hair conditioner 헤어 린스 ThirstQuencher powder 이온음료 가루 (라일리는 이 가루를 빨간색 브릿지를 만드는 임시 염료로 사용함) shake ~ up ~를 흔들어 섞다 finished 완성된 secured (죄수 등이) 감금된 pulley 도르래

Riley heads out of the locker room bathroom and flips her new hair. She walks out and spots Bree and Grace at the lockers.

GRACE Trust me!

BREE (laughing) Yeah I know. I mean it's so much fun!

Bree and Grace notice Riley. They turn away from her.

IN HQ

ENVY Ok it's giving jealousy. I'm sorry.

ENNUI They wouldn't know cool if it hit them in the face.

Val and the rest of the Fire Hawks trickle past. Val spots Riley, maybe a tad weirded out.

VALENTINA Hey Michigan! Oh, rockin' the red huh?

IN HQ

ENVY Yes!

ANXIETY We are in.

라일리가 라커룸 화장실에서 나오며 방금 한 머리를 휙 쓸어 올린다. 걸어나오다 사물함 앞에 서 있는 브리와 그레이스를 발견한다.

그레이스 정말이야!

브리 (웃으며) 그래 맞아, 정말 재미있다니까!

브리와 그레이스도 라일리를 발견한다. 그들은 라일리에게 등을 돌린다.

본부 안

부럽 질투하는 거네. 안됐어.

따분 쟤네들은 쿨한 게 뭔지 모를 거야. 그런 일은 없을 테니까.

밸과 파이어호크 팀원들이 천천히 지나간다. 밸이 라일리를 보고 약간 어색해한다.

발렌티나 이봐 미시간! 오, 빨간색 죽이는데!

본부 안

부럽 좋았어!

불안 우리도 이제 파이어호크라고.

flip 휙 넘기다 **spot** 발견하다, 보다 **notice** 알아보다, 알아차리다 **jealousy** 질투 **trickle** 천천히[서서히] 가다 **a tad** 약간 **weirded out** 당황한, 어안이 벙벙한

WITH RILEY

RILEY I hope it's ok. I know I'm not officially a Fire Hawk yet but I figured since we're on the same team we should match, right?

VALENTINA Yeah, yeah, that's fine. Did you um, sleep last night?

RILEY No. How could I? Big game today.

NOUR You mean, the camp scrimmage?

VALENTINA (CONT'D) (to Nour) See? I told you not to freak her out. (to Riley) You're all good, ok? I see you're in your zone. (then, leaving) Get ready to score some goals!

RILEY Yeah! I will!

라일리 화면

라일리 괜찮아요? 공식적으로 파이어호크는 아니지만 같은 팀이니까 스타일도 맞추는 게 좋을 것 같아서요.

발렌티나 그래, 괜찮아. 너 어제 잠은 좀 잤어?

라일리 아니오. 어떻게 그러겠어요? 오늘 중요한 경기가 있는데.

노어 캠프 연습경기 말하는 거지?

발렌티나 (계속) (노어에게) 거봐, 겁주지 말라고 했잖아. (라일리에게) 괜찮아, 알겠지? 넌 잘하고 있으니까. (목소리 톤을 바꾸고, 자리를 뜨면서) 이제 골 넣으러 가자!

라일리 네! 알았어요!

officially 공식적으로 **figure** 생각하다 **match** 일치하다, 같이 맞추다 **scrimmage** 연습경기 **freak ~ out** ~를 겁주다 **You're in your zone.** 넌 잘하고 있어. **then** 목소리 톤을 바꾸고

IN HQ

ANXIETY Val scored two goals in this scrimmage to become a Fire Hawk. And you know what's better than two? Three!

Anxiety reveals three hockey goal lights.

ENVY Three! I was just about to say that. [92] We were about to say that at the same time.

Ennui walks up to the console.

ENNUI But how are we gonna score three goals?

ANXIETY The new Riley will handle anything. And I think THIS is the finishing touch. [93]

Anxiety goes down to the Belief System.

ANXIETY I'll be right back.

EXT. BACK OF THE MIND

Joy and crew struggle to climb up the hill. It's getting steeper. Joy and the others climb atop the ridge.

본부 안

불안 밸은 연습경기에서 두 골을 넣어서 파이어호크가 됐지. 근데 두 골보다 더 좋은 게 뭔지 아니? 바로 세 골이야!

불안이 세 개의 전구로 구성된 하키 골 세트를 꺼낸다.

부럽 세 골! 나도 막 그렇게 말하려고 했어. 거의 동시에 말할 뻔했어.

따분이 콘솔로 다가간다.

따분 헌데 어떻게 세 골을 넣지?

불안 새로운 라일리는 뭐든 할 수 있어. 그리고 이게 대미를 장식해줄 거야.

불안이 신념 저장소로 내려간다.

불안 곧 돌아올게.

실외. 기억의 저편

기쁨과 다른 감정들이 언덕을 힘겹게 오르고 있다. 위로 갈수록 더 가팔라진다. 이들은 능선 꼭대기로 올라간다.

reveal 보여주다 **at the same time** 동시에 **handle** 해결하다, 다루다 **finishing touch** 마지막 작업 **struggle to do** 힘겹게 ~하다 **steep** 가파른 **atop** 맨 위에, 꼭대기에 **the ridge** 산등성이

JOY C'mon! We're so close! The Sense of Self is just on the top of that moun--

Everyone sees it's a pile of memories.

FEAR That is a lot.

JOY This is more than I remember sending back here.

DISGUST Oh, when she walked into that glass door at that party? Oof.

JOY Yeah, and breaking Grandma's favorite plate? Thank goodness these aren't part of her. [94]

FEAR/ANGER/DISGUST Thank goodness. / Whew. / Yeah.

They climb.

INT. BELIEF SYSTEM

Anxiety places the orange memory of the red hair moment into the stream and watches it grow into a belief. All of the orange beliefs begin to glow.

기쁨 얼른! 거의 다 왔어! 자아가 바로 저 위에…

감정들은 산처럼 쌓여 있는 기억들을 바라본다.

소심 정말 많다.

기쁨 내가 이렇게 많이 버렸는지 몰랐어.

까칠 아, 이건 라일리가 파티에서 유리문에 부딪혔을 때네. 어휴.

기쁨 그래, 할머니 최애 접시를 깬 것도 있네. 이런 게 라일리가 되지 않아 다행이야.

소심/버럭/까칠 다행이다마다. / 휴우. / 그래.

감정들은 계속 언덕을 오른다.

실내. 신념 저장소

불안은 빨간색 머리로 염색했던 순간을 담은 주황색 기억을 물속에 넣고 신념으로 자라는 광경을 지켜본다. 물에 있던 다른 주황색 신념들도 빛을 내기 시작한다.

plate 접시 **Thank goodness.** (감탄사) 잘됐다. 다행이다. **place** 두다 **stream** 흐름, 강

WITH JOY

Joy climbs the pile of memories.

JOY

There it is!

Joy digs through the memories. She finally unearths the SENSE OF SELF!

RILEY

(fading) I'm a good person.

It's fading--

JOY

Oh no!

The team head towards the tube above the top of the pile.

기쁨 화면

기쁨이 기억 더미를 기어 올라간다.

기쁨 저기에 있어!

기억들을 파헤치는 기쁨, 드디어 묻혀 있던 자아를 꺼낸다!

라일리 (희미한 소리로) 난 좋은 사람이야.

자아의 빛이 희미해진다.

기쁨 오, 안 돼!

감정들은 기억 더미 위에 있는 튜브 관을 향해 올라간다.

dig through 파헤치다 **unearth** 파내다, (땅속에서) 찾다 **fade** 희미해지다

CHAPTER 23

Anxiety Has Changed Riley

IN BELIEF SYSTEM

The new memory glows the whole Belief System orange and shoots up the stem of HQ.

IN HQ

Anxiety runs back into HQ.

ANXIETY (out of breath) Yes. Come on. Come on.

The new emotions watch as the new orange Sense of Self forms.

ANXIETY Here we go!

신념 저장소 안

새 기억이 신념 저장소 전체를 주황빛으로 물들이더니 본부의 기둥을 타고 위로 올라간다.

본부 안

불안이 본부로 달려 들어온다.

불안 (숨을 헐떡이며) 좋아. 조금만. 조금만 더.

새 감정들도 주황색의 새로운 자아가 형성되는 광경을 지켜본다.

불안 됐어!

glow 빛나게 하다 **shoot up** 솟아오르다, 쏘아 올리다 **stem** 줄기 **out of breath** 숨을 헐떡이며 **Here we go!** 됐어!

Anxiety joins them, watching proudly...

RILEY (V.O.) (as Sense of Self) I'M NOT GOOD ENOUGH.

ANXIETY What?

WITH RILEY

Riley's face changes as she walks out to the ice.

RILEY (V.O.) (as Sense of Self) I'M NOT GOOD ENOUGH.

WITH JOY

They make it to the tube.

RILEY (V.O.) (as Sense of Self echoing) I'M NOT GOOD ENOUGH.

Joy and the emotions look back to HQ.

IN HQ

All the emotions are caught off guard, and worried, including Anxiety.

EMBARRASSMENT (voc: worried)

ENNUI Uh...

불안은 새 감정들과 함께 이 광경을 자랑스럽게 바라본다.

라일리 (자아의 목소리) 난 안 되나 봐.

불안 뭐라고?

라일리 화면

빙판으로 나가면서 라일리의 표정이 바뀐다.

라일리 (자아의 목소리) 난 안 되나 봐.

기쁨 화면

감정들이 튜브 관이 있는 곳에 도착한다.

라일리 (자아의 목소리가 울려 퍼지며) 난 안 되나 봐.

기쁨과 다른 감정들이 본부를 바라본다.

본부 안

감정들은 뜻밖의 상황에 당황하고 걱정스러운 표정이다. 불안도 마찬가지이다.

당황 (걱정한다)

따분 어…

proudly 자랑스럽게 **make it to** ~에 성공적으로 도착하다 **be caught off guard** 뜻밖의 상황에 놀라다, 당황하다

ENVY Are you sure...

ANXIETY Um, uh-- Don't worry! It's just that she knows there's always room for self-improvement! She'll be fine!

WITH JOY

JOY (to walkie) Sadness! We have the Sense of Self! Bring us back!

IN HQ

Sadness still tied up in the bucket overhead, struggling to get out.

JOY (O.S.) Sadness, do you copy?

She tries to get Embarrassment's attention. Embarrassment looks back at her still unsure what to do.

RILEY (V.O.) (Sense of Self) I'M NOT GOOD ENOUGH.

SADNESS Oh.

Suddenly-- Embarrassment unties the bucket and lowers Sadness. She climbs out. Sadness signals him towards the Back of the Mind tube! He nods.

부럽 이거 확실한 거…

불안 음, 어… 걱정 마! 자기 개선의 여지는 항상 있는 거니까! 라일리는 괜찮을 거야!

기쁨 화면

기쁨 (무전기로) 슬픔아! 자아를 찾았어. 우릴 소환해줘!

본부 안
양동이에 갇혀 공중에 묶여 있는 슬픔, 빠져나오려고 안간힘을 쓴다.

기쁨 (화면 밖 목소리) 슬픔아, 들리니?

슬픔은 당황의 주의를 끌려고 한다. 당황이 고개를 돌려 그녀를 바라보지만 어떻게 해야 할지 망설인다.

라일리 (자아의 목소리) 난 안 되나 봐.

슬픔 아.

바로 이때, 당황이 양동이를 풀고 슬픔을 내려준다. 양동이에서 기어나오는 슬픔, 당황에게 기억의 저편과 연결된 튜브 관을 가리킨다. 당황은 고개를 끄덕인다.

room 여지 **self-improvement** 자기 개선 **tied up** 묶여 있는 **overhead** 공중에, 머리 위에 **Do you copy?** (무전) 내 말 들리니? **attention** 관심, 주의 **unsure** 확신하지 못한 **untie** 풀다 **lower** 내려주다, 내리다 **signal** 신호를 하다 **nod** 고개를 끄덕이다

ANXIETY (talking to herself) Ok, I can work with this. I just need to recalibrate the console and make sure it's ready. Just no more surprises. Uh, ok, this one goes here. Check. That one goes there. Check. No, not exactly there. Here. Come on, turn it up a little bit. It's gotta be absolutely perfect. That one is definitely wrong. What is happening--

Embarrassment silently pulls down the tube. Sadness sneaks towards the console, hiding from Anxiety. She spots the recall button. Sadness waits for the right moment. Anxiety is distracted. Sadness reaches in... and pushes the button!

JOY Sadness, NOW!

Anxiety sees Sadness with her hand on the button. She turns around to see the tube descended. Anxiety grabs the pole Embarrassment used. Anxiety pulls the tube, breaking it from the ceiling.

WITH JOY
Joy still waiting by the recall tube ignoring Anger.

ANGER Joy?!

Fear points towards headquarters.

불안 (혼잣말로) 자, 내가 해결할 수 있어. 콘솔을 재조정해서 확실하게 준비하는 거야. 갑자기 이상한 일만 안 생기면 돼. 어, 이건 여기로. 확인 끝. 저건 저기로. 확인 끝. 아니, 저기가 아니야. 여기야. 자, 이걸 좀 더 올리면 정말 완벽해. 그건 절대 아니지. 무슨 일이…

당황이 조용히 튜브 관을 내린다. 슬픔은 불안 몰래 콘솔을 향해 슬금슬금 다가간다. 슬픔이 소환 버튼을 발견하고 적절한 때를 기다린다. 불안은 정신이 없다. 슬픔이 콘솔로 접근을 해서… 버튼을 누른다!

기쁨 슬픔아, 지금이야!

불안은 슬픔이가 버튼 위에 손을 올려놓고 있는 것을 본다. 뒤로 돌아보니 튜브 관이 내려와 있다. 불안은 당황이 사용했던 긴 막대기를 집어 들고 튜브 관을 잡아당긴다. 관이 천장에서 무너져 내린다.

기쁨 화면
기쁨은 튜브 관 옆에서 소환될 것을 기다리고 있다. 버럭이 뭐라고 말을 하지만 들리지 않는다.

버럭 기쁨아?!

소심이 본부 쪽을 가리킨다.

recalibrate 다시 측정하다, 재조정하다 **make sure (that) S + V** 확실히 ~하다 **It's gotta ~** It has got to의 축약형 (has got to = has to) **absolutely** 완전히 **definitely** 확실히 **sneak** 몰래 살금살금 움직이다 **spot** 발견하다 **distracted** 딴 데 정신이 팔린 **descend** 내리다 **pole** 막대기, 장대 **ignore** ~의 말에 귀 기울이지 않다, 외면하다

DISGUST Uh...

FEAR (horrified) Ohhhh no...

They all look up, and see the Back Of The Mind tube dropping from the sky, rippling towards them. The last sections of the tube crash down in front of them as they scatter to avoid being struck. Memories fly all around. As the dust settles, Joy cradles the original Sense of Self in her hands.

RILEY (V.O.) (Sense of Self, softly) I'm a good person.

RILEY (V.O.) (New Sense of Self, echoing through the mind) I'm not good enough.

Joy stands in shock. They look out at Headquarters, glowing orange in the distance.

ANGER That was our only way back.

DISGUST We were so close...

FEAR What do we do?

까칠 어…

소심 (겁에 질려) 오오오, 안 돼…

감정들이 위를 올려다본다. 기억의 저편으로 연결된 튜브 관이 그들이 있는 방향으로 공중에서 차례차례 떨어져나간다. 튜브 관의 끝부분이 감정들 바로 앞에 쾅 하고 떨어진다. 이들은 부딪히지 않으려고 황급히 흩어진다. 기억들이 사방으로 날아간다. 잠시 후 먼지가 가라앉는다. 기쁨이 자아를 꼭 품고 있다.

라일리 (자아 목소리, 부드럽게) 난 좋은 사람이야.

라일리 (새로운 자아 목소리, 기억의 저편에 울려 펴지며) 난 안 되나 봐.

기쁨이 충격을 받고 일어선다. 감정들은 저 멀리 주황빛이 나는 본부를 바라본다.

버럭 저게 우리가 돌아갈 수 있는 유일한 방법이었어.

까칠 거의 다 왔는데…

소심 이제 어쩌지?

horrified 겁에 질린 **ripple** (물결이 일듯 움직임이 차례차례) 퍼져나가다 **section** 부분 **crash down** 쾅 하고 떨어지다 **scatter** 흩어지다 **struck** 부딪힌 **settle** 가라앉다, 진정되다 **cradle** 아기를 안듯 껴안다 **original** 원래의 **in shock** 충격을 받고

The Sense of Self is dying. Joy looks at it, distressed. Joy stares for a beat... then walks away.

DISGUST Joy--Joy! Where are you going?!

EXT. MEMORY PILE, REMOTE PLACE

Joy finds a space alone. She slumps to her knees. Joy picks up memories in front of her: The penalty memory from the championship game. She picks up another memory. It's younger Riley cheating on a test.

MALE TEACHER (O.S.) (from memory) I expected better Riley...

JOY That--That's not...

She picks up another. Then another and another. All memories of Riley at various ages making mistakes. She is searching through the memories for something. Anything.

JOY Wha--?

She drops the memories, running her hands on her face. She buries her head in her hands.

JOY Come on. Please. What Am I missing?

자아가 죽어가고 있다. 기쁨이 이를 보고 괴로워한다. 한참 동안 바라보다가 자리를 뜬다.

까칠 기--기쁨아! 어디가?!

실외. 기억들이 쌓여 있는 한적한 곳

쓸쓸히 혼자 있는 기쁨, 무릎을 꿇고 털썩 주저앉는다. 앞에 있는 기억들을 집어 든다. 우승 경기 때 퇴장당한 기억이 보인다. 기쁨이 다른 기억을 집어 든다. 시험에서 부정행위를 한 어린 라일리의 모습이다.

남자 선생님 (화면 밖 기억의 목소리) 내가 기대하는 게 너무…

기쁨 이건, 이건 아닌데…

기쁨이 다른 기억을 집어 든다. 그리고는 계속 여러 기억들을 집어 든다. 다양한 나이에서 실수를 하는 라일리의 기억들이다. 기쁨은 기억들을 통해 무언가를 찾으려고 한다. 어떤 것이든 상관없다.

기쁨 뭐지…?

기쁨은 기억들을 떨어뜨리고 양손에 얼굴을 묻는다. 그리고 괴로운 듯 양손으로 머리를 감싸 쥔다.

기쁨 제발. 내가 놓친 게 뭐지?

distressed 괴로워하는 **for a beat** 잠시 동안 **slump** 털썩 주저앉다 **to one's knees** 무릎을 꿇고 **cheat** 커닝하다 **various** 다양한 **make a mistake** 실수하다, 잘못하다 **miss** 놓치다

RILEY (V.O.) (Sense of Self; softly) I'm a good person.

Joy picks up the fading Sense of Self. She stares at it. Anger, Fear and Disgust approach Joy.

DISGUST Joy... So... what do we do now?

JOY I don't know.

This is not the answer they were expecting.

JOY (CONT'D) I don't know how to stop Anxiety. Maybe we can't. Maybe this is what happens when you grow up. You feel less Joy.

Everyone looks around. It's a sad reality. But maybe it's the truth. She holds up the Sense of Self.

JOY But I do know this. Riley will never be herself if we don't get this back to headquarters. Fast.

The emotions all look at each other.

DISGUST How?

라일리 (자아의 목소리, 부드럽게) 난 좋은 사람이야.

기쁨은 희미해지는 자아를 들고 조용히 바라본다. 버럭, 소심, 까칠이 기쁨에게 다가온다.

까칠 기쁨아… 이제… 어쩌지?

기쁨 나도 몰라.

그들이 예상했던 대답이 아니다.

기쁨 (계속) 불안이를 어떻게 막을지 모르겠어. 그럴 수 없나 봐. 어른이 되면 이렇게 되는 건가 봐. 기쁨을 덜 느끼는 게 되는 거.

모두들 주변을 둘러본다. 슬픈 현실이지만 이것이 진실일 수도 있다. 기쁨이 자아를 들어올린다.

기쁨 하지만 이건 확실해. 우리가 이걸 본부에 가져가지 못하면 라일리는 예전의 모습을 찾을 수 없어. 서둘러야 해.

감정들이 서로를 바라본다.

까칠 하지만 어떻게?

fade 희미해지다 **stare at** ~를 빤히 바라보다 **approach** 다가오다 **grow up** 어른이 되다, 자라다, 성장하다 **reality** 현실

CHAPTER 24

Back to Headquarters

INT. HOCKEY RINK

Riley skates to center ice. Directly across from Grace. They stare down to face off.

GRACE Have a good game, Riley.

RILEY You too.

The puck is dropped. Slo-mo.

IN HQ - NEW SENSE OF SELF

RILEY (V.O.) (Sense of Self) I'm not good enough.

WITH RILEY

Riley's eyes follow the puck, looking anxious and ready. Then the puck drops in real time. Riley gets the puck and the game is on. Riley on a breakaway.

실내. 아이스하키 경기장

라일리가 스케이트를 타고 빙판 중앙으로 간다. 바로 앞에는 그레이스가 있다. 두 사람은 아래를 바라보며 경기 시작을 기다린다.

그레이스　잘해, 라일리.

라일리　너도.

퍽이 슬로우 모션으로 떨어진다.

본부 안 – 새로운 자아

라일리　(자아의 목소리) 난 안 되나 봐.

라일리 화면

퍽을 따라가는 라일리의 눈빛. 불안해 보이지만 이내 경기에 몰두한다. 실제 속도로 퍽이 떨어진다. 라일리가 퍽을 낚아채면서 경기가 시작된다. 라일리가 단독으로 치고 나간다.

directly 바로 **face off** (아이스하키) 양팀의 센터가 마주서서 심판이 떨어뜨리는 퍽을 빼앗으려 하며 경기를 시작/재개하다 **anxious** 불안한, 걱정스러운 **on a breakaway** (골대를 향해) 단독으로 치고 나가는

IN HQ

Anxiety driving at the console, getting sweaty.

ANXIETY Yes! Go, go, go!

WITH RILEY

DANI Riley! I'm open! Pass it! Pass it!

Riley spots Dani.

IN HQ - NEW SENSE OF SELF

RILEY (V.O.) (Sense of Self) I'm not good enough.

WITH RILEY

Riley slips by a defender and slaps a shot past Bree in goal. Score! Valentina and the Fire Hawks celebrate.

VALENTINA Yeah Michigan!

DANI Leave some for the rest of us, huh?

IN HQ

An orange memory rolls out of all the girls celebrating Riley's goal.

본부 안

불안이 콘솔을 조종한다. 얼굴에서 땀이 난다.

불안 그래! 가, 가라고!

라일리 화면

대니 라일리! 여기 비었어! 패스! 패스해!

라일리가 대니를 쳐다본다.

본부 안 – 새로운 자아

라일리 (자아의 목소리) 난 안 되나 봐.

라일리 화면

라일리가 수비수를 제치고 브리가 막고 있는 골대를 향해 슛을 날린다. 골인이다! 밸과 파이어호크 팀원들이 환호한다.

발렌티나 좋았어, 미시간!

대니 우리도 좀 하게 해줘.

본부 안

아이들이 라일리의 골을 축하하는 장면을 담은 주황색 기억이 굴러 나온다.

sweaty 땀이 나는 **slip by** 미끄러지듯 지나가다 **defender** 수비수 **slap a shot** 슛을 날리다 **celebrate** 축하하다

ANXIETY Yes! One down! Two to go!

Anxiety's 3 light tracker lights up. She indicates we've scored the first goal!

EXT. BACK OF THE MIND

Disgust and the others stand at the edge of the canyon and look out towards HQ.

DISGUST Okay so how do we get her Sense of Self from here... to there?

ANGER (sigh) I have an idea, but I really don't like it.

JOY Anger, Riley needs us.

The others wait.

ANGER Oh Pouchy!!

They look around; nothing happens.

ANGER (to the others) Well, what are you waiting for?! [95] Say the words!

불안　좋아! 한 골 넣었어! 이제 두 골 남았네!

3개의 불이 달린 표시판에 불이 켜진다. 불안은 첫 골을 표시한다!

실외. 기억의 저편

까칠과 다른 감정들은 협곡 끝자락에 서서 멀리 있는 본부를 바라본다.

까칠　어떻게 자아를 가지고… 저기까지 가지?

버럭　(한숨을 쉬며) 좋은 수가 있지만, 그리 달가운 방법은 아니야.

기쁨　버럭아, 라일리는 우리가 필요해.

다른 감정들도 버럭의 말을 기다린다.

버럭　오, 파우치!!

감정들이 주위를 둘러본다. 아무 일도 일어나지 않는다.

버럭　(다른 감정들에게) 뭘 망설이는 거야?! 같이 하자고!

tracker 추적하는 표시 indicate 표시하다 canyon 협곡

ANGER/ JOY/FEAR/ DISGUST OH POUCHY!

Their call echoing throughout the mind. Suddenly, Pouchy flies in--

POUCHY Hi everybody! I'm Pouchy!

The emotions all happy to see Pouchy again, except Anger.

ANGER (over it) We know.

JOY Pouchy, we need to get back to headquarters. Do you have anything that can help us?

POUCHY I have lots of items! Which one do you think will work the best? A roll of tape?

A ROLL OF TAPE appears next to Pouchy.

POUCHY (CONT'D) A rubber ducky?

A RUBBER DUCKY appears next to Pouchy.

ANGER No time!

Anger shoves his arm into Pouchy's mouth and digs.

버럭/
기쁨/소심/
까칠 오, 파우치!

이들이 파우치를 부르는 소리가 기억의 저편 전역에 울려 펴진다. 갑자기 파우치가 날아온다.

파우치 다들 안녕! 난 파우치야!

다들 파우치를 다시 만나서 반가워하지만 버럭은 그렇지 않다.

버럭 (무심하게) 알아.

기쁨 파우치야, 우린 본부로 돌아가야 해. 우리가 쓸 만한 게 있어?

파우치 많지! 어떤 게 제일 좋을까? 테이프?

테이프 뭉치가 파우치 옆에 나타난다.

파우치 (계속) 고무 오리 인형?

고무 오리 인형이 파우치 옆에 나타난다.

버럭 그럴 시간 없어!

버럭이 파우치의 입속에 팔을 쑤셔 넣고 파헤치기 시작한다.

echo throughout ~ 전역에 울려 퍼지다 **fly in** 날아 들어오다 **except** ~를 제외하고 **work** 효과가 있다 **rubber ducky** 고무로 된 오리 인형 **shove** 쑤셔 넣다 **dig** 파헤치다

POUCHY (voc: choking)

Anger reaches back in to grab dynamite, dynamite, and more dynamite.

DISGUST Seriously, Pouchy? Dynamite?! Don't you have like a jetpack or a plane or something that's gonna help us?

POUCHY What do you think, I have everything in here? I offered you the rubber ducky, I offered you the tape--

Joy looks at the dynamite then down at the pile.

JOY I know what to do! But we're going to need a lot more dynamite.

POUCHY (gagging) You know what? Good luck--

INT. HOCKEY RINK

WITH RILEY: Skating Hard.

IN HQ

Anxiety driving hard.

ANXIETY Come on Riley, get the puck! Take it! Take it!

파우치 (목이 막힌다)

버럭이 깊숙한 곳에서 다이너마이트를 끄집어내고, 끄집어내고, 또 끄집어낸다.

까칠 이게 다야, 파우치? 다이너마이트밖에 없어?! 제트팩이나 비행기처럼 쓸 만한 건 없니?

파우치 내가 만물상 가방이야? 오리 달라고 하니까 오리를 줘. 테이프를 달라니까 테이프를…

다이너마이트를 보고 있던 기쁨, 밑에 있는 기억 더미를 쳐다본다.

기쁨 방법이 생각났어! 헌데 다이너마이트가 훨씬 더 많이 필요해.

파우치 (구역질을 하며) 그래? 잘 해 봐—

실내. 아이스하키 경기장

라일리 화면: 라일리가 열심히 빙판 위를 달린다.

본부 안

불안도 열심히 조종하고 있다.

불안 어서 라일리, 퍽을 잡아! 잡아! 잡으라고!

choke 숨이 막히다 **grab** 붙잡다 **jetpack** 제트팩 (개인용 분사 추진기로 엔진을 부착해 가방처럼 메고 하늘을 날 수 있게 만든 장비)
offer 제공하다 **gag** 구역질을 하다

WITH RILEY

Riley spots Dani with the puck.

IN HQ - NEW SENSE OF SELF

RILEY (V.O.) (Sense of Self) I'm not good enough.

WITH RILEY

Riley goes to steal the puck from Dani. They struggle and fight over it.

DANI Michigan, what are you doing?! We're on the same team!

Riley shoves Dani and takes the puck and heads for the goal.

IN HQ

Excitedly driving.

WITH RILEY

Riley shoots the puck-- Right into the net! Her second goal!

RILEY Yes!

IN HQ

An orange memory rolls out of Riley making the 2nd goal.

라일리 화면

라일리는 대니가 퍽을 잡는 것을 본다.

본부 안 – 새로운 자아

라일리 (자아의 목소리) 난 안 되나 봐.

라일리 화면

라일리가 대니에게서 퍽을 가로채려고 한다. 그들은 퍽을 차지하려고 몸싸움을 한다.

대니 미시간, 뭐 하는 거야?! 우린 같은 팀이야!

라일리가 대니를 밀치고 퍽을 차지하더니 골대를 향해 내달린다.

본부 안

불안이 흥분을 감추지 못하고 조종을 한다.

라일리 화면

라일리가 슛을 날린다. 골망으로 퍽이 빨려 들어간다! 두 번째 골이다!

라일리 좋아!

본부 안

라일리가 두 번째 골을 넣은 장면이 주황색 기억으로 굴러 나온다.

steal 가로채다 **shove** 밀치다 **head for** ~를 향해 가다 **excitedly** 흥분해서

ANXIETY Uh, well, Dani might be a little mad at us, but they'll all forgive us when we make the team. Come on, Riley! One more goal!

Conflicted, Anxiety soldiers on.

INT. BACK OF THE MIND

A huge stack of dynamite at the base of the pillar. Pan up to see the pile of memories.

DISGUST Uh, hold on, Joy. We're going to blow up this cliff?

JOY Yup!

DISGUST And then we'll ride an avalanche of bad memories back to headquarters?

JOY Yeah.

DISGUST And how do we keep the bad memories from forming bad beliefs? [96]

JOY I don't know.

Beat.

불안 음, 대니가 지금은 화가 좀 나겠지만 팀에 뽑히면 용서해 줄 거야. 자, 라일리! 한 골만 더 넣어!

마음에 갈등이 일긴 하지만 불안은 굴하지 않고 계속 조종을 한다.

실내. 기억의 저편

기둥 아래에 폭탄이 잔뜩 쌓여 있다. 카메라가 위로 올라가면서 산더미처럼 쌓인 기억들을 보여준다.

까칠 잠깐만, 기쁨아. 그러니까 이 절벽을 폭파시키자는 거니?

기쁨 맞아!

까칠 나쁜 기억들이 산사태처럼 흘러내릴 거니까 그걸 타고 본부로 돌아간다고?

기쁨 그래.

까칠 그럼 나쁜 기억이 나쁜 신념을 만들어내면 어떡해?

기쁨 나도 몰라.

정적이 흐른다.

forgive 용서하다 **make the team** 팀에 들어가다 **conflicted** 고민하는, 갈등을 겪는 **soldier on** (곤란에 굴하지 않고) 계속해나가다 **stack** 더미, 쌓여 있음 **base** 밑부분 **pillar** 기둥 **blow up** 폭파시키다 **cliff** 절벽 **avalanche** [ǽvəlæntʃ] 산사태 **beat** 정적

DISGUST Um, yeah. What could go wrong? I'm in!

JOY Ready?

ANGER For Riley.

DISGUST Let's do it.

FEAR Here we come, Riley.

All four grab the plunger. They ALL detonate the dynamite together. A MASSIVE EXPLOSION on the pieces of the mind below the Avalanche.

JOY Jump on!

The pile of memories flows through the canyon. The Emotions struggle vainly to stay afloat. Joy flows downstream, the memories swirling like a raging river. She's pulled under by the current, gasping for breath. Over the Sar-Chasm!

까칠 음, 그래. 까짓 거 무슨 일 나겠어? 난 찬성!

기쁨 준비됐어?

버럭 라일리를 위해서.

까칠 해보자!

소심 라일리, 우리가 간다.

네 감정들이 함께 손잡이를 잡고 다이너마이트를 터트린다. 거대한 폭발이 일어나 기억들이 산사태처럼 흘러내린다.

기쁨 올라 타!

수많은 기억들이 협곡을 타고 흘러간다. 감정들은 기억 위에 떠 있으려고 애를 쓴다. 기쁨도 아래로 떠내려가고 기억들은 거세게 흐르는 강처럼 소용돌이친다. 숨을 헐떡이며 조류에 휩쓸리는 기쁨, 비아냥 대협곡으로 떨어진다!

I'm in! 도모하는 일에 '나도 끼겠다'고 할 때 자주 쓰는 표현 **grab** 붙잡다 **plunger** 손잡이 **detonate** 폭파시키다 **massive** 거대한 **explosion** 폭발 **canyon** 협곡 **vainly** 헛되이, 허사로 **swirl** 소용돌이치다 **raging** (분노한 듯) 아주 빠르게[맹렬하게, 사납게] 흐르는 **current** 조류, 흐름 **gasp** 숨을 제대로 못 쉬다, 헐떡이다

CHAPTER 25

Riley Hurts Grace

WITH RILEY

Riley shoots-- Bree blocks it.

IN HQ

ANXIETY

Come on!

WITH RILEY

Riley shoots -- Bree blocks it again.

IN HQ

ENVY

Aw man!

IN HQ - SENSE OF SELF

WITH RILEY

Riley shoots-- and Bree continues to block it.

라일리 화면
라일리가 슛을 한다. 브리가 막는다.

본부 안

불안 이런!

라일리 화면
라일리가 슛을 하고 브리가 다시 막는다.

본부 안

부럽 아, 참 내!

본부 안 – 자아
라일리 화면
라일리가 슛을 날리지만 계속해서 브리가 막는다.

block 막다 **continue to do** 계속해서 ~하다

IN HQ - SENSE OF SELF

RILEY (V.O.) (Sense of Self) I'm not good enough.

WITH RILEY

ANXIETY (O.S.) You have to score!

Riley shoulder checks the player, it's Grace! Grace falls to the ice and slides all the way into the boards. Riley too distracted by making this shot doesn't notice. She shoots-- Bree blocks it!

COACH ROBERTS Andersen! Penalty box! Two minutes!

IN HQ

ANXIETY No!

WITH RILEY
Riley is frozen on the ice watching the other girls rally around Grace.

BREE Grace! Are you ok?

본부 안 - 자아

라일리 (자아의 목소리) 난 안 되나 봐.

라일리 화면

불안 (화면 밖 목소리) 골을 넣어야 해!

라일리가 상대 선수를 어깨로 강하게 밀치는데 다름아닌 그레이스였다! 그레이스가 빙판에 쓰러지고 펜스까지 밀려난다. 슛을 하는 데 온 정신이 팔린 라일리는 이를 알아채지 못한다. 라일리가 슛을 하는데… 브리가 또 막는다!

로버츠 코치 앤더슨! 페널티 박스로 가! 2분간 퇴장이야!

본부 안

불안 안 돼!

라일리 화면
얼어붙은 듯 빙판에 가만히 서 있는 라일리, 다른 아이들이 그레이스 주위로 다가가는 모습을 바라본다.

브리 그레이스! 괜찮아?

shoulder check 어깨로 밀치다 **board** 경기장 펜스 **distracted** 딴 데 정신이 팔린 **frozen** (얼어붙은 듯) 꼼짝 않는, 정지해 있는 **rally** 집결하다, 모이다

IN HQ

ENVY We hurt Grace!

ANXIETY It all happened so fast! I didn't even see her.

Riley skates off to the penalty box and sits on the bench upset.

IN HQ

RILEY (V.O.) (Sense of Self) I'm not good enough.

ANXIETY Oh no, what did I do?

Intercut - Riley breathing heavily and Anxiety panicking trying to fix things on the console.

ANXIETY No, no. I can fix it. I can fix it.

WITH JOY
BLOOSH! Under water now, Joy struggles for breath as she's beat by memories plummeting into the water all around her. She gasps for breath, swimming for her life beneath the waters of Consciousness... She spots the Sense of Self and grabs it and swims to the surface!

본부 안

부럽 우리가 그레이스를 다치게 했어!

불안 너무 순식간에 일어난 일이야! 난 그레이스를 보지도 못했다고.

라일리가 페널티 박스로 이동해 벤치에 앉는다. 화가 난 표정이다.

본부 안

라일리 (자아의 목소리) 난 안 되나 봐.

불안 이런, 내가 무슨 짓을 한 거지?

장면 교차 삽입 – 라일리가 거칠게 숨을 쉰다. 매우 당황한 불안은 이 사태를 바로잡기 위해 콘솔을 부단히 조종한다.

불안 아니, 아니야. 내가 바로잡을 수 있어. 바로잡을 수 있다고.

기쁨 화면

풍덩! 물속에 떨어진 기쁨은 숨쉬기가 힘들다. 물 아래로 가라앉는 기억들 때문에 몸을 제대로 가눌 수 없다. 기쁨은 숨을 헐떡이며 의식의 흐름 속에서 젖 먹던 힘을 다해 헤엄을 친다. 그러다 자아를 발견하고 손에 움켜쥐고는 수면 위로 올라간다!

upset 화가 난 **intercut** 장면 삽입 **panicking** 겁에 질린 **bloosh** 철퍼덕! 물속에 떨어지는 소리 **plummet** [plʌ́mit] 빠지다, 곤두박질치다 **surface** 수면

INT. BELIEF SYSTEM

FOOM! The memories pour into the Belief System. The Emotions wash up on the center island, beaten and battered... One of the bad memories plants itself. It's the math test one.

MALE TEACHER (O.S.) I expected better Riley...

JOY What? No! Ugh, Come on!

Joy and the others head towards the elevator to return to HQ.

IN HQ

RILEY (V.O.) (in new Sense of Self) I'm not good enough.

WITH RILEY

Riley is sitting in the penalty box, her time is ticking down. Her leg shaking.

RILEY Come on, Riley. Get it together.

IN HQ

Anxiety starting to spin out on the console.

ANXIETY Come on, Riley, get it together!

실내. 신념 저장소

펑! 기억들이 신념 저장소로 쏟아져 들어온다. 감정들은 중앙에 있는 섬까지 휩쓸려 올라간다. 만신창이가 된 모습이다… 나쁜 기억 하나가 싹을 틔우며 자라난다. 수학 시험에 관한 기억이다.

남자 선생님 (화면 밖 목소리) 내가 기대하는 게 너무…

기쁨 뭐야? 안 돼! 어, 이건 아니야!

기쁨과 다른 감정들은 본부로 돌아가기 위해 엘리베이터를 향해 달려간다.

본부 안

라일리 (새로운 자아 목소리) 난 안 되나 봐.

라일리 화면
라일리가 페널티 박스에 앉아 있다. 퇴장 시간이 흘러간다. 라일리가 다리를 떤다.

라일리 제발 라일리. 정신 차려.

본부 안
불안은 콘솔 주위를 빠르게 돌아다니며 조종을 한다.

불안 제발 라일리, 정신 차려!

pour 쏟아지다 **beaten** 두들겨 맞은 **battered** 공격을 받은 **tick down** 째깍거리며 흘러가다 **shake** 떨리다, 흔들리다
Get it together. 정신 차려. **spin** 빙글빙글 돌다

WITH RILEY

RILEY (V.O.) (in new Sense of Self) I'm not good enough.

Clenching her chest, she sits on the ground curled up.

IN HQ

Anxiety really spinning now.

ANXIETY You have to score, Riley! Or this will all have been for nothing!

The other emotions watch on concerned.

ENVY Anxiety! You're putting too much pressure on her!

Envy tries to reach the console but is flung back into Sadness! Sadness and the other new emotions head to the Sense of Self and try to pull it out.

WITH RILEY

Riley starts to curl over. Grace looks over and spots Riley in the penalty box. She knows something's not right.

COACH ROBERTS (O.S.) Okay! Let's take a breather.

라일리 화면

라일리 (새로운 자아 목소리) 난 안 되나 봐.

가슴을 움켜쥐는 라일리, 바닥에 몸을 웅크리고 앉는다.

본부 안

불안은 이제 콘솔을 매섭게 빙글빙글 돌고 있다.

불안 골을 넣어야 해, 라일리! 그렇지 않으면 이게 다 허사가 되는 거야!

다른 감정들이 걱정스러운 표정으로 바라본다.

부럽 불안아! 라일리를 너무 몰아붙이고 있잖아!

부럽이 콘솔에 다가가려고 하지만 뒤로 날아가 슬픔에게 부딪힌다! 슬픔과 새로운 감정들은 자아로 다가가 뽑아내려고 한다.

라일리 화면

라일리가 몸을 웅크린다. 그레이스가 고개를 돌려 페널티 박스에 있는 라일리를 바라본다. 뭔가 잘못되었다고 생각한다.

로버츠 코치 (화면 밖 목소리) 자! 잠시 휴식.

clench 움켜쥐다 **chest** 가슴 **curl up** 몸을 웅크리다 **be for nothing** 아무것도 아닌 게 되다, 허사가 되다 **concerned** 걱정하는 **pressure** 압박, 부담 **fling back** 뒤로 나가 떨어지다 **spot** 발견하다, 보다 **take a breather** 휴식을 취하다

CHAPTER 26

New Sense of Self

IN HQ

Anxiety has now formed a giant spiral around the console blocking everyone from it. Joy and the others emerge from the elevator. Anxiety is a maelstrom, surrounding the console and swirling through headquarters. Sadness and the others are still trying to pull out Anxiety's Sense of Self.

JOY Sadness!

SADNESS Joy! Help!

Joy and the old emotions rush to join Sadness and the new emotions, pulling on Anxiety's Sense of Self. They still aren't able to pull it out.

SADNESS Come on! We can do this!

본부 안

불안이 콘솔 주위로 거대한 소용돌이를 만들어서 다른 감정들이 들어갈 수 없다. 기쁨과 감정들이 엘리베이터에서 나타난다. 불안은 콘솔을 둘러싼 거대한 소용돌이가 되어 본부 전체에 회오리바람을 일으킨다. 슬픔과 다른 감정들은 불안이 만들어놓은 자아를 빼내려고 안간힘을 쓴다.

기쁨 슬픔아!

슬픔 기쁨아! 도와줘!

기쁨과 기존 감정들이 황급히 달려가 슬픔과 새로운 감정들과 함께 불안이 만든 자아를 잡아당기지만 쉽게 빠지지 않는다.

슬픔 자! 할 수 있어!

spiral 소용돌이 (원래 기본적인 의미는 '나선', '나선형') **block** 막다 **emerge** 나타나다 **maelstrom** 큰 소용돌이 **swirl** 빙빙 돌다, 소용돌이치다 **rush** 급히 달려들다

DISGUST It's not working!

SADNESS It's Anxiety!

Joy looks to Anxiety at the console. She hands Sadness the Sense of Self and soldiers towards the whirlwind. She's blown back, but redoubles her efforts and reaches towards the whirlwind. Closer... Closer...
POP, she's in. Silence. Joy moves to Anxiety, angry.

JOY Anxiety, stop!

Joy grabs for Anxiety but goes right through her. Joy is confused. She sees Anxiety flickering.

JOY You don't get to choose who Riley is.

Anxiety stares forward. Her hands are gripped onto the console. She's clearly spun herself out and cannot stop.

까칠 안 되잖아!

슬픔 불안이 때문이야!

기쁨은 콘솔을 조종하는 불안을 바라본다. 그녀는 슬픔에게 자아를 건네주고 회오리를 향해 나아간다. 뒤로 밀려나기도 하지만 온 힘을 다해 회오리를 향해 조금씩… 조금씩… 발걸음을 옮긴다.
푹. 기쁨이 회오리 안으로 들어왔다. 주변은 조용하다. 기쁨이 분노하며 불안에게 다가간다.

기쁨 불안아, 그만해!

기쁨이 불안을 붙잡으려고 하지만 불안의 몸을 그냥 통과해 버린다. 혼란스러운 기쁨, 온몸이 깜빡거리는 불안을 바라본다.

기쁨 라일리가 어떤 사람일지 네가 선택할 수는 없어.

불안은 앞만 뚫어지게 쳐다본다. 손은 콘솔을 꽉 부여잡고 있다. 완전히 압도당해서 멈출 수가 없다.

soldier (어려움 속에서도) 꿋꿋하게 나아가다 **redouble one's efforts** 노력을 배가하다 (여기서는 '온 힘을 다해 애쓴다'는 의미로 쓴 말) **go through** 통과하다 **confused** 혼란스러운 **flicker** 깜빡거리다 **forward** 앞으로 **grip** 잡다 **spin oneself out** 압도당하다

JOY Anxiety? You need to let her go.

Anxiety grabs on tighter... then finally lets go. As soon as she releases the handle, Joy grabs ahold and pulls her out of the storm. Joy leaves Anxiety and rejoins the others. They pull the Anxiety Sense of Self out. Joy takes the original Sense of Self and plugs it back in. Success!

RILEY (V.O.) (Sense of Self) I'm a good person.

WITH RILEY
Still having an anxiety attack.

IN HQ
The whirlwind continues. Joy confused: Why?

ANXIETY (exhausted) Joy, I'm sorry... I was just trying to protect her. 97
But you're right. We don't get to choose who Riley is.

This pings with Joy. SHE REMEMBERS:
FLASHBACKS from earlier, when she selected memories, then sent them to the Back of the Mind.

JOY (in flashback) We keep the best, and toss the rest!

기쁨 불안아? 라일리를 놔 줘.

불안이 콘솔을 더 세게 잡는다… 그러다 마침내 손을 놓는다. 불안이 핸들을 놓자 기쁨이 그녀를 붙잡고 회오리 밖으로 끌고 나간다. 기쁨은 불안을 두고 다른 감정들과 함께 불안이 만든 자아를 빼낸 뒤 원래의 자아를 그 자리에 끼워 넣는다. 성공이다!

라일리 (자아 목소리) 난 좋은 사람이야.

라일리 화면
여전히 공황장애 증세를 보인다.

본부 안
회오리는 사라지지 않는다. 기쁨은 당황한다. 왜 이런 거지?

불안 (지친 모습으로) 기쁨아, 미안해… 난 라일리를 보호하려고 했을 뿐이야. 하지만 네가 맞아. 라일리가 어떤 사람일지 우리가 선택할 순 없어.

이 말을 듣고 기쁨이 무언가를 깨닫는다. 기쁨이 다음과 같은 것들을 기억한다:
과거 회상 장면. 기쁨이 기억을 선별한 후 기억의 저편으로 날려버리는 모습이다.

기쁨 (과거 회상) 좋은 기억만 남기고 나머지는 버리는 거야!

tight 단단히, 꽉 **release** 풀어주다, 놓다 **grab ahold** 붙잡다 **original** 원래의 **anxiety attack** 불안발작 **whirlwind** 회오리바람 **protect** 보호하다 **ping with someone** (중요한 어떤 것을) ~에게 핑 하고 깨닫게 해주다, (중요한 어떤 것이) ~에게 핑 하고 떠오르다 **toss** 버리다

WITH JOY

Joy looks down.

INT. BELIEF SYSTEM

The bad memories are all starting to plant themselves as new beliefs grow from them.

REFEREE (from memory) 28! Andersen! Tripping!

RILEY (from memory-- Riley slams the door to her room) Ugh!

WITH RILEY

Curled over in the penalty box still having an anxiety attack.

IN HQ

The Sense of Self holder starts to pulsate as light tries to grow up the stalk. But it's blocked.

RILEY (V.O.) (Sense of Self) I'm a good person.

Joy knows what to do. She walks over to the original Sense of Self that she just put in and rips it out!

기쁨 화면

기쁨이 아래를 내려다본다.

실내. 신념 저장소

나쁜 기억들이 싹을 틔우기 시작하자 새로운 신념이 자라난다.

심판 (과거 기억) 28번! 앤더슨! 트리핑 반칙!

라일리 (과거 기억 – 방문을 세게 쾅 닫으며) 으악!

라일리 화면

페널티 박스에서 몸을 웅크리고 있다. 여전히 공황 증세를 보인다.

본부 안

자아 받침대가 요동친다. 줄기를 타고 빛이 올라오려고 하지만 막혀 있다.

라일리 (자아 목소리) 난 좋은 사람이야.

기쁨은 이제 어떻게 해야 하는지 알고 있다. 자아가 있는 곳으로 가서 방금 꽂아 넣은 원래 자아를 떼어낸다!

slam 쾅 닫다 pulsate 진동하다, 요동치다 stalk 줄기 rip ~ out ~를 떼어내다

DISGUST Joy! What are you doing!?

WITH RILEY

Still having a panic attack.

IN HQ

A new Sense of Self starts to form, this one changing, never settling.

RILEY (V.O.) I'm selfish.

RILEY (V.O.) I'm kind.

RILEY (V.O.) I'm not good enough.

RILEY (V.O.) I'm a good person.

RILEY (V.O.) I need to fit in but, I want to be myself.

RILEY (V.O.) I'm brave, but I get scared.

RILEY (V.O.) Success is everything.

RILEY (V.O.) I make mistakes.

까칠 기쁨아! 뭐 하는 거야!?

라일리 화면

여전히 공황 증세를 보인다.

본부 안

새로운 자아가 형성되기 시작한다. 이 자아는 지속적으로 형태가 바뀐다.

라일리 (목소리) 난 이기적이야.

라일리 (목소리) 난 친절해.

라일리 (목소리) 난 안 되나 봐.

라일리 (목소리) 난 좋은 사람이야.

라일리 (목소리) 난 어울리고 싶지만 혼자도 좋아.

라일리 (목소리) 난 용감하지만 무섭기도 해.

라일리 (목소리) 성공이 중요해.

라일리 (목소리) 난 실수를 해.

panic attack 불안발작, 공황증상 **settle** 안정되다 **selfish** 이기적인 **fit in** 어울리다

Joy walks over to it.

RILEY (V.O.) I'm nice.

RILEY (V.O.) I'm mean.

RILEY (V.O.) I'm a good friend.

RILEY (V.O.) I'm a terrible friend.

RILEY (V.O.) I am strong.

RILEY (V.O.) I'm weak.

RILEY (V.O.) I need help sometimes.

Joy looks at the new Sense of Self, and embraces it. Hugging it tightly. Protecting it.

INT. PENALTY BOX

Riley's breathing calms.

Sadness sees what she's doing and joins Joy.

기쁨이 새로운 자아에게 다가간다.

라일리 (목소리) 난 착해.

라일리 (목소리) 난 못됐어.

라일리 (목소리) 난 좋은 친구야.

라일리 (목소리) 난 나쁜 친구야.

라일리 (목소리) 난 강해.

라일리 (목소리) 난 약해.

라일리 (목소리) 난 때로는 도움이 필요해.

기쁨이 새로운 자아를 바라보더니 이를 꼭 안아준다. 꽉 껴안는 모습이 마치 자아를 보호하려는 듯하다.

실내. 패널티 박스

라일리의 숨이 차분해진다.
기쁨의 모습을 보고 있던 슬픔, 그녀와 함께 자아를 껴안는다.

mean 사악한, 비열한, 못된 **terrible** 끔찍한, 형편없는 **embrace** 껴안다 **tightly** 꽉 **protect** 보호하다 **calm** 차분해지다

INT. HEADQUARTERS

All of the other emotions come to circle around and hug the new Sense of Self with Joy.

WITH RILEY

She calms.

IN HQ

The storm subsides. Joy and the emotions look over the console.

INT. PENALTY BOX

Riley is calming down. She starts to come back to the moment. Feeling the bench, hearing the laughing of the other players. Watching the puck and the players skates on the ice.

Bree and Grace gather around Riley in the box.

GRACE Riley, you ok?

실내. 본부

다른 감정들도 새로운 자아를 둘러싸고 기쁨과 함께 껴안는다.

라일리 화면

라일리가 침착해진다.

본부 안

회오리가 잦아든다. 기쁨과 다른 감정들이 콘솔을 바라본다.

실내. 페널티 박스

라일리가 점점 침착해진다. 지금 이 순간으로 돌아온다. 자신이 앉아 있는 벤치를 느끼고, 선수들의 웃음소리도 들린다. 퍽이 보이고 빙판에서 스케이팅을 하는 선수들도 보인다.

브리와 그레이스가 페널티 박스에 앉아 있는 라일리에게 온다.

그레이스 라일리, 괜찮아?

circle around 둘러싸다 subside 잦아들다 calm down 침착하다 gather 모이다

Riley looks at her friends.

INT. HEADQUARTERS

All the emotions look at the screen, and step up to the console -- except Joy, who stands back with Anxiety.

WITH RILEY

Riley approaches them.

RILEY (sigh) Yeah. I mean, no.

She knows what she needs to do.

RILEY I was such a jerk to you guys. When you guys told me you were going to a different school I freaked out and-- (sigh) I'm so sorry. If you don't wanna be friends anymore, I get it. But I really hope that you can forgive me. Someday.

Bree and Grace listen... then put their hands out for a fist bump. Riley meets their fist bump. Then hugs them.

COACH ROBERTS (O.S.) Let's go, ladies.

GRACE Come on, we've got a game to finish.

라일리가 친구들을 바라본다.

실내. 본부

모든 감정들이 화면을 바라보고 콘솔로 다가간다. 기쁨은 불안과 함께 뒤에 서 있다.

라일리 화면

라일리가 그들에게 다가간다.

라일리 (한숨을 쉬며) 응. 사실, 안 괜찮아.

라일리는 이제 어떻게 해야 하는지 알고 있다.

라일리 내가 너희들에게 너무 바보짓을 했어. 너희가 다른 학교에 간다고 했을 때 너무 겁이 나서… (한숨을 쉬며) 미안해. 이제 나랑 친구하기 싫다고 해도 이해해. 하지만 날 용서해주면 좋겠어. 언젠가는 말이야.

브리와 그레이스가 라일리의 말을 듣고… 손을 뻗어 주먹 세리머니를 하려고 한다.

라일리가 주먹을 부딪힌다. 그리고 그들을 껴안는다.

로버츠 코치 (화면 밖 목소리) 애들아, 이제 들어와.

그레이스 자, 경기를 마저 끝내야지.

approach 다가가다 **jerk** 나쁜 사람, 바보 **freak out** 놀라다, 겁을 먹다 **sigh** 한숨을 쉬다 **forgive** 용서하다 **someday** (미래의) 언젠가 **fist bump** 주먹 부딪히는 인사

Relieved, the girls skate back to their positions.

She stands at the threshold, looking serious. She looks up, remembering something.

INT. HEADQUARTERS

The Emotions all stand at the console. Sadness notices yellow particles floating to the console. She turns to see they are coming from... Joy, standing at the back of the room. Sadness knows what this means.

SADNESS Joy. Riley wants you.

The other emotions part, stepping back, as Joy approaches the console. Anxiety sees what's going on and smiles. Joy touches the console. It glows yellow. Off Joy, feeling something she fears she'd never feel again: needed...

INT. RINK

For the first time since Act 1, Riley smiles.

IN HQ

Joy smiles.

아이들은 안도하며 본인의 자리로 돌아간다.

문턱에 서 있는 라일리의 표정이 진지하다. 위를 바라보며 무언가를 기억하려는 듯하다.

실내. 본부

감정들 모두 콘솔에 모여 있다. 슬픔은 노란색 입자가 콘솔을 향해 떠가는 모습을 바라본다. 고개를 돌려 그 입자가 어디에서 오는지 살펴보는데… 바로 본부 뒤에 서 있는 기쁨이다. 슬픔은 이 의미를 알고 있다.

슬픔 기쁨아. 라일리가 너를 원해.

다른 감정들이 뒤로 물러서며 길을 열어주자 기쁨이 콘솔로 다가간다. 이 모습을 지켜보는 불안은 미소를 짓는다. 기쁨이 콘솔을 건드리자 노란색으로 빛난다. 기쁨은 다시는 느끼지 못할까 봐 두려웠던 그 감정을 느끼고 있다. 바로 필요한 존재라는 감정이다…

실내. 아이스하키 경기장

사춘기 경보가 울린 후 처음으로 라일리가 활짝 웃고 있다.

본부 안

기쁨도 활짝 웃는다.

relieved 안심한 **position** 위치 **threshold** 문턱 **particle** 입자, 조각 **float** 떠다니다 **part** 길을 터주다, 갈라지다 **step back** 뒤로 물러서다 **for the first time since ~** ~ 이후 처음으로

WITH RILEY

HOCKEY GIRLS (O.S.) (encouraging game walla) I'm open! / Pass it! / Yes!

She skates out onto the ice, and plays with joy.

End on matching wide shots.

VALENTINA Riley!

Intercut the girls playing for fun with Joy on the console.

HOCKEY GIRLS Nour over here, I'm open!

ALLY Wohoo!!

SOFIA Yes!

NOUR Over here! I'm open!

IN HQ

DISSOLVE on the emotions at the console watching Riley play.

라일리 화면

하키부원들 (화면 밖 목소리) (재미있게 경기하며 웅성거린다) 나 비었어! / 패스! / 그렇지!

라일리가 링크장으로 들어가 재미있게 경기를 한다.
와이드 화면으로 장면이 마무리된다.

발렌티나 라일리!

아이들이 재미있게 경기를 하는 모습과 콘솔을 조종하는 기쁨의 모습이 교차 삽입된다.

하키부원들 노어 여기, 나 비었어!

앨리 우후!!

소피아 그렇지!

노어 여기! 비었다니까!

본부 안
감정들이 콘솔에 모여 라일리가 하키를 하는 모습을 바라본다. 화면 점점 어두워진다.

encouraging 힘찬, 격려의 **walla** 웅성이는 소리 **intercut** 장면 삽입 **for fun** 재미로, 재미삼아 **dissolve** 화면이 점점 어두워짐

CHAPTER 27

We Love All of Riley

INT. HIGH SCHOOL CAFETERIA—DAY

Start on crowd. PUSH IN to find Riley at lunch with Val and the Fire Hawks. It's the same frame as Anxiety's earlier projection of Riley alone at school only she's at a table full of friends.

Val finishes a story and everyone laughs. Riley has her phone on the table in front of her. She's staring at it.

VALENTINA Hey Minnesota, how long are you gonna stare at your phone?

RILEY It's almost 2! Coach is gonna post the list any minute! [98]

IN HQ

Joy driving...

JOY Okay 2 pm, that's in--

실내. 고등학교 식당—낮

아이들이 화면에 보인다. 카메라가 천천히 들어오면서 라일리가 밸과 파이어호크 팀원들과 함께 점심을 먹는 모습이 보인다. 라일리가 학교에서 외톨이가 될 거라는 불안의 예측과 같은 화면이지만 테이블에 친구들이 많다는 점이 다르다.

밸이 말을 끝내자 모두들 깔깔 웃는다. 바로 앞에 핸드폰을 놓아둔 라일리, 핸드폰을 뚫어지게 바라본다.

발렌티나 이봐 미네소타. 핸드폰 언제까지 쳐다볼 거야?

라일리 2시 다 됐어요! 코치님이 곧 명단을 올리신다고요!

본부 안

기쁨이 조종하고 있다…

기쁨 자 오후 2시야. 이제…

cafeteria 학교 식당 crowd 군중, 무리 projection 예측 full of ~로 가득한 stare at ~를 빤히 바라보다 any minute 곧

Anxiety pops up. And keeps popping around throughout:

ANXIETY Six minutes! And what happens if we don't become a Fire Hawk? Well, thanks for asking, Joy. I'll tell you:

Anxiety pulls up her projections.
PROJECTION 1 - RILEY watching Mom and Dad shaking their heads disappointedly at her (in their house).

ANXIETY First, Mom and Dad are very disappointed.

PROJECTION 2 - RILEY working as an ethnomusicologist.

ANXIETY (CONT'D) We don't go pro and we find work as an ethnomusicologist even though we don't really know what that is--

PROJECTION 3 - RILEY sitting on a park bench feeding squirrels.

ANXIETY We have no friends...

PROJECTION 4 - RILEY DEAD ON PARK BENCH

ANXIETY ...and we die alone. Ah!

불안이 갑자기 나타난다. 주변을 맴돌며 계속 뛰어다닌다:

불안 6분 남았어! 파이어호크가 되지 못하면 어떻게 하냐고? 질문 고마워, 기쁨아. 내가 알려줄게.

불안은 자신의 예측을 꺼낸다.

예측 1 - (집에서) 라일리는 엄마, 아빠가 고개를 저으며 딸에게 실망하는 모습을 바라본다.

불안 우선, 엄마와 아빠가 아주 실망하시겠지.

예측 2 - 라일리는 민족 음악학자로 일을 한다.

불안 (계속) 프로 하키 선수가 되지 못해서 민족 음악학자로 일을 하는 거야. 그게 뭔지 정확히 모르지만…

예측 3 - 라일리가 공원 벤치에 앉아 다람쥐에게 먹이를 준다.

불안 우리는 친구도 없이…

예측 4 - 라일리, 공원 벤치에서 죽다

불안 … 혼자 죽겠지. 아!

pop up 갑자기 나타나다 **throughout** 계속, 도처에 **disappointedly** 실망해서 **ethnomusicologist** 민족 음악학자 **feed** 먹이를 주다 **squirrel** 다람쥐 (우리가 보통 알고 있는 작은 줄무늬 다람쥐는 chipmunk라고 하고, 청설모처럼 줄무늬가 없는 다람쥐를 squirrel이라고 함)

WITH RILEY

Riley starts to feel anxiety on her face.

IN HQ

Joy steps forward, puts a calming hand on her shoulder.

JOY Ok, ok, none of that is happening right now. Is it?

ANXIETY No...

JOY Great! So why don't we take a seat in our special chair... [99]

ANXIETY Yeah, that's a great idea...

The crew sits Anxiety in the chair. Joy turns on the massage feature.

JOY See, isn't that better?

ANXIETY Oh yeah, that's the stuff.

JOY We can't control whether Riley makes the team. But what can we control?

ANXIETY Well, um, oh! Riley has a Spanish test tomorrow. We need to study!

라일리 화면

라일리가 걱정스러운 표정을 짓는다.

본부 안

기쁨이 앞으로 나와 불안의 어깨에 침착하게 손을 올린다.

기쁨 자, 자, 지금 일어나는 일은 아니잖아, 그렇지?

불안 그렇지…

기쁨 좋아! 우리 특별 의자에 앉는 건 어떨까?

불안 그래, 좋은 생각이야…

감정들이 불안을 의자에 앉히고 기쁨이 마사지 기능을 켠다.

기쁨 거봐, 한결 낫지?

불안 그래, 이거 물건이네.

기쁨 라일리가 팀에 뽑힐지 아닐지는 우리가 조종할 수 없지만 할 수 있는 것도 있잖아?

불안 오! 라일리가 내일 스페인어 시험이 있어. 공부해야 해!

calm 진정시키다 **take a seat** 앉다 **turn on** (전원을) 켜다 **massage** [məsáːʒ] 마사지 **feature** 특징, 기능 **That's the stuff.** 이거 물건이네.

JOY Oh! You're right! We totally--

ANXIETY Olvidamos.

JOY What's that mean?

ANXIETY "Forgot."

OLD AND NEW EMOTIONS Nice job, Anxiety! / Thanks for the reminder. / Good thinking! / Muchas gracias.

Anxiety looks around. She feels accepted by the group.

ANXIETY Oh, thanks guys.

Joy walks back to the console.

JOY Plus, we followed our new varsity-caliber training program!

ENVY Oh, I wish I thought of that.

JOY News Flash: You did!

ENVY Wait, you're right I did! I'm jealous of myself! Thanks for the reminder!

기쁨 오! 맞아! 완전히…

불안 올비다모스.

기쁨 그게 무슨 말이야?

불안 "까먹다."

기존 감정과 새 감정들 잘했어, 불안아! / 알려줘서 고마워. / 좋은 생각! / 무챠스 그라시야스.

불안은 주위를 돌아본다. 다른 감정들이 자신을 받아들였다는 느낌이 든다.

불안 고마워 애들아.

기쁨이 콘솔로 돌아온다.

기쁨 또 하나, 고등학교팀 역량 훈련 프로그램을 새롭게 하고 있잖아!

부럽 오, 그게 내 생각이면 좋을 텐데.

기쁨 뉴스 속보입니다. 그건 부럽이의 생각이었다고 하네요!

부럽 잠깐, 맞아 내 생각이었지! 난 내가 너무 질투나! 알려줘서 고마워!

Thanks for the reminder. (잊고 있었는데/안 까먹게) 알려줘서 고마워. (reminder는 '상기시켜주는 것') **Muchas gracias.** (스페인어) 정말 고마워. **accepted** 받아들여진, 소속된 **caliber** 자질, 역량 **news flash** 뉴스 속보 **jealous of** ~를 질투하는

POUCHY (O.S.) You're welcome.

JOY Who said that?

ANGER It's my new buddy Pouchy.

Reveal Anger wearing Pouchy.

POUCHY Hi everybody, I'm Pouchy!

ANGER Confetti if we make the team!

FEAR Oh, good idea--

Pouchy spits confetti all over Fear...

JOY That's great, but either way, we love our girl...

ANGER Confetti if we don't!

Pouchy projectiles more confetti at Fear.

WITH RILEY

Her phone beeps. She immediately grabs it. It could be the list!

VALENTINA Oh, is it Coach's email?

파우치 (화면 밖 목소리) 천만에.

기쁨 누가 말한 거야?

버럭 내 새로운 친구 파우치야.

버럭이 파우치를 차고 있다.

파우치 다들 안녕! 난 파우치야!

버럭 팀에 뽑히면 꽃가루를 뿌려!

소심 오, 좋은 생각…

파우치가 소심에게 꽃가루를 뱉는다.

기쁨 좋아, 하지만 그렇지 못해도 우린 라일리를 사랑한다고…

버럭 팀에 못 뽑혀도 꽃가루 뿌려!

파우치가 소심에게 꽃가루를 더 많이 뱉어낸다.

라일리 화면

핸드폰이 울리자 라일리가 얼른 움켜쥔다. 명단이 나왔을지도 모른다!

발렌티나 오, 코치님 메일이야?

buddy 친구 **confetti** (축하할 때 뿌리는) 여러 색깔의 색종이 조각 (또는 꽃가루) **spit** 내뱉다 **projectile** 발사하다 **beep** 울리다 **immediately** 즉시

RILEY No, it's Bree and Grace.

We see it's a photo from Grace of her and Bree with a message: "Good luck today!"

IN HQ

The emotions seeing Bree and Grace on the screen.

DISGUST Oh, I miss those girls.

Off the photo of Bree and Grace, Nostalgia enters.

NOSTALGIA Oh, remember when Bree and Grace and us used to--

The emotions all turn to see Nostalgia entering.

EMOTIONS Not yet! / You're still early! / Not quite!

Nostalgia backs herself out.

NOSTALGIA Ok, I'll just be downstairs if you need me...

And she's gone.

JOY (O.S.) It's three minutes to two. She's got this...

라일리 아니, 브리랑 그레이스예요.

그레이스와 브리의 사진과 함께 "오늘 행운을 빌어!"라는 메시지가 보인다.

본부 안

감정들도 화면으로 브리와 그레이스를 바라본다.

까칠 아, 저 애들 보고 싶어.

브리와 그레이스 사진 너머 추억 할머니가 들어온다.

추억 할머니 아, 그때 기억 나? 브리와 그레이스하고 같이…

감정들이 고개를 돌려 추억 할머니가 들어오는 모습을 바라본다.

감정들 아직 아니에요! / 너무 일찍 왔어요! / 멀었다고요!

추억 할머니가 뒤로 물러난다.

추억 할머니 알았어, 아래층에 있을 테니까 내가 필요하면…

그리고 사라진다.

기쁨 (화면 밖 목소리) 2시 3분 전이야. 라일리는 해낼 거야…

nostalgia 향수, 추억 **back oneself out** 뒤로 물러나다 **downstairs** 아래층에 **gone** 사라진 **three minutes to two** 2시 3분 전

EMBARRASS-MENT 'Cause she's got us! Ooo! Yeah! Right?! (then) 'Cause she's... Maybe?...

The emotions start to respond but Embarrassment jumps forward. They all turn to Embarrassment with his fist up.

JOY Alright, Embarrassment! Everybody, look at Embarrassment!

Joy gives him a high five. He hides in his hoodie.

WITH RILEY
She gathers her phone and her book. Val stops her. They have a moment.

VALENTINA Hey look, if you don't make it this year, there's always next year.

But Riley's way ahead of her.

RILEY I know.

She smiles. Val smiles back.

당황 우리가 있으니까 당연하지! 오오오! 예에! 안 그래?! (목소리 톤을 바꾸며) 걔가… 아마도?…

감정들이 이에 반응하려고 하는데 당황이 앞으로 뛰어든다. 모두들 고개를 돌려 주먹을 불끈 들어올리는 당황을 바라본다.

기쁨 좋았어, 당황아! 다들 당황이 좀 봐줘!

기쁨이 그에게 하이파이브 한다. 당황은 후드티 속에 얼굴을 숨긴다.

라일리 화면
라일리가 핸드폰과 책을 챙긴다. 밸이 그녀를 멈춰 세운다. 그들은 둘만의 시간을 갖는다.

발렌티나 이봐, 올해 못 들어와도 내년이 있잖아.

라일리는 이 사실을 이미 알고 있다.

라일리 맞아요.

라일리가 미소를 짓는다. 밸도 그녀에게 미소를 보인다.

then 목소리 톤을 바꾸며 **respond** 반응하다 **forward** 앞으로 **fist** 주먹 **gather** 챙기다, 모으다 **way** 매우, 훨씬 **ahead of** 잘 알고 있는, 앞선

IN HQ

ANXIETY I love our girl.

Joy starts recalling memories...

JOY How could you not?

WE SEE MEMORIES AS JOY TALKS.

MEMORY - showing her parents the test from Our Girl.

JOY (O.S.) She's super smart.

MEMORY - Riley playing hockey.

SADNESS (O.S.) And great at hockey.

MEMORY - Riley playing guitar with her friends.

DISGUST She's really creative.

ENNUI She can be bored but never boring.

JOY But she can be a little sarcastic from time to time.

본부 안

불안 난 우리 라일리가 너무 좋아.

기쁨이 기억들을 소환한다…

기쁨 어떻게 좋아하지 않을 수 있겠어?

기쁨이 말을 하는 동안 기억들이 화면에 나타난다.

기억 - 우리의 라일리가 부모님에게 시험 점수를 보여준다.

기쁨 (화면 밖 목소리) 정말 똑똑하고.

기억 - 라일리가 아이스하키를 한다.

슬픔 (화면 밖 목소리) 하키도 잘하고.

기억 - 라일리가 친구들과 기타를 친다.

까칠 창의적이고.

따분 자기는 심심해도 되지만 절대 남을 심심하게 만들진 않지.

기쁨 이따금 약간 비아냥거릴 때도 있어.

recall 소환하다 **super** 매우 **creative** 창의적인 **bored** 지루한 **boring** 지루하게 만드는 **sarcastic** 냉소적인 **from time to time** 이따금, 때때로

MEMORY - Riley says something to her parents, rolling her eyes...

FEAR (O.S.) She can have really bad ideas...

Joy recalls another memory - RILEY about to cut her bangs.

ANGER (O.S.) Occasionally, she can do the wrong thing.

Riley accidentally breaks a pepper grinder at the store and puts it back on the shelf.
Riley upset, crying to Mom and Dad.

JOY (O.S.) And sometimes she can be too hard on herself.

Joy and all the emotions walk over to Riley's Sense of Self.

JOY (O.S.) But every bit of Riley makes her who she is. And we love all of our girl.

기억 - 라일리가 부모님에게 무슨 말을 하며 못마땅하다는 듯 눈을 굴린다…

소심 (화면 밖 목소리) 나쁜 생각도 하고…

기쁨이 또 다른 기억을 소환한다 - 라일리가 앞머리를 자르려고 한다.

버럭 (화면 밖 목소리) 가끔 잘못된 행동도 하지.

라일리가 가게에서 실수로 후추 그라인더를 망가뜨리고 선반 위에 다시 올려놓는다.
라일리가 화가 나서 엄마 아빠에게 울음을 터트린다.

기쁨 (화면 밖 목소리) 또 가끔은 너무 자책할 때도 있어.

기쁨과 모든 감정들이 라일리의 자아에게 다가간다.

기쁨 (화면 밖 목소리) 하지만 이 모든 것들이 라일리를 라일리답게 만들어. 그리고 우리는 라일리의 모든 것을 사랑해.

roll one's eyes 눈알을 굴리다 **bang** 앞머리 **occasionally** 가끔, 이따금 **accidentally** 실수로 **pepper grinder** 후추 그라인더 **shelf** 선반 **be hard on oneself** 자기자신을 몰아붙이다, 스스로를 책망하다[자책하다]

WITH RILEY

Looking at a mirror in her locker.

JOY (O.S.) Every messy, beautiful piece of her...

THEN HER PHONE BEEPS. A NEW EMAIL. She looks down at her phone. Then back to the mirror. A subtle smile creeps across her face.

FADE TO BLACK

CREDITS ROLL

INT. DINING TABLE—DAY

Riley, Mom and Dad are sitting at the dining table having dinner.

MOM So Riley, how was camp?

Riley acts surprised by this question.

IN HQ

Riley's emotions at the console.

JOY Ok, we talked about this... we tell them everything.

WITH RILEY

라일리 화면

사물함에 있는 거울을 바라본다.

기쁨 (화면 밖 목소리) 완벽하진 않지만 아름다운 그녀의 모든 것을…

라일리의 핸드폰이 울린다. 새로운 메일이 도착했다. 라일리가 핸드폰을 본다. 그리고 고개를 들어 다시 거울을 바라본다. 그녀의 얼굴에 작은 미소가 보인다.

화면이 어두워진다.

엔딩 크레딧이 올라간다.

실내. 식탁—낮

라일리, 엄마, 아빠가 식탁에 앉아 저녁을 먹는다.

엄마 라일리, 캠프는 어땠니?

엄마의 질문에 라일리가 깜짝 놀란다.

본부 안

라일리의 감정들이 콘솔에 모여 있다.

기쁨 자, 전에 결정한 대로… 다 말씀드리는 거야.

라일리 화면

messy 엉망인 **subtle** 미세한, 미묘한 **creep** 살그머니[살며시] 나타나다 **have dinner** 저녁 먹다 **surprised** 놀란

RILEY Uh...

IN HQ

ANXIETY But what about sneaking into Coach's office?

ANGER What about hitting Grace?

ENVY Oh, remember the lying?

DISGUST Are we gonna tell her about the Fire Hawks?

ANGER She doesn't need to know.

FEAR Uh, objection.

Ennui emerges from the background and taps her phone.

ENNUI Pardon, excuse moi.

WITH RILEY

Riley looks up:

RILEY It was good.

라일리 어…

본부 안

불안 하지만 코치실에 몰래 들어간 건 어떻게 하고?

버럭 그레이스를 친 거는?

부럽 거짓말한 것도 기억 나지?

까칠 파이어호크 이야기도 할 거야?

버럭 그건 모르셔도 되지.

소심 어, 난 반대.

따분이 뒤에서 나타나 핸드폰을 건드린다.

따분 미안, 실례할게.

라일리 화면
라일리가 고개를 들고 쳐다보며:

라일리 좋았어요.

sneak into ~로 몰래 들어가다 **objection** 반대 **emerge** 나타나다 **tap** 누르다 **excuse moi** (프랑스어) = excuse me

Mom senses something.

IN MOM'S HQ

Mom's emotions at the console.

MOM'S ANGER She goes away for three days and all we get is "good"???

Mom's Anxiety enters from behind the curtain.

MOM'S ANXIETY And what about the red in her hair?? Did she join a gang?

MOM'S SADNESS Welcome back, Anxiety.

WITH DAD

Dad scrutinizes Riley. We zip into his head.

IN DAD'S HQ

Dad's emotions at the console. Anxiety emerges from the background.

DAD'S ANXIETY She goes away for three days and all we get is "good"?

엄마가 무언가를 감지한다.

엄마의 본부 안

엄마의 감정들이 콘솔에 모여 있다.

엄마의 버럭 3일 동안 나가 있었는데 고작 "좋았어요"라고???

엄마의 불안이 커튼 뒤에서 나타난다.

엄마의 불안 빨강 머리는 또 어쩌고?? 폭력 조직에 들어갔나?

엄마의 슬픔 다시 왔구나, 불안아.

아빠 화면

아빠가 라일리를 관찰한다. 화면이 빠른 속도로 그의 머릿속으로 들어간다.

아빠의 본부 안

아빠의 감정들이 콘솔에 모여 있다. 불안이 뒤에서 나타난다.

아빠의 불안 3일 동안 나가 있었는데 고작 "좋았어요"라고?

sense 감지하다, 알아차리다 **go away** 나가 있다 **gang** 폭력단체, 조폭 **scrutinize** 면밀히 살펴보다 **zip into** ~로 빠르게 (쌩 하고) 들어가다 **emerge** 나타나다

Beat.

DAD'S ANGER Yeah, sounds right.

DAD'S EMOTIONS Absolutely. / Asked and answered.

They recall a HOCKEY GAME.

DAD'S ANGER Back to the game.

DAD'S EMOTIONS Game time. / Aw, there we go. / What's the score?

DAD'S ANNOUNCER (O.S.) With a nice pass over to Reeves, comes across center ice...

CREDITS

INT. THE VAULT HALLWAY

Off a black screen, the door to the vault opens. Joy peeps in.

JOY Okay, Deep Dark Secret, it's time.

Deep Dark Secret steps towards the door a little bit and into the light. But hesitates.

정적이 흐른다.

아빠의 버럭 그럴 수 있지.

아빠의 감정들 물론이지. / 묻고 대답하고 끝!

감정들, 하키 게임을 소환한다.

아빠의 버럭 경기나 보자고.

아빠의 감정들 경기 할 시간이야. / 그렇지. / 점수는 어떻게 돼?

아빠의 캐스터 (화면 밖 목소리) 리브즈에게 패스하고 중앙으로 이동하는…

엔딩 크리딧 올라간다.

실내. 금고실 복도

검은 화면이 보인다. 금고 문이 열리고 기쁨이 안을 들여다본다.

기쁨 자, 깊이 숨겨둔 비밀아. 때가 됐어.

문을 향해 다가오는 깊이 숨겨둔 비밀, 빛이 있는 곳으로 나오려고 하다가 주저한다.

beat 정적 **vault** 금고, 금고실 **peep in** 안을 들여다보다 **hesitate** 주저하다

DEEP DARK SECRET (voc: bashful grunts)

JOY It's ok. Come on...

DEEP DARK SECRET (voc: I don't want to grunts)

Dark Secret steps out of the vault and into the hallway.

JOY Okay, let it go buddy. What's the secret?

DEEP DARK SECRET (sighs: ok fine) We burn hole in rug.

JOY Really? That's it? Whew, I thought you were gonna say the time we peed in the pool.

DEEP DARK SECRET (voc: grunt?)

Deep Dark Secret does a take. He quickly walks back into the vault and closes the door.

JOY Oh no! Wait! (then) And he's gone.

FADE TO BLACK

깊이 숨겨둔 비밀 (수줍게 으르렁거린다)

기쁨 괜찮아. 어서…

깊이 숨겨둔 비밀 (나가고 싶지 않다며 으르렁거린다)

금고 밖으로 발걸음을 내딛는 깊이 숨겨둔 비밀, 드디어 복도로 나온다.

기쁨 자, 이제 털어놔봐, 친구. 네 비밀이 뭐니?

깊이 숨겨둔 비밀 (한숨을 쉬며: '알았어') 카페트를 태워서 구멍을 냈어.

기쁨 정말? 그게 다야? 에휴, 난 또 수영장에서 몰래 오줌을 쌌다는 건 줄 알았지.

깊이 숨겨둔 비밀 (끄응 한다)

깊이 숨겨둔 비밀은 당황해서 기쁨을 다시 쳐다본다. 그리고는 재빨리 금고 안으로 들어가 문을 닫아버린다.

기쁨 아, 아니야! 잠깐만! (목소리 톤을 바꾸고) 정말 가버렸네.

화면이 어두워진다.

bashful 수줍어하는 **grunt** 끙 하는 소리를 내다 **let it go** 터놓다, 내려놓다 **pee** 오줌을 누다 **do a take** 황당해하며 다시 바라보다 **then** 목소리 톤을 바꾸며

Disney · PIXAR

INSIDE OUT 2

워크북

스크립트북에서 중요한 표현 100개를 뽑아 담았습니다.

w001. mp3

1	**It should be nothing but smooth sailing from…** 이제는 아무 문제없이 경기만 잘하면 되는…

라일리의 하키 경기가 시작되었습니다. 라일리의 안전목록 점검을 마친 소심이가 이제 편안하게 경기를 관람하려고 하네요.

smooth sailing을 단어 그대로 해석하면 부드러운 항해, 즉 '순항'이 되죠. 이는 큰 문제없이 일이 순조롭게 진행되는 상황을 의미하는 표현입니다. 그리고 nothing but은 only처럼 '오직, 단지 ~ 밖에 없는'이란 뜻입니다.

Since the kickoff, it has been nothing but smooth sailing.
경기가 시작되고 큰 문제없이 순조롭게 진행되고 있습니다.

It was smooth sailing on my first day at work.
근무 첫날은 순조로웠어요.

w002. mp3

2	**And that's Fear, kceping Riley on her toes!** 쟤는 소심이에요. 라일리가 항상 조심하게 하죠!

라일리가 상대 선수와 충돌하려고 하자 소심이는 '조심해!'라며 비명을 지릅니다. 기쁨이가 이름처럼 '소심'하게 경기를 지켜보는 소심이를 소개하고 있습니다.

on one's toes는 까치발을 하고 주변을 경계하듯 살펴보는 모습을 떠올리면 뜻을 쉽게 이해할 수 있습니다. '항상 준비된', '긴장을 늦추지 않는'의 뜻인데 소심이의 캐릭터에 정말 잘 어울리는 표현이네요.

Most students are smarter than me. They keep me on my toes!
대부분의 학생들이 나보다 더 똑똑해. 그래서 항상 긴장하고 준비를 해야 한다고.

Relax. You don't need to be on your toes all the time.
긴장 풀어. 항상 긴장을 할 필요는 없다고.

w003. mp3

3	**Sadness is in the house!** 슬픔이 등장입니다!

기쁨이가 잔뜩 흥분한 목소리로 슬픔이를 소개합니다. 하지만 슬픔이는 라일리가 퇴장을 당해서 콘솔에 머리를 박고 엉엉 울고 있네요.

〈사람 + be in the house!〉는 파티 등의 공식적인 자리에 누군가가 등장했다는 것을 흥겹게 알리는 표현입니다. '~ 등장이요!', 혹은 '~를 소개합니다!'처럼 경쾌한 해석이 어울리죠. 참고로, 식당이나 술집에서 손님에게 무료로 서비스를 제공할 때 It's on the house.(서비스입니다.)라고 하는데, 이때는 on the house라고 한다는 것도 알아두세요.

Oh, here he comes! Everyone, Mr. Tank is in the house!
아, 저기 오네요! 여러분, 탱크 씨를 소개합니다!

Why didn't you tell me the Dancing Queen will be in the house tonight? 오늘밤에 댄싱 퀸이 온다는 걸 왜 말해주지 않은 거야?

w004. mp3

4	**Let me catch you up.** 지금까지 어떤 일이 있었는지 얘기해 드릴게요.

라일리가 2분간 퇴장을 당해서 쉬는 동안 기쁨이는 영화를 보는 관객들에게 전편 이후 라일리가 어떻게 성장했는지 알려주려고 합니다.

〈catch + 사람 + up〉은 보통 '~를 따라잡다'라는 뜻으로 자주 쓰는 표현입니다. 하지만 이 대사에서는 '상대가 모르는, 그동안 있었던 밀린 소식이나 정보를 빠르게 알려주다'라는 의미로 쓰였습니다. 이 표현은 〈catch up with + 사람〉의 패턴으로도 쓸 수 있습니다. 또한 Let me ~는 '제가 ~해 드릴게요'라는 의미로 공손하게 무언가를 해주겠다는 표현입니다.

Sorry, I'm busy right now. You can catch me up later.
미안. 지금 바빠서. 나중에 알려줘.

I'd like to grab a coffee and catch up with you.
커피 한잔 하면서 너랑 밀린 얘기했으면 좋겠어.

w005. mp3

5	**Get Up and Glow is the best band EVER.** 겟업 앤 글로우는 정말 최고의 밴드야.

라일리가 헤드폰으로 음악을 들으며 온몸으로 리듬을 타고 있군요. 겟업 앤 글로우는 라일리에게 '방탄소년단'과 같은 존재입니다.

이 대사는 Get Up and Glow is the best band.라고 쓸 수도 있지만 이러면 '찐', '진짜로 최고'라는 느낌이 살지 않아요. 정말 최고라는 의미를 강조하고 싶다면 〈최상급 + 명사〉 뒤에 ever를 붙이는 게 좋습니다. 말을 할 때는 ever를 강하게 발음해 주세요.

You are my best friend EVER!
넌 정말 최고의 베프야!

I've been to many places in the world, but Seoul is the best city EVER.
전 세계 많은 곳을 다녀봤지만 서울이 정말 최고의 도시예요.

w006. mp3

6	**That's what I'm talkin' about!** 바로 그거야!

라일리가 하키 경기에서 멋진 플레이를 선보이자 아빠가 얼굴이 벌게질 정도로 흥분해서 이렇게 소리치고 있습니다.

스포츠 경기를 관람할 때 멋진 플레이가 나오면 흥분해서 '바로 그거지!', '좋아!'와 같은 말을 하죠. 영어에서는 That's what I'm talking about!이라는 감탄 표현으로 기쁨이나 흥분된 감정을 표현할 수 있습니다. 또한 '내 말이 그거야!'라는 의미로 상대방의 말에 전적으로 동의한다고 할 때도 자주 쓴답니다. 구어체에서는 talking의 -g를 빼고 발음하는 경우가 많은데 이 경우 -g가 생략됐다는 표시로 '를 써서 talkin'과 같이 표기합니다.

That's what I'm talking about! I told you they'd come back!
바로 그거야! 역전할 거라고 했잖아!

That's what I'm talking about! I knew she'd make it.
좋아! 쟤가 해낼 줄 알았어.

w007. mp3

7	**Congratulations on your win!** 우승 축하해!

고등학교 하키팀을 이끌고 있는 로버츠 코치가 라일리와 친구들에게 다가와 우승을 축하해주고 있습니다.

지금까지 '축해해요'를 Congratulation[콩그뤠추레이션]이라고 말했다면 2% 부족한 영어를 쓰신 겁니다. 실제 원어민들은 Congratulation 뒤에 -s를 붙여서 Congratulations!라고 합니다. 또한 무엇 때문에 축하하는 것인지 구체적으로 말하고 싶다면 뒤에 전치사 on을 쓰고 짧게 이유를 붙여주세요.

Congratulations on your wedding. How was your honeymoon?
결혼 축하해요. 신혼 여행은 어땠어요?

Congratulations on your promotion, but I hate to see you leave.
승진은 축하하지만 널 떠나보내는 건 싫어.

w008. mp3

8	**What a game!** 멋진 경기였어!

로버츠 코치는 라일리와 친구들의 경기를 아주 감탄하며 칭찬하고 있습니다. 특히 마지막 골 장면이 인상적이었다고 하죠.

〈What a/an + 명사!〉 패턴은 어떤 대상에 대해 놀라움이나 흥분, 기쁨 등의 감정을 감탄하듯 말할 때 쓰는 표현입니다. What a/an 뒤에 명사만 붙여도 되고 〈형용사 + 명사〉의 형태를 붙여도 좋습니다. What a game!은 드라마틱한 명승부가 펼쳐졌을 때 자주 쓰는 말이니 통째로 꼭 암기해 두세요.

The summer bash is so incredible. What a night!
여름 파티가 정말 훌륭하네요. 정말 즐거운 밤이에요!

What a game! I can't believe I'm here watching it in person!
정말 굉장한 경기야! 이걸 직관하다니 정말 믿기지가 않아!

w009. mp3

9	**Look, it's last minute.** 저기, 너무 촉박하긴 한데.

로버츠 코치는 매년 하키 유망주들을 초청해서 캠프를 열고 있습니다. 경기를 보고 라일리와 친구들도 캠프에 초청하기로 결정한 것 같군요.

It's last minute은 예정에 없이 갑자기 닥쳐서 어떤 말을 꺼내거나 제안을 해야 할 때 양념처럼 붙이는 표현입니다. '갑작스럽겠지만' 혹은 '너무 급하긴 하지만' 정도로 해석하는 게 좋습니다.

I know it's last minute… would you please babysit my daughter tonight?
갑작스럽지만… 오늘밤 우리 딸을 봐주실 수 있나요?

I can't pick you up right now. It's very last minute.
지금 널 데리러 갈 수는 없어. 너무 촉박하게 부탁하는 거잖아.

w010. mp3

10	**Finally, a team I can get behind!** 드디어 내가 응원할 팀이 생겼군!

라일리가 파이어호크 팀에 들어갈 수 있다는 생각에 감정들은 매우 흥분하고 있습니다. 특히 버럭이는 파이어호크 모자까지 쓰면서 팀에 대한 열정을 불태우고 있죠.

우리말에서 누군가를 후원하거나 도와준다고 할 때 '뒤에서 밀어준다'라고 하죠. 영어에서는 get behind가 이와 비슷한 표현입니다. support처럼 '응원하다' 혹은 '지지하다'라는 해석이 적절합니다. 또한 문맥에 따라서 '뒤처지다'라는 뜻으로 쓸 수도 있습니다.

If no one gets behind the new housing project, these people will have no roof over their heads.
아무도 새로운 주거 정책을 지지하지 않는다면 이 사람들이 지낼 곳은 없습니다.

***Dragons* is the high school basketball team that I started to get behind.**
'드래곤즈'는 내가 응원하기 시작한 고등학교 농구팀이에요.

w011. mp3

11	**What do you say?** 어떠니?

로버츠 코치는 라일리와 친구들을 하키 캠프에 초대하며 의향이 있는지 아이들의 생각을 물어봅니다. 물론 아이들의 대답은 '예스!'겠죠?

What do you say?는 상대방에게 무언가를 제안하고 의견을 물어볼 때 자주 쓰는 회화 표현입니다. '어떻게 생각해?' 혹은 '어때?'라는 뜻인데 What do you think? 혹은 How does that sound? 역시 비슷한 뉘앙스로 쓸 수 있는 표현이죠.

A: There's a ferry leaving in 10 minutes. What do you say?
10분 뒤에 출발하는 여객선이 있어. 어때?

B: I think it's too soon. What time is the next one?
너무 이른 것 같아. 다음 건 몇 시에 있어?

w012. mp3

12	**Oh, you're gonna knock the coach's skates off!** 오, 코치님도 너한테 홀딱 빠질 거야!

굿나잇 인사를 하러 라일리의 침실에 들른 아빠는 하키 캠프에 초청을 받은 라일리를 와락 끌어안으며 이렇게 말하네요. 아빠는 라일리의 '넘버 원' 팬이에요.

knock one's socks off는 '크게 감동시키다', '반하게 하다'라는 뜻을 가진 표현입니다. 아이스하키 코치를 반하게 한다는 의미로 socks(양말) 대신 skates(스케이트)라고 유머러스하게 변주한 것이죠.

Their crispy chicken sandwich will knock your socks off.
그 집 크리스피 치킨버거를 맛보면 홀딱 반할 거야.

He's been working on his new album for years. It will knock everyone's socks off.
그는 몇 년 동안 새 앨범 작업을 했습니다. 모든 사람들이 정말 좋아할 거예요.

w013. mp3

13 | **Riley's so hard on herself.**

라일리가 너무 자책을 하고 있네.

라일리는 자신이 퇴장을 당해서 경기를 망칠 뻔했다고 자책합니다. 이 모습을 보고 슬픔이가 걱정하고 있죠.

〈be hard on + 사람〉은 '~를 심하게 대하다, 몰아붙이다'라는 의미를 가진 표현입니다. 따라서 be hard on oneself라고 하면 '스스로를 심하게 대하다, 자기자신을 몰아붙이다'라는 의미이죠. 라일리처럼 '자책한다'라고 할 때도 쓰고, 어떤 일에 너무 무리하는 사람을 두고 '자신을 너무 채찍질한다, 자신을 몰아붙인다'라고 할 때도 씁니다. 만일 주위에 스스로를 너무 채찍질하거나, 자책하는 친구가 있다면 Don't be so hard on yourself.라고 따듯한 한마디 건네보세요.

He's such a perfectionist. He's so hard on himself.
그는 너무 완벽주의자예요. 자신을 너무 채찍질하죠.

Don't be so hard on yourself. You did everything you could.
너무 자책하지 마. 네가 할 수 있는 건 다 했잖아.

w014. mp3

14 | **I don't know, Janet or something?**

몰라, 자넷이었던가?

감정들은 라일리의 좋은 기억만 남기고 나쁜 기억들은 기억의 저편으로 보내려 합니다. 라일리가 친한 친구의 이름을 까먹었던 기억도 정리하려고 하네요.

~ or something은 정확하게 무언가가 기억나지 않아서 비슷한 것으로 얼버무려 말할 때 쓸 수 있는 표현입니다. '~ 같은 거' 혹은 '~인가?' 정도로 가볍게 해석하면 좋아요. or something like that 역시 비슷한 뉘앙스를 흘리면서 쓸 수 있는 양념 표현입니다.

I can't remember the exact title of the book, *Good-bye from Seattle* or something?
책 제목이 정확하게 기억이 안 나는데, '시애틀에서의 작별'이던가?

I saw the movie years ago. It's on the tip of my tongue... *Autumn's Scent* or something?
몇 년 전에 그 영화를 봤는데. 입에서 계속 맴도는데… '가을의 향기'인가 뭐던가?

w015. mp3

15	Let's get some shut-eye. 이제 우리도 눈 좀 붙이자.

기쁨이가 기억 정리를 마치면서 이렇게 말을 합니다. 내일 아침 라일리가 하키 캠프로 떠나야 해서 다들 일찍 일어나야 하거든요.

go to bed(자러 가다, 잠자리에 들다)가 너무 식상해서 색다른 표현을 찾는다면 get some shut-eye를 써 보세요. shut-eye는 글자 그대로 보면 '감은 눈'으로, '잠'을 뜻하는 비유적 표현입니다. 따라서 get some shut-eye 하면 우리말의 '눈 좀 붙이다'에 딱 떨어지는 회화 표현이죠. 참고로, hit the sack도 '자다'라는 의미로 쓸 수 있는 표현입니다.

If you don't want to miss the train tomorrow, you'd better get some shut-eye. 내일 기차를 놓치고 싶지 않으면 눈 좀 붙이도록 해.

I'm so tired. I need to get some shut-eye.
너무 피곤해. 눈 좀 붙여야겠다.

w016. mp3

16	An oldie but a goodie. 옛날 거지만 참 좋아.

기억 저장소로 내려온 기쁨이가 라일리의 어릴 적 신념을 손가락으로 튕기자 '엄마 아빠는 날 자랑스러워해'라는 목소리가 울립니다.

an oldie but a goodie(복수형 oldies but goodies)는 옛날 것이지만 혹은 오래돼 낡았지만 좋은 것, 추억의 물건을 묘사할 때 자주 쓰는 표현입니다. 추억의 영화나 음악을 설명할 때, 또는 빈티지 가게나 벼룩시장 같은 곳에서 센스 있게 사용해 보세요.

A: Look what I found in the attic.
다락방에서 내가 뭘 찾았는지 봐요.

B: Oh, it's Grandma's wedding dress! An oldie but a goodie.
오, 할머니 웨딩 드레스잖아! 옛날 거지만 정말 좋은 거야.

w017. mp3

17 She's all set!

다 됐어요!

갑자기 건설 인부들이 들이닥쳐 본부를 쑥대밭으로 만듭니다. 인부 한 명이 콘솔을 헤집어 놓더니 뚜껑을 닫고 다 됐다(뭐가 다 됐다는 건진 모르겠지만)며 이렇게 소리 칩니다.

all set은 '준비 끝', '다 됐어'라는 뜻으로 작업 준비가 끝났음을 알리는 표현입니다. 식당에서도 all set을 자주 쓰는데 메뉴를 보고 주문을 할 준비가 되었다는 뜻입니다. 그리고 이 대사에 나오는 she는 콘솔 기계를 의미하는데 영어권에서는 흔히 기계를 여성(she)으로 지칭합니다.

Now it's all set. Why don't you turn on the dishwasher?
이제 다 됐어. 식기세척기를 켜봐.

Are you all set to order, or do you need more time?
주문하시겠어요, 아니면 더 있다가 하시겠어요?

w018. mp3

18 YOU'RE ALWAYS ON ME.

항상 그놈의 잔소리.

잠이 덜 깬 채로 침대에 앉아 있는 라일리에게 엄마가 캠프에 갈 짐을 다 쌌는지 물어봅니다. 그런데 갑자기 라일리가 폭발하며 엄마에게 이렇게 쏘아붙이네요. 이제 라일리도 사춘기가 시작되었군요.

be on someone은 문맥에 따라 다양한 의미로 쓸 수 있는 표현입니다. 이 대사에서는 '성가시게 굴다' 혹은 '비난하다'라는 의미로 쓰였습니다. 말 그대로 그 사람 위에 올라타서(on) 괴롭히는 장면을 생각하면 쉽게 이해할 수 있을 거예요. 또한 '~의 책임이다'라는 뜻으로도 쓸 수 있는데 특히 물건 값을 지불할 때 It's on me.라고 하면 '내가 낼게.'라는 뜻이 됩니다.

His boss is always on him, but he seems to be okay with it.
상사가 그를 항상 괴롭히지만 그는 개의치 않는 것 같아.

I need some space from Janet. She's literally on me all the time.
자넷에게서 좀 떨어져 있으면 좋겠어. 그야말로 항상 나를 괴롭힌다니까.

w019. mp3

19 **I barely touched it!**
거의 건드리지 않았다고!

라일리가 엄마에게 버럭 화를 내자 감정들은 버럭이를 탓합니다. 버럭이는 건설 인부들이 콘솔을 망쳐 놓았기 때문에 그런 거라며 억울해합니다.

'벌거벗은'이란 뜻의 bare에 부사를 만들어주는 접미사 -ly를 붙였다고 해서 barely를 '벌거벗겨서'라고 착각하면 안 됩니다. barely는 '거의 ~하지 않은'이란 뜻으로 자주 쓰는 회화 단어이거든요. 그리고 문맥에 따라서는 '간신히', '아주 약간'의 뜻으로도 쓸 수 있습니다.

She was uncomfortable in the meeting because she barely knew anyone.
그녀는 회의할 때 불편했어. 아는 사람이 거의 없었거든.

Give him a chance to talk. He's barely said anything so far.
그에게 발언권을 주세요. 지금까지 거의 한 마디도 안 했다고요.

w020. mp3

20 **Remember: We agreed not to make a big deal about this.** 호들갑 떨지 않기로 했던 거 다들 명심하라고.

라일리가 급격한 감정의 변화를 보여주자 엄마의 슬픔은 다른 감정들이 당황하지 않도록 이렇게 말합니다.

make a big deal은 필요 이상으로 어떤 일을 중요하게 생각한다는 의미로 쓰는 표현입니다. '유난을 떨다' 혹은 '호들갑 떨다'라는 해석이 어울리죠. deal과 관련해서는 deal with ~라는 표현도 꼭 알아두세요. '(문제 등을) 다루다' 혹은 '~를 처리하다'라는 의미로 자주 쓰는 표현입니다.

I don't want you to make a big deal about my birthday.
내 생일 가지고 유난 떨지 않았으면 좋겠어.

Don't make such a big deal about losing your hat. You have plenty more.
모자 잃어버린 거 가지고 그렇게 호들갑 좀 떨지 마. 집에 많이 있잖아.

w021. mp3

21	**Stick to the prepared script.** 준비했던 대본대로 하는 거야.

엄마의 슬픔은 라일리의 급격한 감정 변화에 계획했던 대로 침착하게 대처하자고 말을 하네요.

stick to ~는 '~를 고수하다' 혹은 '~를 계속하다'라는 뜻입니다. 상대방에게 무언가를 변경하지 말고 했던 대로 하라고 할 때 Stick to ~!라는 명령문을 쓸 수 있습니다.

Stick to what we said earlier.
우리가 앞서 말했던 대로 해.

I don't like to stick to a conventional lifestyle. I'm a free spirit.
계속 전형적인 생활에만 얽매이고 싶지 않아. 난 자유로운 영혼이거든.

w022. mp3

22	**Who's ready for hockey camp?!** 캠프 갈 준비됐어?!

라일리와 친구들이 하키 캠프로 떠나는 날입니다. 아빠가 아이들에게 이렇게 말을 하며 아이들을 흥겹게 하네요. 그런데 아빠가 더 좋아하는 것 같지 않나요?

Who's ready for ~?는 사람들의 흥미를 유발하거나 흥을 돋울 때 자주 쓰는 표현입니다. Are you ready for ~?와 같이 '~할 준비됐어?'라고 해석할 수 있습니다. 어떤 '행동'을 하자며 흥미를 유발할 때는 Who's ready 뒤에 〈to + 동사원형〉을 붙여주세요.

Who's ready for Disneyland?
디즈니랜드 갈 준비됐어?

Who's ready to go swimming?
수영하러 갈 준비됐니?

w023. mp3

23	**I know!** 나도 그래!

그레이스가 하키 캠프 때문에 너무 신난다(You guys, I'm so psyched!)고 하자 라일리도 크게 동감(I know!)합니다. 고등학교 하키 팀 주장인 발렌티나를 만날 수 있기 때문이기도 하죠.

I know!는 말투에 따라서 의미가 달라지는 표현입니다. 이 대사처럼 know에 강세를 두고 강하게 공감하는 듯한 말투로 하면 '내 말이!' 혹은 '그러니까!'처럼 상대의 말에 맞장구를 치는 말이 되죠. 반대로 I에 강세를 두고 시크한 투로 말을 하면 '알고 있어.'라는 뜻이 됩니다.

A: Why do they have a concert at 2 p.m. on a weekday?
왜 콘서트를 평일 오후 두 시에 하는 거야?

B: I know! Who can go at that time?
내 말이! 그 시간에 누가 갈 수 있겠어?

w024. mp3

24	**All we have to do is be super awesome at camp.** 캠프에서 잘하기만 하면 돼.

라일리는 브리와 그레이스에게 캠프에서 잘해서 함께 고등학교 팀에 들어가자고 합니다. 그런데 이 말을 들은 아이들의 반응이 좀 이상하군요. 알고 보니 이들은 다른 고등학교에 배정이 되었습니다. 이제 라일리는 어떻게 하죠?

All we have to do is ~는 '~하기만 하면 돼'라는 뜻으로 우리가 신경쓰거나 집중해야 할 일은 이것밖에 없으니까 심플하게 생각하자는 뉘앙스를 가진 표현입니다. is 다음에는 동사원형을 쓰도록 하세요. 그리고 super는 very처럼 '매우' 혹은 '진짜로'라는 뜻인데 어린 친구들이 자주 쓰는 표현입니다.

All we have to do is decide how to get to the beach.
해변에 어떻게 갈 것인지만 정하면 된다고.

All we have to do is believe in ourselves.
우리 스스로를 믿기만 하면 돼.

w025. mp3

25

She looks the same to me.

똑같아 보이는데.

브리의 까칠이가 라일리의 미세한 표정 변화를 자세히 보여주지만 브리의 기쁨이는 별 차이를 느끼지 못합니다. 하지만 까칠이의 예리함은 틀린 적이 없죠.

look the same to me는 '내 눈엔 똑같아 보여'라는 뜻입니다. 이때 look은 '~를 보다'가 아니라 '~로 보이다'라는 의미입니다. look same은 콩글리시처럼 들리니 꼭 look the same이라고 해주세요.

Are you wearing the same color? It looks the same to me.
같은 색깔을 입고 있는 거야? 내 눈엔 같아 보이는데.

They are not twins, but they look the same to me.
쌍둥이는 아니지만 난 걔들이 다 똑같아 보여.

w026. mp3

26

I can't take this anymore!

더 이상 못 참겠다!

그레이스는 라일리와 브리 사이에서 눈치만 보고 있습니다. 그녀의 버럭이는 둘 사이의 어색함을 참지 못하죠. 결국 그레이스는 라일리에게 두 사람은 다른 고등학교에 배정되었다고 말합니다.

I can't take it/this anymore!는 더 이상 이 상황을 참지 못하겠다고 화를 내며 하는 말입니다. 이때 take은 '견디다', '감수하다'라는 뜻으로 쓰였죠. I can't stand it/this anymore! 역시 더 이상 참지 못하겠다는 의미로 자주 씁니다.

I can't take it anymore! It's like a sauna in here.
더 이상 못 참겠어! 여기 완전 사우나라고.

That's it! I can't take it anymore. I need to talk to him.
됐어! 더 이상 못 참아. 그 사람한테 이야기를 해야겠어.

w027. mp3

27	I can't wait to get on the rink! 경기장에 빨리 들어가고 싶어!

라일리에게 비밀을 털어놓고 마음이 한결 가벼워진 그레이스는 하키 캠프에 빨리 도착하길 바라고 있습니다. 그러나 라일리는 창밖을 바라보며 편치 않은 마음을 숨기려고 합니다.

I can't wait to ~를 단어 그대로 해석하면 '~를 기다릴 수 없어'가 되는군요. 해석에서도 느낄 수 있듯이 이 표현은 앞으로 일에 대한 기대감이나 열정을 담고 있습니다. '빨리 ~하고 싶어', '~가 너무 기대돼'라는 해석이 어울리죠. 만일 뒤에 명사를 쓰고 싶다면 〈I can't wait for + 명사〉 패턴을 활용하세요.

I can't wait to meet you in person.
하루빨리 직접 뵙고 싶어요.

It's been a while since they released their last album. I can't wait for their comeback.
그들이 앨범을 발매한 지도 꽤 오래됐지. 컴백이 너무 기대가 돼.

w028. mp3

28	Just keep it together until we're out of the car! 차에서 내릴 때까지만 정신 차리라고!

친구들이 같은 고등학교에 가지 못한다는 청천벽력과 같은 소식을 듣고 슬픔이는 콘솔을 조종하려고 합니다. 다른 감정들은 라일리가 친구들 앞에서 울지 않도록 슬픔이를 말리고 있습니다.

keep it together는 '집중하다', '정신을 차리다'라는 뜻입니다. 이 표현은 Keep it together!라는 명령문으로도 자주 쓰이는데 상대방이 집중을 하지 못할 때 '정신 차리라'는 의미로 따끔하게 야단치는 말이죠. 이 영화의 후반부에 자주 등장하는 대사 Get it together! 역시 같은 의미로 쓰는 표현입니다.

You gotta keep it together until we get home.
집에 도착할 때까지 정신 차리라고.

Keep it together and we can get out of here.
정신줄만 놓지 않으면 여기서 나갈 수 있어.

w029. mp3

29	I am just such a HUGE fan of yours. 완전 팬이야!

본부에 새로운 감정들이 들어왔습니다. 불안이가 기쁨이를 보고 연예인을 만난 것처럼 아주 신이 나서 이렇게 인사를 하네요.

I'm a fan of yours.는 평소에 흠모하던 유명인을 만났을 때 가장 대표적으로 할 수 있는 말입니다. '팬이에요'라는 뜻인데, you가 아니라 yours라고 한다는 것에 유의하세요. such a huge fan이라고 하면 '찐팬', '광팬'이라는 느낌을 살릴 수 있습니다.

A: It's so nice to meet you. I'm such a huge fan of yours.
만나서 정말 반가워요. 완전 팬이에요.

B: Thank you. Do you want to take a selfie together?
감사합니다. 사진 같이 찍을까요?

w030. mp3

30	And now here I am meeting you face to face. 널 이렇게 직접 만나게 될 줄이야.

불안이는 기쁨이를 처음 만나 매우 기뻐하며 이렇게 말을 합니다.

meet someone face to face를 직역하면 '~를 얼굴 대 얼굴로 만나다'가 되는데요. 이 표현은 '~를 얼굴을 직접 보면서 만난다', '실제로 만난다'라는 뜻입니다. meet someone in person 역시 같은 의미로 자주 쓰는 표현입니다.

I can't believe I'm meeting you face to face.
실제로 뵙다니 믿을 수가 없네요.

Meeting him face to face was the best thing in my life.
그를 실제로 만난 건 내 인생 최고의 경험이었어요.

w031. mp3

31	I can **get ahead of myself.** 내가 너무 앞서가네.

불안이는 기쁨이를 만나 잠시도 가만히 있지 못하고 수다스럽게 말을 이어가고 있습니다. 기쁨이가 이름을 물으며 그녀를 진정시키자 불안이가 사과하며 이렇게 말을 하죠.

get ahead of oneself는 어떤 일을 너무 일찍 계획하거나 진행한다는 의미를 담고 있습니다. '앞서가다', '미리 진행하다', 혹은 '미리 걱정하다'라고 해석할 수 있는데 무엇이든 계획을 세우고 보는 불안이의 성격을 극명하게 보여주는 표현이군요.

He rarely gets ahead of himself even when he's losing the game.
그는 경기에서 지고 있어도 느긋한 편이에요.

We still have a year before the trip. Let's not get ahead of ourselves by planning too soon.
여행 가려면 1년이나 남았잖아. 너무 일찍 계획을 세우면서 앞서가지 말자고.

w032. mp3

32	And we **are** just super **jazzed to** be here. 여기에 합류하게 돼서 우린 너무 기뻐.

불안이가 처음 만난 감정들에게 들뜬 마음으로 새 친구들을 소개하려고 합니다.

jazzed는 excited처럼 '너무 좋아서 들뜬, 흥분한' 혹은 '매우 즐거운'이란 뜻을 가진 감정 형용사입니다. 감정을 나타내는 형용사 뒤에 붙는 to부정사는 '~해서'라는 의미로 그 감정의 이유를 설명할 때 쓰죠. 그래서 〈be jazzed to + 동사원형〉은 '~해서 정말 즐겁다/기쁘다/설렌다'라는 뜻으로 쓰입니다.

I'm super jazzed to go to Busan with you.
너와 부산에 가는 게 너무 설레.

He was jazzed to hear he's going to be a dad next year.
내년에 아빠가 될 거라는 이야기를 듣고 그는 너무 행복했어.

w033. mp3

33	**Oh yeah, not happening.** 아, 절대 안 돼.

부럽이는 까칠이의 머리(hair)가 부러워서 자기도 모르게 손을 뻗어 만져보려고 합니다. 그러나 까칠이는 부럽이의 손을 뿌리치며 단호하게 거절하네요.

That's not happening.은 상대방의 제안이나 요청을 단호하게 거절하는 말입니다. 이 대사처럼 회화에서는 That's를 생략하는 경우도 많죠. '안 되겠어.' 혹은 '됐다 그래.'와 같이 해석할 수 있습니다. 또한, '그런 일은 없어.'라는 의미로 글자 그대로 어떤 일이 일어날 가능성이 없다고 할 때도 쓸 수 있습니다.

A: Do you mind if I crash at your place… for a month?
너희 집에서 신세 좀 져도 될까… 한 달 정도?

B: A month? Nope. That's not happening.
한 달이나? 아니. 안 되겠어.

w034. mp3

34	**He's not big on eye contact or uh, like talking.** 눈 마주치는 거나 말하는 걸 좋아하지 않지.

불안이가 당황이를 소개하고 있어요. 당황이는 덩치는 크지만 수줍음이 많아서 항상 얼굴이 홍당무처럼 발그레한 친구입니다.

be big on ~은 '~를 매우 좋아하다'라는 뜻입니다. 따라서 be not big on ~ 하면 '~를 안 좋아하다'는 뜻이겠죠? be big on과 비슷한 표현으로 be into(~를 아주 좋아하다, ~에 푹 빠지다)도 자주 쓰입니다. 참고로, eye contact는 '눈 마주치기'라는 뜻으로, 우리말로도 '아이컨택'이라는 말, 많이 쓰죠?

My sister is not big on shaking hands.
내 여동생은 악수하는 걸 안 좋아해.

My boyfriend is not big on watching horror movies.
내 남친은 공포영화 보는 거 안 좋아해.

w035. mp3

35	**Joy is so old school.** 기쁨이는 너무 고리타분해.

기쁨이가 캠프에서 새 친구를 사귀지 않고 브리, 그레이스와 함께 지내겠다고 하자 따분이는 별로 마음에 들어 하지 않네요.

old school은 과거와 전통을 중요시 여기는 사람을 의미하는 표현입니다. 이 대사처럼 부정적인 문맥에서는 '구식인' 혹은 '고리타분한'이란 뜻으로 쓸 수도 있죠. old-fashioned 역시 비슷한 의미로 쓸 수 있는 표현입니다.

It seems like she's living in the 19th century. She's so old school.
그녀는 19세기에 사는 것 같아. 너무 구닥다리 같지.

My dad loves listening to 80s music. He's so old school.
우리 아빠는 80년대 음악을 즐겨 들으셔. 완전 옛날 사람이지.

w036. mp3

36	**You're gonna love this.** 너도 정말 좋아할 거야.

불안이는 본인이 제작한 미래 예측 시나리오를 기쁨에게 보여주려고 합니다. 하지만 기쁨이는 그리 달가운 표정이 아니군요.

You are gonna love ~는 무언가를 제안할 때 상대방도 좋아할 거라고 확신하며 하는 말입니다. '너도 정말 ~를 좋아할 거야'라고 해석할 수 있습니다. 참고로, gonna는 미국인들이 자주 쓰는 going to의 구어체 표현입니다.

You're gonna love it. It's one of my favorite taco places.
너도 정말 좋아할 거야. 내 최애 타코 가게 중 하나거든.

You're gonna love her. She's the kindest person in the world.
정말 좋아하실 거예요. 그녀는 세상에서 가장 친절한 사람이거든요.

w037. mp3

37 Whatever you say. You're the boss.

네 말이 다 맞아. 네가 대장이잖아.

불안이가 예측 시나리오를 보여주지만 기쁨이는 실제 일어나지 않을 일이라며 그녀의 의견을 받아들이지 않습니다. 불안이는 마음이 좋지 않지만 이렇게 말하며 상황을 수습하죠.

Whatever you say.는 상대방의 말이나 의견에 마지못해서 동의를 할 때 쓰는 표현입니다. 상대가 옳지 않다고 생각하지만 더 이상의 분쟁을 일으키기 싫다는 뉘앙스를 가지고 있죠. '알겠어', '네 말이 다 맞아' 등으로 문맥에 맞게 해석해 주세요. 이 표현 뒤에는 You're the boss.가 자주 따라붙는데 이 역시 비슷한 뉘앙스를 가지고 있습니다.

A: I need you to change the window display by next Monday.
다음주 월요일까지 디피를 바꾸도록 하세요.

B: Whatever you say. You're the boss.
네, 말씀하신 대로 하겠습니다.

w038. mp3

38 Those were the days.

그때 참 좋았지.

갑자기 문을 열고 추억 할머니가 본부로 나와 불과 30초 전에 있었던 일을 추억하며 하는 말이죠.

옛 친구들과 이야기를 하다 보면 '그때 참 좋았지.' '그때가 좋았지'라며 과거를 추억하는 말을 할 때가 있는데요. 영어에서는 Those were the days.가 이 의미에 가장 적절한 표현입니다. 굳이 good days라고 하지 않아도 '좋았던 시절'이라는 의미를 담고 있죠. 통으로 기억해 뒀다가 적절한 타이밍에 사용해 보세요.

I wish I could turn back time. Those were the days.
시간을 되돌릴 수 있으면 좋겠어. 그때가 좋았는데.

This is a photo of me in the Navy. Those were the days.
내가 해군에 있을 때 사진이야. 그때 참 좋았지.

w039. mp3

39	**Nostalgia, you aren't supposed to be here yet.** 추억 할머니, 아직 오시면 안 돼요.

아직 13살밖에 안 된 라일리에게 추억 할머니의 등장은 너무 이르지 않나요? 불안이는 추억 할머니를 본부 밖으로 모시고 나가려고 합니다.

You're not supposed to ~는 '~하면 안 돼요'라는 뜻으로 상대방이 어떤 행동을 하지 못하도록 할 때 사용하는 표현입니다. 규칙이나 약속, 또는 관례상 으레 그러면 안 되는 일이라는 뉘앙스가 깔려 있죠. 반대로 You're supposed to ~는 '~하세요'라는 뜻으로, 그렇게 하기로 되어 있는 거니까 하라고 상대방에게 어떤 행동을 종용할 때 쓰는 표현입니다. 참고로 not 뒤에 붙는 yet은 '아직'이란 뜻입니다.

Sir, you're not supposed to take the magazine with you.
손님, 잡지를 가지고 가시면 안 돼요.

You're supposed to be home by 10.
집에 10시까지 오도록 해.

w040. mp3

40	**But I will keep you in the loop.** 하지만 계속 소식을 전해 드릴게요.

불안이는 졸업도 하고 친구 결혼식도 가야 하니까 추억 할머니가 등장하려면 10년은 더 있어야 한다고 합니다. 할머니를 모시고 나가면서 이렇게 말을 하네요.

〈keep + 사람 + in the loop〉는 '~에게 계속 알려주다' 혹은 '~에게 정보를 업데이트해주다'라는 의미의 표현입니다. 원래 loop는 '올가미 모양의 큰 고리'를 뜻하는데 여기서는 '정보의 고리'라고 생각하면 그 뜻을 쉽게 유추할 수 있을 거예요. 〈keep + 사람 + informed〉 역시 유사한 의미로 쓸 수 있습니다.

I'll keep you in the loop while you're gone.
네가 자리 비우는 동안 소식 전해줄게.

How do we keep her in the loop if she doesn't share her email or something?
그분이 이메일 같은 것도 알려주지 않으시는데 어떻게 소식을 알려드릴 수 있죠?

w041. mp3

41 We need to make something up!

대충이라도 지어내야 돼!

미네소타 출신인 라일리! 하지만 동경하는 선배 밸이 미시간 출신이라고 잘못 알고 있는 것을 바로잡지 않았죠. 그랬더니 다른 선배가 미시간 어디에서 왔는지 구체적으로 물어봅니다. 당황한 감정들은 이 상황을 넘기려고 우왕좌왕하고 있습니다.

make something up은 '무언가를 지어내다' 혹은 '거짓말로 꾸며내다'라는 뜻입니다. make something이라고만 하면 '(손으로) 무언가를 만들다'라는 뜻이 되니까 뒤에 꼭 up을 붙이도록 하세요.

I'm not creative enough to make something up.
난 뭔가를 꾸며낼 만큼 창의적인 사람이 아니야.

I won't just lie and make something up. I'm an honest man.
거짓말로 뭔가를 꾸며내지 않겠어. 나는 정직한 사람이야.

w042. mp3

42 Oof, that Michigan girl is off to a rough start.

어휴, 미시간에서 온 여자애, 시작부터 좋지 않군.

라일리 때문에 캠프 첫날부터 고된 스케이트 훈련을 하게 되자 선배들이 라일리의 뒷담화를 하고 있습니다.

off to a start는 '시작하는', '출발하는'이라는 뜻으로 무언가의 시작을 나타내는 표현인데요. start 앞에 '거친', '힘든'이란 뜻의 rough를 붙여 off to a rough start라고 하면 '시작이 좋지 못한'이라는 의미가 됩니다. 반대로 '시작이 좋은'이라고 할 때는 off to a good start라고 합니다.

He missed his second serve. He's off to a rough start.
저 사람 두 번째 서브도 못 넣었어. 시작이 좋지 못하네.

She's late on the first day. She's off to a rough start.
걔 첫날부터 지각이야. 첫출발을 참 힘들게 하는군.

w043. mp3

43	Yeah, there is no way Coach is putting her on the team if she can't get it together. 그러게, 그 애 정신 차리지 않으면 코치님이 절대 팀에 뽑지 않으실 거야.

선배들은 라일리의 첫인상이 마음에 들지 않습니다. 첫날부터 라일리 때문에 핸드폰을 압수당하고 고된 스케이팅 훈련도 했죠. 선배들이 자신에 대해 나쁘게 이야기하는 것을 듣고 라일리는 큰 충격을 받습니다.

There is no way ~는 '~할 방법이/도리가 없다', 즉 '~는 불가능해', '~는 있을 수 없는 일이야'라는 뜻입니다. 뒤에는 〈주어 + 동사〉의 문장을 쓸 수도 있고 'to부정사'를 쓸 수도 있죠. 회화에서는 No way!만 단독으로 쓰기도 하는데 '말도 안 돼!' 혹은 '불가능해!'의 의미로 강한 부정을 나타내는 표현입니다.

There's no way I can fit into the dress. I bought it almost 20 years ago.
그 원피스는 절대 안 들어가. 거의 20년 전에 산 거라고.

Don't tell me there's no way to fix the problem. There must be a way!
그 문제를 해결할 수 없다고 하지 마세요. 분명 해결책이 있을 거예요!

w044. mp3

44	I didn't mean to get the whole team skating lines. 팀 전체가 훈련을 받게 할 의도는 아니었어요.

선배들의 뒷담화를 엿들은 라일리는 밸 선배에게 다가가 자신의 마음을 솔직하게 털어 놓습니다.

I didn't mean to ~는 나의 원래 의도와 다르게 상황이 진행될 때 자신을 변호하는 뉘앙스로 쓰는 표현입니다. '~할 의도는 아니었어', '~할 생각은 없었어'라고 해석해 주세요. 이와 반대로 I meant to ~는 '~할 의도였어', '~하려고 했는데'라는 뜻인데 의도대로 일이 잘 풀리지 않았다는 의미를 담고 있습니다.

She didn't mean to spill the beans to the reporter.
그녀는 기자에게 비밀을 말할 생각은 없었어요.

I'm so sorry. I didn't mean to hurt you.
미안해. 널 다치게 할 의도는 없었어.

w045. mp3

45	Uh, that's laying it on a bit thick, don't you think? 어, 너무 오버하는 것 같지 않아?

불안이는 라일리가 밸 선배에게 솔직하게 마음을 털어놓도록 조종하고 있습니다. 기쁨이는 이런 불안이가 마음에 들지 않는 모양입니다.

lay it on thick은 과장되게 행동하거나 말한다는 의미를 담고 있는 표현입니다. 또한 이 대사처럼 상대방의 환심을 얻으려고 아첨하는 행동을 뜻하기도 합니다. '과하다' 혹은 '오버하다'라고 해석해 주세요. a bit은 '좀, 약간'이란 의미입니다.

She's so desperate to make friends. She's laying it on thick to Gia.
걔는 친구를 너무 사귀고 싶어 해. 지아에게 엄청 오버를 떨더라고.

Stop sending her heart emojis. You're laying it on a bit thick to her.
그 애한테 하트 이모티콘 그만 좀 보내. 너무 과하다고.

w046. mp3

46	It means you're on her radar. 네가 코치님 눈에 든 거니까.

라일리가 밸 선배에게 사과하며 진심을 털어놓자 선배는 이렇게 말하며 라일리를 위로합니다.

우리말에서 무언가가 특별히 눈에 들어올 때 '레이다망에 걸렸다'라는 표현을 쓰죠. 이럴 때 영어로도 be on someone's radar라는 표현을 씁니다. '~의 눈에 들다' 혹은 '~의 관심을 받다'라는 뜻이죠. 이와 관련해 be under the radar라는 표현도 알아두세요. 직역하면 '레이다망 밑에 있다'로, '관심을 받지 않다' 혹은 '눈에 띄지 않다'라는 뜻입니다.

Is there any candidate who's on your radar?
눈에 들어오는 후보가 있으세요?

K-pop was not on my radar, but now I can't live without it.
전에는 K팝에 관심이 없었는데 지금은 K팝 없이는 못 살아요.

w047. mp3

47	**You got Riley back on track.** 네가 라일리를 원래대로 회복시킨 거지.

불안이가 상황을 수습하자 감정들이 박수를 치며 그녀를 칭찬합니다. 썩 마음에 들진 않지만 기쁨이도 불안이에게 이렇게 좋은 말을 해주고 있습니다.

get ~ back on track은 '다시 제자리로 복귀시키다' 혹은 '본 궤도에 오르게 하다'라는 뜻입니다. 시련이나 실수 등으로 힘든 시기를 보낸 사람이나 상황을 원래 자리로 돌아오게 한다는 의미를 담고 있죠.

It's just a matter of time for the new CEO to get this company back on track.
새로 부임한 회장이 이 회사를 다시 일으켜 세우는 건 시간 문제입니다.

What should I do to get our relationship back on track?
우리 관계를 다시 회복하려면 내가 뭘 해야 하지?

w048. mp3

48	**Don't worry, Riley. You're in good hands.** 걱정 마, 라일리. 우리가 있으니까.

불안은 예전 감정들을 본부에서 쫓아냅니다. 그리고 주황색 기억을 바라보며 라일리를 잘 돌봐줄 것을 다짐합니다.

hand는 여러가지 의미로 회화에서 자주 쓰이는데 이 문맥에서는 '도움의 손길'을 의미합니다. be in good hands는 '좋은 도움의 손길 안에 있다'라는 직역에서도 알 수 있듯이 '안심하고 지내다' 혹은 '잘 관리를 받고 있다'라는 의미로 쓰는 표현입니다. 특히 You're in good hands.는 상대방에게 이제 잘 돌봐줄 테니 마음을 편하게 가지라는 의도로 하는 말입니다.

Don't worry. You're in good hands with us.
걱정 마. 우리가 널 잘 돌봐줄게.

The stray cat starts to eat. She knows she's in good hands now.
길고양이가 밥을 먹기 시작했어요. 이제 안심해도 된다는 것을 아는가 봐요.

w049. mp3

49	**Well, good news is, we're not starting from scratch.** 그래도 이번엔 처음부터 시작하는 건 아니니까 다행이지.

부럽이가 예전의 라일리를 만드는 데 13년이나 걸렸는데 어떻게 새로운 라일리를 만들 수 있는지 물어보자 불안이가 이렇게 대답하죠. 불안이는 신념 저장소를 이용해서 새로운 자아를 만들 계획입니다.

'맨땅에서 시작하다'를 영어로 어떻게 표현할까요? 땅이 ground니까 start from ground라고요? 이러면 알아들을 원어민은 아무도 없을 거예요. '아무것도 없이 처음부터 시작하다', '맨땅에서 시작하다'는 영어로 start from scratch라고 합니다. from scratch는 '아무 사전 준비 없이', '무(無)의 상태에서'라는 뜻입니다.

My grandfather started from scratch when he immigrated from Ireland in 1920. 할아버지는 1920년에 아일랜드에서 이민을 오셔서 맨땅에서 시작하셨어요.

The bunnies destroyed our vegetable garden. We had to start from scratch. 토끼들이 우리 채소 정원을 다 망쳤어요. 처음부터 다시 시작해야 해요.

w050. mp3

50	**It's so good to have you here with us today.** 만나게 되어 정말 반갑군요.

금고에 갇힌 감정들에게 갑자기 블루피가 나타났습니다. 블루피는 TV 유치원 프로그램을 진행하던 만화 강아지인데 금고에 갇혀 있어도 진행자 말투는 여전하네요.

It's good to have you here today.는 '와 주셔서 감사해요'라는 뜻으로 상대방을 초대해서 반가운 마음으로 하는 인사말입니다. TV 토크쇼에서 사회자가 초대 게스트에게 환영의 의미로 이 말을 자주 쓰기도 하죠. 이에 대한 대답으로 '초대해 주셔서 감사해요.'라고 할 때는 Thank you for having me.라고 해주세요.

A: It's so good to have you here today.
나와주셔서 감사합니다.

B: It's my honor to be here with you.
제가 영광이죠.

w051. mp3

51 From that preschool show Riley used to like?

라일리가 좋아했던 유치원 프로그램에 나온 애?

금고에는 라일리가 비밀로 하고 싶은 것들이 갇혀 있습니다. 한때 라일리가 좋아한 TV 유치원 프로그램을 진행했던 블루피도 이곳에 갇혀 있는 신세가 되었네요.

used to ~는 과거에 자주 했지만 지금은 하지 않는 일이나 행동을 설명할 때 자주 쓰는 표현입니다. '(예전엔) ~했었다', '~하곤 했다'라고 해석할 수 있죠. to 뒤에는 동사원형을 씁니다. 이와 구분해 be used to ~ 표현도 꼭 알아두세요. '~에 익숙하다'라는 뜻인데 이때 to는 '전치사'라서 뒤에 '명사'나 '동명사(-ing)'가 와야 합니다.

I used to paint before I started my own business.
사업을 시작하기 전에는 그림을 그렸어요.

She used to read books to me before going to bed.
그녀는 자기 전에 제게 책을 읽어주곤 했죠.

w052. mp3

52 We're in a real pickle!

우리가 정말 곤란한 상황이야!

기쁨이는 자신들이 정말 곤란한 상황에 빠졌다며 블루피에게 병에서 꺼내달라고 부탁합니다. 하지만 블루피는 진행자였던 자신의 캐릭터를 십분 발휘해 상상 속의 관중들과 이야기하는 데 기쁨 일행의 사정을 소재로 쓰고 있네요.

be in a pickle 은 '어려운 상황에 처하다', '곤경에 처하다'라는 뜻입니다. real을 붙여 진짜로 어려운 상황이라는 것을 강조할 수도 있죠. be in trouble 역시 회화에서 유사한 의미로 자주 쓰는 표현입니다.

I think he's in a real pickle. Do you think he needs our help?
그 사람, 진짜 힘든 상황인 것 같은데. 우리의 도움이 필요하지 않을까?

People are saying we're in a pickle, but that's a baseless rumor.
우리가 어려운 상황에 있다고들 하는데 그건 근거 없는 루머입니다.

w053. mp3

53 **You don't wanna know.**

모르는 게 좋아.

깊이 숨겨둔 비밀(DEEP DARK SECRET)이 등장하자 소심이는 그 비밀이 뭔지 알고 싶어 합니다. 하지만 랜스는 모르는 게 좋다며 뭔가 대단한 비밀이 있는 냥 말하죠(깊이 숨겨둔 비밀이 무엇인지 알고 싶다면 쿠키 영상을 확인하세요).

You don't want to know.는 상대의 질문에 대한 대답이 썩 유쾌하지 않다는 뉘앙스를 담고 있습니다. 그리 좋은 게 아니니까 말해주고 싶지 않다는 의미로 '넌 모르는 게 좋아.'라는 의미로 하는 말입니다. wanna는 미국인들이 즐겨 쓰는 want to의 구어체 표현입니다.

A: What's wrong with Josh? Is everything okay with you guys?
조쉬 왜 저러니? 너희 괜찮은 거야?

B: Well, you don't wanna know. It's so complicated.
몰라도 돼. 복잡한 문제야.

w054. mp3

54 **Don't you dare say that!**

절대 그런 말 하지 마!

랜스가 스스로를 가치 없고 쓸모없는(worthless) 존재라며 자책하자 까칠이가 이렇게 위로의 말을 건네고 있습니다. 까칠이는 랜스의 매력에 푹 빠진 것 같네요.

'~하지 마'라는 명령문을 만들 때는 문장 맨 앞에 Don't ~를 붙인다는 것 다들 알고 있죠? Don't you dare ~는 '절대 ~하지 마' 혹은 '감히 ~했단 봐'라는 뜻으로 상대방에게 거의 협박하듯이 어떤 행동을 하지 말라고 윽박지르는 표현입니다. dare 뒤에는 동사원형을 쓰세요.

Don't you dare call me a boy!
날 꼬마라고 불렀단 봐!

Don't you dare say that to my brother!
우리 오빠한테 그런 식으로 말하지 말라고!

55 **Oh, for cryin' out loud!**

참, 미치겠네!

버럭이는 파우치의 유치한 행동을 더 이상 보고 있을 수 없어요. 파우치 입에서 나온 다이너마이트로 금고문을 폭파시켜 버립니다. 역시 버럭이는 이름처럼 성격이 급하군요.

For crying out loud!는 더 이상 화를 참지 못하고 버럭 화를 내며 하는 말입니다. 짜증, 분노, 당황, 놀라움 등 여러 부정적인 감정을 이 감탄사와 함께 분출하는 거죠. 해석은 '젠장!', '세상에', '맙소사' 등으로 문맥에 따라 적절하게 해주세요.

For crying out loud! I was teasing you.
아이고! 그냥 장난친 거야.

For crying out loud! I left my passport at the store.
세상에! 여권을 가게에 두고 왔어.

56 **Well, there's a lid for every pot.**

짚신도 다 짝이 있다잖아.

기쁨이는 랜스의 매력에 홀딱 빠진 까칠이를 보며 이렇게 말을 합니다. 필살기라곤 공처럼 굴러가는 것밖에 없는 랜스가 뭐가 그리 좋은 걸까요?

이 문장을 글자 그대로 해석하면 '모든 냄비에는 맞는 뚜껑이 있다'가 됩니다. 이는 '모든 사람은 각자의 인연이 있다'는 뜻인데 '짚신도 다 짝이 있다'라는 우리말 속담과 잘 어울리는 표현이죠.

A: My ex-boyfriend is getting married to his high school sweetheart.
내 전 남친이 고등학교 때 사귄 여자친구하고 결혼한대.

B: Well, there's a lid for every pot.
짚신도 다 짝이 있다잖아.

w057. mp3

57 | **Are you out of YOUR mind?!**

제정신이야?!

기쁨이가 라일리의 자아를 찾아서 기억의 저편으로 가야 한다고 하자 소심이가 화들짝 놀라서 이렇게 말합니다.

out of one's mind를 말 그대로 해석하면 '정신에서 나간'이 되네요. 이 표현은 '정신이 나간', '제정신이 아닌'이란 뜻인데 lose one's mind 역시 같은 의미로 자주 쓰는 표현입니다. Are you out of your mind?는 상대방이 한 말이나 행동이 도저히 이해가 되지 않는다고 비난하듯 하는 말이에요. '제정신이야?', '미쳤니?' 정도로 해석해 주세요.

He's out of his mind. He doesn't even know where he is.

저 사람 제정신이 아니네. 자기가 어디에 있는 줄도 모르잖아.

I'm out of my mind. I locked myself out of the room.

나 미쳤나 봐. (열쇠를 안에 두고) 방을 잠궜어.

w058. mp3

58 | **Because mon ami, we need to speed things up.**

왜냐하면 친구, 이제 속도를 내야 되거든.

따분이가 라일리를 일찍 깨운 이유를 묻자 불안이는 이제 아침 일찍부터 하키 연습을 해야 하기 때문이라고 말합니다.

speed things up은 '속도를 내다'라는 뜻인데 '빠르게 일을 진행시키다'라는 의미로도 쓸 수 있습니다. 그리고 we need to ~는 상대방에게 어떤 것을 제안하는 표현이라서 '~할 필요가 있다'라고 해석하기보다는 '~해야 해', '~하자고'라 하는 게 더 자연스러워요.

We gotta finish the code by midnight. Let's speed things up.

자정까지 코딩을 마쳐야 해. 빨리 하자고.

We need to speed things up before the grand opening.

개장 전까지 빨리 서둘러야 해.

w059. mp3

59	Every time we miss, we skate a lap around the rink. 골을 못 넣을 때마다 링크를 한 바퀴 도는 거야.

불안이는 아침 일찍부터 라일리를 깨워 힘든 훈련을 시키려고 합니다. 라일리에게 하키는 이제 더는 재미있는 놀이가 아닙니다.

every time ~은 '~할 때마다'라는 뜻으로 사용하는 접속사로, 뒤에 〈주어 + 동사〉 형태의 문장을 붙입니다. every time은 부사로도 쓸 수 있는 데 이때는 '매번'이라고 해석해 주세요.

Every time I go out for a walk, I see some wild animals in the woods.
산책하러 나갈 때마다 숲에서 야생 동물을 봐요.

I feel alive every time I dive into the cold, icy water.
차가운 얼음물에 뛰어들 때마다 살아 있음을 느껴요.

w060. mp3

60	So, what was your Freshman year on the Fire Hawks like? 저기, 파이어호크 신입생 시절은 어땠어요?

밸 선배와 함께 아침 하키 훈련을 하게 된 라일리가 선배와 가까워지려고 여러 질문을 하고 있습니다.

What was ~ like?는 상대방에게 어떤 경험이나 과거에 있었던 일에 관해서 구체적으로 물어볼 때 쓰는 표현입니다. '~는 어땠나요?'라는 의미이죠.

What was your life like when you lived in London?
런던에서 살 때 어떠셨어요?

What was working with the legendary designer like?
전설적인 디자이너와 함께 일하는 건 어땠나요?

w061. mp3

61	I'd give ANYTHING for a piece of pizza right now. 피자 한 쪽만 먹을 수 있으면 소원이 없겠어요.

아침 훈련을 함께 해서인지 라일리는 밸 선배가 친근하게 느껴져서 이런 농담을 하기도 하네요. 그런데 브리와 그레이스를 보고는 무심하게 지나가 버립니다.

직역하면 '지금 당장 피자 한 조각을 위해라면 뭐라도 주겠다'로, 그만큼 '지금 피자가 너무 절실히 먹고 싶다'는 의미이죠. I'd give anything for ~는 무언가를 매우 갈망할 때 쓰는 표현입니다. 이때 I'd는 I would의 축약형이죠. 문맥에 따라 '~가 정말 하고 싶어', '~가 정말 먹고 싶어'처럼 다양하게 해석할 수 있습니다. 어떤 '행동'을 간절히 하고 싶다면 〈I'd give anything to + 동사원형〉의 패턴을 활용하세요.

I'd give anything for a good night's sleep.
정말 푹 자고 싶어.

I'd give anything to see her one more time.
그녀를 한 번 더 볼 수만 있다면.

w062. mp3

62	Okay, here's the thing… 저기, 그러니까 말이야…

튜브 관을 기어서 본부로 돌아갈 감정을 정해야 합니다. 다들 소심이를 바라보지만 정작 본인은 나서고 싶지 않나 봅니다.

Here's the thing…은 상대방에게 중요한 말을 꺼내기 전에 약간 뜸을 들이면서 망설이는 표현입니다. '저기 있잖아', '내 말 들어봐', '그러니까 말인데'와 같이 문장 앞에 첨가하는 듯한 해석이 어울립니다. The thing is…나 Look. 역시 비슷한 의미로 쓸 수 있습니다.

Here's the thing… Wade and I are engaged!
실은 말야… 웨이드랑 나, 약혼했어!

It's so hard to bring this up but… Here's the thing… I'm moving to Florida.
이런 말 꺼내기 정말 힘든데… 저기 있잖아… 나 플로리다로 이사 가.

w063. mp3

63	**You've read the manuals cover to cover.** 설명서도 꼼꼼히 읽었고.

기쁨이는 슬픔이가 튜브 관을 기어 본부로 갈 수 있는 적임자라고 생각합니다. 콘솔에 대해서 제일 잘 알고 있고 설명서 읽기를 취미로 하기 때문이죠.

read ~ cover to cover를 글자 그대로 해석하면 '첫 표지부터 마지막 표지까지 읽다'가 되는데요. 이는 무언가를 '매우 꼼꼼하게 열심히 읽는다'는 의미입니다. read every word of ~ 역시 '~를 열심히 읽다'라는 의미로 쓸 수 있습니다.

Read this contract cover to cover and let me know if it's good to go.
이 계약서 처음부터 끝까지 꼼꼼히 읽고 계약해도 괜찮은지 알려줘.

I read the manga cover to cover. It's so brilliant!
그 만화 진짜 열심히 읽었어. 정말 끝내주더라!

w064. mp3

64	**YOU GOT THIS.** 넌 할 수 있어.

기쁨이는 슬픔이에게 이렇게 말하며 용기를 심어줍니다. 그리고 그녀를 들어올려 튜브 관 속에 넣어주죠. 정말 슬픔이가 본부에 무사히 도착할 수 있을까요?

You can do this.가 상대방에게 큰 용기를 주는 말이잖아요. You got this. 역시 '넌 할 수 있어.' '넌 해낼 거야.'라는 의미로 상대에게 큰 힘을 실어주는 말입니다. get이 아니라 got이라는 과거형을 쓰는 것에 주의하세요.

You got this, kiddo. Go get them!
넌 할 수 있어. 가서 네 실력을 보여줘!

Never believe in naysayers. Just believe in yourself. You got this.
안 된다고 하는 사람들 말은 믿지 마. 그냥 너 스스로를 믿는 거야. 넌 할 수 있어.

w065. mp3

65 That's the spirit!

바로 그거야!

밸 선배가 라일리에게 에너지바를 먹어보라고 권합니다. 부럽이는 상자 뜯어먹는 맛이라고 투덜대지만 밸에게 싫다고 할 순 없다는 불안이의 말에 이내 수긍하며 밸 선배가 먹는 건 따라먹어야 한다고 하죠.

That's the spirit!은 상대방의 긍정적인 언행에 크게 동조하거나 칭찬할 때 사용하는 감탄 표현입니다. '바로 그거야!', '좋은 생각이야!' 등으로 해석할 수 있죠. 이때 spirit은 '생각', '정신'의 의미로 쓰인 단어입니다.

A: I'd like to come back to the team. I won't let you down again.
팀에 다시 복귀하고 싶어요. 다시는 실망시켜 드리지 않을게요.

B: That's the spirit! Welcome back.
바로 그거야! 돌아온 걸 환영한다.

w066. mp3

66 Envy, I think you're really in the zone.

부럽아, 넌 정말 잘하고 있어.

불안이는 새로 생겨난 주황색 기억들을 신념 저장소로 가져 갈 계획입니다. 부럽이에게 이런 칭찬의 말을 하고 콘솔을 맡아줄 것을 부탁하죠.

be in the zone은 어떤 일에 초집중해서 훌륭한 성과를 내고 있다는 의미를 담고 있습니다. '잘하고 있다'는 해석이 어울리죠. 직장 동료가 맡은 바 일을 훌륭하게 수행하고 있을 때 You're in the zone!이라며 칭찬해 보세요.

I've never seen him so focused like this. He's in the zone.
그가 이렇게 초집중하는 걸 본 적이 없어요. 정말 잘하고 있네요.

Another killer pass from Ruth! She's in the zone.
루쓰가 또 다시 킬 패스를 찔러주네요! 정말 잘합니다.

w067. mp3

67	Um, sorry to interrupt you but, they're walking away. 저기, 말 끊어서 미안한데, 걔들 가잖아.

부럽이와 불안이가 코치의 수첩에 대해 대화를 하는 사이 선배들은 저만치 앞으로 가고 있습니다. 따분이는 선배들을 놓치기 전에 빨리 따라가야 하니까 이들의 말을 끊죠.

Sorry to interrupt you.는 상대방의 말이나 행동을 끊고 다급하게 어떤 말을 전달하고자 할 때 쓰는 정중한 표현입니다. '방해해서 죄송합니다', '끼어들어서 죄송합니다' 등으로 해석할 수 있는데 Sorry to bother you. 역시 같은 맥락으로 쓸 수 있습니다.

Sorry to interrupt you but it's time to go.
실례합니다만 떠날 시간입니다.

Sorry to bother you, ma'am. Your son is waiting outside.
방해해서 죄송합니다, 부인. 아드님이 밖에서 기다리고 있어요.

w068. mp3

68	Fear, what is the matter with you? 소심아, 도대체 왜 그러는 거야?

감정들은 휘청거리는 브로콜리 배 위에서 균형을 잡으려고 안간힘을 쓰고 있습니다. 버럭이는 소심이가 신경을 거슬리게 하자 버럭 화를 냅니다.

What's the matter with you?는 상대방의 행동이나 말이 마음에 들지 않을 때 살짝 따질 듯 던지는 말입니다. '왜 그러는 거야?', '뭐가 문제야?'라고 해석할 수 있습니다. 또한 상대방이 평소와는 다른 모습을 보이자 걱정하는 뉘앙스로 이렇게 물어볼 수도 있습니다.

What's the matter with you? Just tell me why you're so upset.
뭐가 문제야? 왜 그렇게 화가 났는지 말해봐.

Why are you acting so weird? What's the matter with you?
왜 그렇게 이상하게 행동하는 거야? 왜 그러니?

w069. mp3

69 **How much longer 'til we get there?**

얼마나 더 가야 되는 거야?

브로콜리 배를 타고 의식의 흐름을 따라 이동하던 버럭이가 기쁨이에게 이렇게 물어봅니다. 혹시 기쁨이를 못 믿어서 그러는 건 아닐까요?

How much longer 'til ~?은 '~하려면 얼마나 더 걸리나요?' 혹은 '~하기까지 얼마나 더 남았나요?'라는 뜻으로 어떤 사건이나 행동에 대한 시간의 경과를 물어볼 때 쓰는 말입니다. 'til은 until의 축약형으로, 뒤에는 〈주어 + 동사〉 형태의 문장을 붙여주세요.

How much longer 'till the electricity's back on?
전기가 다시 들어오려면 얼마나 더 있어야 되나요?

How much longer 'till his two-minute penalty is over?
그 선수, 2분간 퇴장이 끝나려면 얼마나 더 있어야 되죠?

w070. mp3

70 **We'll get there when we get there.**

도착하면 하는 거야.

버럭이가 기억의 저편에 도착하려면 얼마나 걸리는지 물어보자 기쁨이가 이렇게 대답을 합니다. 기쁨이도 확실히 모르는 것 같지 않나요?

'언제 도착하는 거야?'라는 질문에 '도착하면 하는 거지'라고 대충 얼버무리며 말할 때가 있죠. We'll get there when we get there.가 바로 여기에 딱 어울리는 표현입니다. 이 표현에 등장한 get은 '도착하다'라는 뜻으로 쓰였습니다.

A: Dad, are we there yet?
아빠, 도착하려면 멀었어요?

B: We'll get there when we get there.
도착하면 하는 거야.

w071. mp3

71	**Who likes banana bread? Show of hands!** 바나나 빵 좋아하는 사람 손!

브로콜리 배를 타고 의식의 흐름을 따라가는 감정들은 계속 불평만 늘어 놓습니다. 기쁨이는 화를 내고 싶지만 꾹 참고 이렇게 말하며 분위기를 바꾸려고 합니다.

Who likes ~? Show of hands!는 '~ 좋아하면 머리 위로 손!' 혹은 '~할 사람 머리 위로 손!'이란 뜻으로 사람들의 생각을 유쾌하게 물어보는 말입니다. Raise your hand if you like ~라고 해도 같은 의미를 전달할 수 있지만 이 표현이 더 명랑한 분위기를 만들어 줍니다.

Who likes ice cream? Show of hands!
아이스크림 좋아하는 사람, 머리 위로 손!

Who likes to ride rollercoasters? Show of hands!
롤러코스터 탈 사람, 머리 위로 손!

w072. mp3

72	**I bet you're the best crane crew in the world.** 당신네들이 제~일 잘 나가는 기중기 운전산가 본데.

비아냥 대협곡을 지나면 모든 말들이 비아냥대는 투로 바뀌어 버립니다. 까칠이가 기중기 운전사들에게 한 말도 이렇게 비아냥대는 투로 변해버려 이들의 감정을 상하게 만듭니다.

I bet ~은 '내가 장담하는데 ~'라는 뜻으로 강한 확신을 가지고 말할 때 쓰는 표현입니다. I guarantee ~ 혹은 I'm sure ~ 역시 확신에 가득 찬 표현입니다. bet이 들어간 표현으로 You bet!도 알아두세요. 상대방의 말이나 제안에 강하게 동의하는 말인데 '물론이지!'라는 뜻으로 쓰는 회화 표현입니다.

I bet your package will be delivered in a week.
택배는 확실히 일주일 안에 배송됩니다.

I bet everyone will love your pasta.
장담하는데 다들 네가 만든 피자를 좋아할 거야.

w073. mp3

73	See, as long as we like what they like, we have all the friends we need. 거봐, 남들이 좋아하는 걸 따라 좋아하면 원하는 친구를 다 사귈 수 있어.

겟업 앤 글로우 대신 라일리는 선배들이 좋아하는 밴드가 최고라고 말합니다. 이런 라일리의 모습을 보고 불안이는 매우 만족해하고 있습니다.

as long as ~는 '~하는 한'이란 뜻으로 어떤 상황이나 조건을 한정해서 말할 때 자주 쓰는 표현입니다. 이 표현은 문맥에 따라서 '~하는 동안' 혹은 '~하는 (시간) 만큼'이란 뜻으로 시간을 한정해서 말할 때 쓸 수도 있습니다. as long as 뒤에는 〈주어 + 동사〉 형태의 문장을 써주세요.

He's the happiest dog as long as he gets a giant bone.
큰 뼈다귀만 있으면 그 개는 정말 행복해한다고.

You can go to the party as long as you take your sister with you.
동생을 데리고 가면 파티에 가는 걸 허락하마.

w074. mp3

74	I think I'm calling it a night. 난 이제 들어갈래.

밸 선배는 내일 연습경기가 있기 때문에 이제 방으로 돌아가 쉬려고 합니다.

call it a night과 call it a day는 '(어떤 일이나 행동을) 그만하다'라는 뜻인데 사용하는 시점이 다르죠. call it a night은 주로 '저녁이나 밤에' 하는 일을 그만한다고 할 때 쓰고, call it a day는 '오전이나 낮에' 하는 일을 그만한다고 할 때 씁니다.

I'm beat. I'm calling it a night.
피곤해. 이제 그만하자.

Let's call it a night. I need to catch the last train.
그만하죠. 막차를 타야 하거든요.

w075. mp3

75	**Excellent point!** 좋은 지적이야!

부럽이가 새로운 자아가 준비가 되지 않았는데 어떻게 '라일리다운' 모습을 보여줄 수 있는지 물어보자 불안이는 이렇게 말하고 주황색 기억들을 신념 저장소로 가지고 가려 합니다.

상대방이 한 말에 대해서 '좋은 지적이야!', '좋은 의견이야!'라고 폭풍 칭찬할 때는 Excellent point!라고 외쳐보세요. That's a great point! 혹은 Well said!라고 해도 상대방의 발언을 칭찬하는 표현이 됩니다.

Excellent point! Can you elaborate on that?
좋은 지적이에요. 좀 더 구체적으로 말씀해 주시겠어요?

What you said is absolutely right. Excellent point, Ben.
네가 말한 게 정말 맞아. 좋은 의견이야, 벤.

w076. mp3

76	**The long way did turn out to be a little longer than I thought.** 돌아가는 길이 생각보다 더 오래 걸리네.

감정들이 장기 기억 저장소에 도착했습니다. 하지만 기억의 저편까지 가려면 한참은 더 걸릴 것 같네요.

turn out ~은 '~임이 판명되다', 즉 '알고 보니/겪어 보니/해보니 ~이다'라는 뜻입니다. '해보니까 예상했던 것과는 달리 이렇네', '생각도 못했는데 알고 보니 그렇네'라는 어감으로 쓰는 표현이죠. 이 대사처럼 뒤에 'to 부정사'를 붙일 수도 있고, 〈주어 + 동사〉의 문장을 쓸 수도 있습니다.

It turns out that my neighbor is a world-famous movie star.
알고 보니 옆집 사람이 세계적으로 유명한 영화배우지 뭐야.

I thought it was another cliché romance novel, but it turned out to be a masterpiece.
통속적인 로맨스 소설이라고 생각했는데 완전 걸작이더라고.

w077. mp3

77 | **I say we cut our losses and walk back.**

지금이라도 늦기 전에 다시 돌아가자.

장기 기억 저장소에서 길을 잃은 감정들은 망연자실합니다. 까칠이는 희망이 없는 일이라며 다시 돌아갈 것을 제안합니다.

직역하면 '손해(loss)를 끊어버리다'가 되는 cut one's losses는 '더 이상의 손해가 나기 전에 어떤 활동을 중단하다'라는 뜻입니다. 그리고 I say는 자신의 생각이나 의견을 말할 때 쓰는 양념 표현입니다. '~하자고', '~하는 게 좋겠어'처럼 가볍게 해석해 주세요.

The investors decided to cut their losses and sell the stock.
투자자들은 더 손해가 나기 전에 주식을 팔기로 했습니다.

I'm tired of fixing this house. Let's cut our losses and put it on the market.
이 집을 수리하는 것도 이제 지긋지긋해. 더 이상 손해 보지 말고 팔아버리자.

w078. mp3

78 | **Ever since that puberty alarm went off, nothing around here works the way it's supposed to.**

사춘기 알람이 울린 뒤로 제대로 된 게 하나도 없어.

버럭이는 장기 기억 저장소에서 길을 잃자 화를 내며 이렇게 불평을 늘어 놓습니다.

ever since ~는 '~한 이후로'라는 뜻입니다. since만으로도 '이후'라는 뜻이 있지만 ever가 붙으면 그 의미가 강조되는 느낌이 들죠. ever since 뒤에는 〈주어 + 동사〉의 문장 형태를 써주세요. 또한 go off는 '(기계 등이) 울리다'라는 뜻으로, 알람이 울린다고 할 때 애용되는 표현입니다.

Ever since I got her a puppy, she's been so happy.
강아지를 입양한 뒤로 걔가 너무 행복해하더라고.

Ever since I started to work out, I couldn't feel any better.
운동을 시작한 이후로 컨디션이 최상이야.

w079. mp3

79	**Hey, you can't use that!** 이봐, 그거 쓰면 안 돼!

버럭이가 기억 진공 청소기를 이용해서 장기 기억 저장소 위로 올라가려고 하자 기억 처리반이 이를 막으려고 합니다.

can은 '할 수 있다'라는 뜻으로 가능성을 나타내는 조동사이기도 하지만 '허가'를 의미할 때 쓸 수도 있습니다. 이 대사에 나오는 You can't ~은 '~하면 안 돼요!'라는 뜻으로 쓰는 표현입니다. 앞에서 배웠던 You're not supposed to ~와 유사한 의미를 가진 표현이죠.

Sir, you can't park your car on the sidewalk.
선생님, 보도에 차를 세우시면 안 돼요.

You can't be here without a permit.
허가증 없이 여기에 들어오시면 안 돼요.

w080. mp3

80	**Lucy from math class is legit psychic?** 수학 수업을 듣는 루시가 진짜 심령술사야?

감정들은 루머 제작소에서 발간하는 신문을 읽고 있습니다. 이 루머 역시 제작소에서 방금 나온 따끈한 소식입니다.

legit은 legitimate[lidʒítəmət]를 줄인 말입니다. 요즘 아이들이 자주 쓰는 속어인데 '진짜' 혹은 '순정의'라는 뜻이 있습니다. '진짜'를 요즘 속된 말로 '레알(real)'이라고 하는데 이 real도 legit처럼 쓸 수 있죠.

She checked if the website was legit or not.
그녀는 사이트가 믿을 만한 곳인지 확인했습니다.

She needs a legit lawyer who's experienced in crypto currency cases.
그녀는 가상 화폐 소송에 경험이 있는 제대로 된 변호사가 필요해요.

w081. mp3

81	And it even got bigger! 훨씬 더 커졌잖아!

기쁨이는 베개 요새를 발견하고 매우 기뻐합니다. 하지만 베개 요새 안에서 주황색 불빛이 새어 나오고 있네요. 주황색이면 불안이의 색깔인데, 어찌 불길한 예감이 드는군요.

〈get + 비교급〉 표현은 '더 ~하게 되다'라는 뜻입니다. '점점 더 ~하다'라는 뜻으로 점진적인 의미를 더하고 싶다면 〈get + 비교급〉 뒤에 and 를 붙이고 같은 비교급 단어를 한 번 더 써주세요.

The zit on my chin is getting smaller.
턱에 있는 종기가 작아지고 있어요.

The sun got bigger and redder over the horizon.
태양이 지평선 위로 점점 크고 붉게 물들어갔어.

w082. mp3

82	Why would I know that? 낸들 알어?

라일리에게 긍정적인 예측들이 전달되자 불안이는 다른 감정들을 추궁합니다. 따분이 역시 자신은 모르는 일이라며 이렇게 말합니다.

Why would I know that?은 직역하면 '내가 왜 그걸 알겠어?'인데, 본인도 어찌된 영문인지 모르겠다는 뉘앙스로 하는 말입니다. 즉 '내가 어떻게 알아?' 혹은 '낸들 알겠어?'라고 해석하는 게 자연스러워요.

A: Where did you hide my phone?
내 핸드폰 어디에 숨겼어?

B: Why would I know that?
낸들 알아?

w083. mp3

83	The Mind Police are on their way. 기억 경찰이 그쪽으로 가고 있어.

불안이는 기쁨이가 긍정적인 예측을 라일리에게 보낸다는 사실을 알아차렸습니다. 베개 요새에 있는 화면을 통해서 기쁨이에게 이렇게 말하며 협박을 합니다.

on one's way는 '오는/가는 중인'이라는 뜻입니다. 어디로 가는지 목적지를 구체적으로 나타내고 싶다면 뒤에 〈to + 장소〉 표현을 붙여주세요. 이와 비슷한 형태의 in one's way는 '~에 방해가 되는'이란 뜻입니다. 헷갈리지 마세요.

He said he's on his way. I want to wait for him.
그 사람이 오는 중이라고 했어요. 전 기다릴래요.

Are you on your way? How much longer should I wait?
오는 거야? 얼마나 더 기다려야 돼?

w084. mp3

84	Well I think we gave it our best shot-- 우린 최선을 다한 것 같은데…

경찰이 오고 있다는 말을 듣고 소심이는 자신의 이름처럼 '소심'해져서 불안이를 화나게 하는 일을 그만했으면 합니다.

give it one's best shot은 '최선을 다하다'라는 뜻입니다. 우리가 흔히 사용하는 do one's best와 같은 의미를 가진 표현이죠. 이 외에도 〈give it all + 사람 + have〉를 직역하면 '가지고 있는 모든 것을 주다'가 되는데 이 역시 '최선을 다하다', '온 힘을 쏟아붓다'라는 뜻으로 자주 쓰는 회화 표현입니다.

I have no regrets. I gave it my best shot.
후회 없습니다. 최선을 다했으니까요.

He gave it all he had, but it was too late to turn the tide.
그는 최선을 다했지만 흐름을 바꾸기에는 너무 늦었죠.

w085. mp3

85	**A little off topic but I'll take it!** 지금 상황하곤 좀 안 맞지만 괜찮아!

베개 요새에서 근무하는 한 기억 처리반이 용기를 내서 긍정적인 예측 그림을 화면에 띄우자 기쁨이가 매우 반가워하며 이렇게 말합니다.

off는 여러 뜻이 있지만 이 대사에서는 '~에서 벗어난'이란 의미로 쓰였습니다. 즉 off topic은 '주제에서 벗어난' 혹은 '논지와는 별개로'라는 뜻이죠. get sidetracked 역시 '주제에서 벗어나다', '옆으로 새다'라는 뜻으로 쓸 수 있습니다.

What he proposed was totally off topic.
그가 제안한 것은 완전히 주제에서 벗어난 겁니다.

We're way off topic. Let's go back to where we were.
너무 옆으로 샜군요. 원래 했던 이야기로 돌아갑시다.

w086. mp3

86	**What if Riley is so bad she has to give up hockey forever!** 라일리가 너무 못해서 하키를 영원히 그만둬야 한다면!

베개 요새의 기억 처리반들이 보고 있는 가운데 불안이는 라일리의 미래를 부정적으로 예측하고 있습니다.

What if ~?는 '~하면 어쩌지?'라는 뜻으로 미래의 일에 대해 미리 걱정하거나 앞으로의 일을 가정해서 말할 때 자주 쓰는 표현입니다. What if ~ 뒤에는 〈주어 + 동사〉의 문장 형태를 써주세요. 앞으로의 일을 미리 걱정하는 말이다 보니 불안이가 자주 쓰는 표현이기도 하죠.

What if Mr. Cliff doesn't recognize us?
클리프 씨가 우리를 못 알아보면 어쩌죠?

What if the storm hits and our flight is cancelled?
폭풍이 와서 비행기가 결항되면 어쩌지?

w087. mp3

87	**Enough is enough!** 이제 끝이야!

기억 처리반들은 이제 불안이의 말을 듣지 않기로 하고 베개 요새에서 반란을 일으킵니다. 이 반란은 대규모 베개 싸움(pillow fight)으로 번지게 되죠.

Enough is enough!는 상대방의 계속되는 말이나 행동에 더 이상 화를 참지 못하고 버럭 성질을 내며 하는 말입니다. '그만 하면 됐으니까 이제 그만 좀 하라'는 의미이죠. 따라서 '그만 좀 해!', '그만 하면 됐어!' 정도로 해석할 수 있습니다. That's enough! 역시 같은 의미로 자주 쓰는 표현입니다.

A: I'm not going home until you apologize.
사과하실 때까지 집에 가지 않을 겁니다.

B: Enough is enough! I have nothing to apologize for.
그만 좀 하시죠! 전 사과할 거 없어요.

w088. mp3

88	**I wish we knew what Coach thought about us.** 코치님이 우릴 어떻게 생각하는지 알 수 있으면 좋겠는데.

불안이는 미래에 제대로 대응하기 위해서 코치가 라일리에게 어떤 생각을 가지고 있는지 알고 싶어 합니다. 그러자 부럽이가 코치의 수첩을 몰래 읽어볼 것을 제안하죠.

현재는 코치가 라일리를 어떻게 생각하는지 알 수 없죠. 이렇게 I wish ~는 지금 있는 일에 대해서 반대로 소망하는 마음을 담은 표현입니다. '~하면 (정말) 좋을 텐데' 혹은 '~할 수만 있다면 (얼마나 좋을까)'이라고 해석해 주세요. I wish 다음에는 <주어 + 동사>의 문장이 주로 등장하는데 이때 동사는 과거형으로 씁니다.

I wish I could be with my family right now.
지금 우리 가족들하고 같이 있으면 정말 좋을 텐데.

I wish we didn't live so far away from the station.
역에서 너무 멀리 떨어져 살지 않으면 얼마나 좋을까.

w089. mp3

89	**She knows better than that!** 그런 짓을 할 애는 아니잖아!

불안이가 라일리를 코치실에 잠입시키려고 한다는 소식을 듣고 버럭이가 이렇게 화를 냅니다.

〈주어 + know better than that〉은 누군가가 기대와는 달리 이상하거나 잘못된 행동을 할 때 안타까운 마음이나 실망감을 표현하는 말입니다. 주어에 대해 '알 만한 애가 그러면 안 되지', '알 만한 애가 왜 그래'라는 의미로 실망감과 비난을 동시에 표현할 수 있는 말이죠.

I told you not to draw on the wall. You know better than that.
벽에 그림 그리지 말라고 했잖아. 알 만한 애가 왜 그러니.

He shouldn't have climbed up the tree. He knew better than that.
갠 나무를 타고 올라가지 말았어야지. 알 만한 애가 왜 그랬대.

w090. mp3

90	**Which means we're gonna need ideas...** 그 말은… 아이디어가 필요해…

코치의 수첩을 몰래 훔쳐본 후 감정들은 모두 충격에 빠집니다. 코치는 라일리가 아직 준비되지 않았다(Anderson: NOT READY YET)고 생각하거든요. 이에 불안이는 다시 묘안을 생각하기 시작합니다.

자신이 한 말에 대해서 부연 설명을 하고 싶거나 그와 관련해 중요한 사실을 구체적으로 말하고 싶을 때는 which means ~라는 표현을 써보세요. '그러니까', '그 말인 즉' 같이 문장 사이에 양념처럼 쓰는 표현입니다.

Today, I turned 16. Which means I can get my driver's license.
오늘 16살이 됐잖아요. 그 말은 제가 운전면허를 딸 수 있게 됐다는 거죠.

She forgot to return the books, which means she needs to pay late fees.
걔가 책 반납하는 걸 까먹고 있었어. 그 말은 연체료를 내야 한다는 거지.

w091. mp3

91	**The real question is why don't any of you?** 근데 너희들은 왜 없어?

소심이가 낙하산을 펴서 공중에서 떨어지는 감정들을 모두 구합니다. 감정들은 소심이가 낙하산을 가지고 다닌다는 사실에 놀라지만 소심이는 오히려 낙하산을 안 가지고 다니는 감정들이 이해가 되지 않습니다.

The real question is ~는 대화를 하다가 자신이 중요하다고 생각하는 화두를 던지고 싶을 때 사용하는 표현입니다. '진짜 묻고 싶은 것은 ~입니다' 혹은 '정작 중요한 것은 ~인 거죠'라고 해석해 주세요. The real question is ~라고 말하고 아주 살짝 뜸을 들이면 상대방의 관심을 집중시키는 효과를 얻을 수 있습니다.

The real question is what's the purpose of this meeting?
진짜 중요한 건 이 회의의 목적이 무엇이냐 하는 겁니다.

The real question is... do you still want to live in Paris?
정말 묻고 싶은 건… 너 아직 파리에서 살고 싶은 거니?

w092. mp3

92	**I was just about to say that.** 나도 막 그렇게 말하려고 했어.

불안이가 세 골을 넣으면 파이어호크에 들어갈 수 있을 거라고 하자 부럽이도 같은 생각을 하고 있었다고 다급히 말합니다.

I was about to ~는 '막 ~하려고 했어, ~하려던 참이었어'라는 뜻으로 본인의 의도를 말할 때 쓰는 표현입니다. 어떤 행동을 하려고 생각은 했지만 아직 하지 않았다는 의미를 담고 있죠. '정말 막' 하려고 했다고 어감을 강조하고 싶다면 about 앞에 just를 붙여보세요.

I was just about to leave a message for you.
당신에게 막 메시지를 남기려던 참이었어요.

I was just about to order a cake for his birthday.
막 그의 생일 케익을 주문하려고 했어요.

w093. mp3

93 **And I think THIS is the finishing touch.**

그리고 이게 대미를 장식해줄 거야.

불안이는 주황색 기억을 가지고 신념 저장소로 내려갑니다. 라일리의 새로운 자아가 탄생하기 일보 직전입니다.

finishing touch를 직역하면 '끝내는 손길'이 되는군요. 이 표현은 '어떤 일을 마무리하는 마지막 세세한 작업', '대미를 장식하는 일'이란 뜻입니다. finish가 아니라 finishing이라고 쓴다는 것에 유의하세요.

He wrote his name on the canvas as the finishing touch.
그는 마지막 작업으로 캔버스에 자신의 이름을 적었어요.

Adding a bit of sparkles could be a good finishing touch.
마지막으로 반짝이를 약간 더하는 것도 좋겠어요.

w094. mp3

94 **Thank goodness these aren't part of her.**

이런 게 라일리가 되지 않아 다행이야.

감정들은 기억의 저편에 버려진 나쁜 기억들을 바라보며 이것들이 라일리를 망쳐 놓지 않아서 다행이라고 안도합니다.

Thank goodness.는 안 좋은 일이 생기지 않아서 다행이라고 안도할 때나 그나마 좋은 일도 있어서 안심할 때 쓰는 감탄 표현입니다. '다행이야' 혹은 '잘됐네' 등으로 해석할 수 있습니다.

Thank goodness. I'm glad you're here.
다행이에요. 와주셨군요.

Thank goodness we have a back-up generator.
비상용 발전기가 있어서 다행이야.

w095. mp3

95	**Well, what are you waiting for?!** 뭘 망설이는 거야?!

기억의 저편에서 본부로 돌아가기 위해서는 파우치의 도움이 필요해요. 버럭이는 다른 감정들에게 '오, 파우치!'를 함께 외치자고 다그칩니다.

What are you waiting for?는 '뭘 망설이는 거야?' 혹은 '뭘 꾸물거리는 거니?'라는 뜻으로 상대방에게 어떤 일을 할 것을 독촉하는 말입니다. 문맥에 따라서 직역 그대로 '무엇을 기다리고 있니?'라는 의문문으로 쓸 수도 있습니다. 문장 끝에 for를 붙이는 것, 잊지 마세요.

What are you waiting for? I don't have all day.
뭘 꾸물거리는 거니? 나 한가한 사람 아니야.

What are you waiting for? Your bus will be here soon.
왜 이렇게 꾸물거려? 좀 있으면 버스 온다니까.

w096. mp3

96	**And how do we keep the bad memories from forming bad beliefs?** 그럼 나쁜 기억이 나쁜 신념을 만들어내면 어떡해?

기쁨이는 절벽을 폭파해 나쁜 기억의 산더미를 무너뜨리려 합니다. 산사태처럼 흘러내리는 그 기억을 타고 본부로 돌아갈 것을 제안하죠. 하지만 까칠이는 이 일로 나쁜 신념이 만들어질까 봐 걱정합니다.

〈keep + 명사 + from -ing〉 패턴은 '…가 ~하지 못하게 하다'라는 뜻입니다. 이때 keep은 stop 혹은 prevent처럼 '막다' 혹은 '금하다'라는 의미입니다. from 뒤에 동사를 쓸 때는 -ing 형태로 바꿔주세요. 참고로, 까칠이가 한 말을 글자 그대로 옮겨보면 '그럼 어떻게 나쁜 기억이 나쁜 신념을 만들어내지 못하게 해?' 입니다.

I couldn't keep the water from coming into our garage.
물이 차고로 밀려들어오는 것을 막을 수는 없었어요.

I want to keep bad things from happening in our town.
나쁜 일이 우리 마을에서 일어나지 않도록 하고 싶어요.

w097. mp3

97	**I was just trying to protect her.** 난 라일리를 보호하려고 했을 뿐이야.

마침내 기쁨이가 불안을 붙잡고 회오리 밖으로 끌고 나오는 데 성공합니다. 불안이는 기쁨이에게 미안하다고 사과하고 자신의 의도를 솔직하게 말합니다.

I was trying to ~는 자신의 행동에 대한 의도를 설명하거나 변명을 할 때 쓰는 표현입니다. '~하려고 했던 거야'라는 뜻이죠. 여기에 just를 살짝 넣어주면 '~하려고 했던 것뿐이야'라는 어감이 됩니다. '~를 하지 않으려고 했어'라고 말할 때는 I was trying not to ~라고 해주세요. to 뒤에는 동사원형을 씁니다.

I was just trying to do the right thing.
전 옳은 일을 하려고 했을 뿐이었어요.

I was just trying to tell her she dropped her wallet.
그 여자에게 지갑을 떨어뜨렸다는 얘기를 해주려던 것뿐이었어요.

w098. mp3

98	**Coach is gonna post the list any minute!** 코치님이 곧 명단을 올리신다고요!

라일리가 파이어호크 선배들과 함께 학교 식당에서 점심을 먹고 있습니다. 그런데 라일리는 핸드폰에서 눈을 떼지 못하고 있네요. 2시에 코치님이 새로운 팀 명단을 올리시기 때문이죠.

any minute는 '곧', '당장'이란 뜻입니다. in a minute 혹은 pretty soon 역시 같은 의미로 자주 쓰는 회화 표현입니다. 그리고 post는 원래 '게시하다'라는 뜻인데 요즘은 SNS 등에 '(정보 등을) 올리다'라는 의미로 자주 사용하죠.

We gotta go back in. The show is going to start any minute.
다시 들어가야 해. 쇼가 곧 시작된다고.

It looks like it might snow any minute.
곧 눈이 올 것 같아.

w099. mp3

99	So why don't we take a seat in our special chair...
	우리 특별 의자에 앉는 건 어떨까?

불안이가 다시 라일리의 미래에 대해 불안한 예측을 이어가자 기쁨이가 그녀를 진정시키려고 합니다.

Why don't we ~?는 '우리 ~하면 어떨까?'라는 뜻으로 상대방에게 무언가를 함께할 것을 제안할 때 쓰는 표현입니다. How about ~? 역시 상대방에게 제안을 할 때 자주 쓰는 회화 표현인데 about 뒤에 동사를 붙일 때는 -ing 형태로 만들어 주세요.

Since it's raining, why don't we stay home and watch TV?
비가 오니까 집에 있으면서 TV를 보는 건 어떨까?

Why don't we get her a new laptop? Her laptop is too old.
그 애에게 새 노트북을 사 주는 건 어때? 노트북이 너무 오래됐잖아.

w100. mp3

100	Thanks for the reminder!
	알려줘서 고마워!

라일리의 멋진 고등학교 생활을 위해 부럽이가 낸 아이디어가 진행되고 있습니다. 이 사실을 어느새 까맣게 잊고 '그게 자기 아이디어라면 좋을 텐데'라며 오히려 부러워하는 부럽! 이런 부럽에게 기쁨이는 사실을 알려주죠. 이에 기분이 좋아진 부럽이 기쁨에게 하는 감사 인사입니다.

Thanks for the reminder.는 내가 '잠시 잊고 있던 일을 상대방이 알려주자' 이를 고마워하며 하는 말입니다. 또, '이미 공지된 내용이지만 혹시나 잊었을까 봐 다시 한번 알려주는 상대방에게' 고맙다고 할 때도 쓰는 말이죠.

A: Sue, don't forget to call your mom.
수, 어머니께 전화드리는 거 잊지 마.

B: Oh, right. Thanks for the reminder.
아, 맞다. 알려줘서 고마워.